21世纪高等学校信息安全专业规划教材

网络信息内容安全

杨黎斌 戴航 蔡晓妍 编著

清华大学出版社
北京

内 容 简 介

网络信息内容安全技术是信息安全领域的一个研究方向，有着广阔的应用前景。本书共8章，介绍与网络信息内容安全技术相关的基本概念、理论方法和最新研究进展。在编写中着重阐述信息内容安全的若干关键技术——信息过滤、话题检测与跟踪、社会网络分析、网络舆情分析等技术。

本书内容全面，既有对网络信息内容安全基础知识和理论模型的介绍，也有对相关问题研究背景、实现方法和技术现状的详细阐述，可作为高等院校计算机、信息技术等相关专业高年级本科生的教材或参考书，也可供从事信息技术、数据挖掘、人工智能、管理科学、战略研究等相关领域研究的教师、研究生和科研工作者参考，借以提供思路和技术支撑。

图书在版编目(CIP)数据

网络信息内容安全/杨黎斌，戴航，蔡晓妍编著．—北京：清华大学出版社，2017(2022.1重印)
(21世纪高等学校信息安全专业规划教材)
ISBN 978-7-302-45535-6

Ⅰ．①网…　Ⅱ．①杨…　②戴…　③蔡…　Ⅲ．①计算机网络－信息安全－高等学校－教材
Ⅳ．①TP393.08

中国版本图书馆CIP数据核字(2016)第277415号

责任编辑：郑寅堃　梅栾芳
封面设计：杨　兮
责任校对：梁　毅
责任印制：沈　露

出版发行：清华大学出版社
　　网　　址：http://www.tup.com.cn，http://www.wqbook.com
　　地　　址：北京清华大学学研大厦A座　　**邮　　编**：100084
　　社 总 机：010-62770175　　**邮　　购**：010-83470235
　　投稿与读者服务：010-62776969，c-service@tup.tsinghua.edu.cn
　　质量反馈：010-62772015，zhiliang@tup.tsinghua.edu.cn
　　课件下载：http://www.tup.com.cn，010-83470236
印 装 者：北京九州迅驰传媒文化有限公司
经　　销：全国新华书店
开　　本：185mm×260mm　　**印　张**：13.25　　**字　　数**：320千字
版　　次：2017年2月第1版　　**印　　次**：2022年1月第7次印刷
印　　数：3951～4450
定　　价：29.50元

产品编号：070730-01

前　言

互联网已经成为人们获取信息、相互交流、协同工作的重要途径，但同时也带来一些负面影响，如色情、反动等不良信息在网络上大肆传播，垃圾邮件、广告等恶意营销行为泛滥，网络欺诈、钓鱼以及网络暴力、网络恐怖主义等恶意行为层出不穷。这些恶意信息和行为完全背离了互联网设计的初衷，也不符合广大网民的意愿，并且影响到现实的正常秩序和规范。因此研究网络信息内容安全，提供对互联网中各种不利信息的检测分析能力，是体现我国信息技术水平的重要环节，也是建设信息化社会的坚实保障。

互联网上各种不良信息和行为的产生，其原因主要在于互联网作为一个内容平台，人们可以更便利地获取、发布信息，而在互联网爆发性发展过程中，相关的规范制度、安全技术研究却未能同步发展。网络信息内容安全作为信息安全领域的一个研究分支，是上述问题的解决方案，它主要研究如何从包含海量信息的网络环境中，对特定安全主题的相关信息进行自动获取、识别和分析的技术。该研究分支涉及的相关技术包括信息安全、自然语言处理、网络理论、机器学习、模式识别等，直接或间接应用到这些研究领域的最新研究成果。结合网络信息内容安全的具体需求，本书全面介绍面向信息内容安全的网络信息处理技术的相关基本概念、理论方法和最新研究进展等，着重阐述网络信息内容安全的若干关键技术——信息过滤、话题检测与跟踪、社会网络分析、网络新闻评价、网络舆情分析等。本书既有对基础知识和理论模型的介绍，也有对相关问题研究背景、实现方法和技术现状的详细阐述。目前市面上缺乏对网络信息内容等技术进行系统介绍的书籍，本教材以研究型课程为特征，着重培养学生的思考能力和初步的研究能力，可以让授课教师和学生迅速了解网络信息内容安全的核心技术，同时让大家了解网络信息内容安全的实际应用。本书主要面向高等院校本科生，理论与应用相结合是本书的一大特色。内容编排时兼顾学科前沿研究和实际应用背景。该书有助于发掘学生的科研兴趣、提升学生的就业层次、满足人才市场的需求。

本书各章编写分工如下：杨黎斌编写第 1、5 章；蔡晓妍编写第 2、3 章；戴航编写第 4 章；慕德俊编写第 6 章；李梅编写第 7 章，张晓婷编写第 8 章。杨黎斌负责全书的策划、大纲的制定和统稿工作。

在本书编写过程中，参考了国内外许多公开发表的相关资料，在此对所涉及的各位专家、学者表示诚挚的感谢。研究生许红波、李飞、由文浩和陈志涛同学对本书的图表进行编辑，许晶晶、李敏、张嘉慧、韩亚敏、陈志涛和申昌同学对本书进行校对并提出宝贵的建议，特此表示感谢。由于编写时间紧迫，加之编者理论水平和实践经验有限，书中难免有不当和疏漏之处，恳请广大读者批评指正。

编　者

2016 年 7 月

目　　录

第1章　绪论 ………………………………………………… 1
1.1　网络信息内容安全的背景 ………………………………… 1
1.1.1　我国互联网发展现状 ……………………………… 1
1.1.2　网络信息内容特点 ………………………………… 2
1.2　网络信息内容安全的概念 ………………………………… 3
1.2.1　网络信息内容安全的定义 ………………………… 3
1.2.2　网络信息内容安全的特点 ………………………… 3
1.2.3　网络信息内容安全与相关学科的关系 …………… 4
1.3　主流网络信息安全产品简介 ……………………………… 8
1.3.1　政府部门主导的项目 ……………………………… 8
1.3.2　科研院所或企业的项目与产品 …………………… 9
1.4　网络信息内容安全研究的意义 …………………………… 10
1.5　网络信息内容安全的未来及发展趋势 …………………… 11
1.6　本章小结 ………………………………………………… 12
习题 ………………………………………………………… 13
第2章　网络信息的获取 ………………………………………… 14
2.1　互联网信息分类 ………………………………………… 14
2.1.1　网络媒体信息 ……………………………………… 14
2.1.2　网络通信信息 ……………………………………… 16
2.2　网络媒体信息的获取 …………………………………… 16
2.2.1　网络媒体信息获取的一般流程 …………………… 16
2.2.2　网络媒体信息获取的分类 ………………………… 19
2.2.3　网络媒体信息获取的难点分析 …………………… 21
2.2.4　网络媒体信息获取的方法 ………………………… 21
2.3　网络通信信息的获取 …………………………………… 32
2.3.1　网络通信信息获取的一般流程 …………………… 33
2.3.2　网络通信信息获取的分类 ………………………… 34
2.3.3　网络通信信息获取的难点分析 …………………… 34
2.3.4　Linux 和 Windows 环境下的通信信息获取 ……… 35

2.4 本章小结 …… 39
习题 …… 39
第3章 网络信息内容预处理技术 …… 40
3.1 网络信息内容预处理概述 …… 40
3.1.1 中文分词 …… 41
3.1.2 停用词 …… 42
3.2 语义特征抽取 …… 42
3.2.1 词级别语义特征 …… 42
3.2.2 亚词级别语义特征 …… 44
3.2.3 语义与语用级别语义特征 …… 45
3.2.4 汉语的语义特征抽取 …… 45
3.3 特征子集选择 …… 47
3.3.1 停用词过滤 …… 48
3.3.2 文档频率阈值法 …… 48
3.3.3 TF-IDF …… 49
3.3.4 信噪比 …… 49
3.4 特征重构 …… 50
3.4.1 词干 …… 51
3.4.2 知识库 …… 51
3.4.3 潜在语义索引 …… 51
3.5 向量生成 …… 54
3.5.1 局部系数 …… 55
3.5.2 全局系数 …… 55
3.5.3 规范化系数 …… 55
3.6 文本内容分析 …… 56
3.6.1 文本语法分析方法 …… 56
3.6.2 文本语义分析方法 …… 59
3.6.3 文本语用分析方法 …… 66
3.7 本章小结 …… 66
习题 …… 66
第4章 网络信息内容过滤 …… 67
4.1 网络信息内容过滤概述 …… 67
4.1.1 网络信息内容过滤的定义 …… 67
4.1.2 网络信息内容过滤的原理 …… 68
4.1.3 网络信息内容过滤的意义 …… 69
4.2 网络信息内容过滤技术的分类 …… 70
4.2.1 根据过滤方法分类 …… 71
4.2.2 根据操作的主动性分类 …… 71
4.2.3 根据过滤位置分类 …… 72

4.2.4　根据过滤的不同应用分类 …… 72
4.3　网络信息内容过滤的一般流程 …… 73
4.4　网络信息内容过滤模型 …… 77
4.4.1　布尔模型 …… 77
4.4.2　向量空间模型 …… 78
4.4.3　神经网络模型 …… 78
4.5　网络信息内容过滤的主要方法 …… 78
4.5.1　统计方法 …… 79
4.5.2　逻辑方法 …… 81
4.6　网络信息内容过滤典型系统 …… 82
4.6.1　基于多 Agents 的过滤系统 …… 82
4.6.2　基于文本匹配的过滤系统 …… 86
4.7　本章小结 …… 90
习题 …… 91
第 5 章　话题检测与跟踪 …… 92
5.1　话题检测与跟踪概述 …… 92
5.1.1　话题检测与跟踪的定义 …… 92
5.1.2　话题检测与跟踪的特点 …… 94
5.1.3　话题检测与跟踪的意义 …… 94
5.2　话题检测与跟踪的任务 …… 95
5.2.1　报道切分 …… 95
5.2.2　首次报道检测 …… 95
5.2.3　关联检测 …… 96
5.2.4　话题检测 …… 96
5.2.5　话题跟踪 …… 96
5.3　话题检测与跟踪的研究体系 …… 96
5.4　相关研究现状 …… 99
5.4.1　关联检测 …… 99
5.4.2　话题跟踪 …… 99
5.4.3　话题检测 …… 102
5.4.4　跨语言话题检测与跟踪 …… 104
5.5　话题检测与跟踪的一般系统模型 …… 105
5.5.1　话题/报道模型 …… 105
5.5.2　相似度计算 …… 107
5.5.3　聚类分析策略 …… 108
5.6　话题检测与跟踪的效果评价 …… 109
5.6.1　话题检测与跟踪使用的语料 …… 109
5.6.2　话题检测与跟踪的评测体系 …… 110
5.7　话题检测与跟踪的发展趋势 …… 111

5.8 本章小结 …… 112
习题 …… 113
第6章 社会网络分析 …… 114
6.1 社会网络分析概述 …… 114
6.1.1 社会网络的定义 …… 114
6.1.2 社会网络分析的含义及主要内容 …… 115
6.1.3 网络信息中的社会网络分析 …… 117
6.1.4 社会网络分析的意义 …… 117
6.2 社会网络分析的研究体系 …… 118
6.2.1 中心性分析 …… 118
6.2.2 凝聚子群分析 …… 119
6.2.3 核心-边缘结构分析 …… 120
6.3 社会网络分析的一般模型 …… 121
6.3.1 社会网络的构建 …… 121
6.3.2 社会网络的发现 …… 122
6.3.3 节点地位评估 …… 125
6.4 社会网络分析常用方法 …… 128
6.4.1 基于命名实体检索结果的社会网络构建 …… 129
6.4.2 基于内容分析的社会网络构建 …… 130
6.5 社会网络分析的安全应用 …… 142
6.5.1 社团挖掘和话题监控的互动模型研究 …… 142
6.5.2 不同实体间关系倾向性分析 …… 148
6.5.3 中文新闻文档自动文摘 …… 149
6.6 社会网络分析的发展趋势 …… 153
6.7 本章小结 …… 154
习题 …… 155
第7章 网络舆情分析 …… 156
7.1 网络舆情分析概述 …… 156
7.1.1 网络舆情分析的概念 …… 156
7.1.2 网络舆情的特点 …… 157
7.1.3 网络舆情分析的意义 …… 158
7.2 网络舆情分析的关键技术 …… 159
7.2.1 信息采集技术 …… 159
7.2.2 舆情热点发现技术 …… 160
7.2.3 热点评估和跟踪 …… 161
7.2.4 舆情等级评估 …… 161
7.3 网络舆情分析的系统框架 …… 166
7.4 网络舆情分析常用方法 …… 169
7.4.1 高仿真网络信息深度抽取 …… 169

7.4.2　高性能信息自动提取机器人技术…… 170

7.4.3　基于语义的海量文本特征快速提取与分类…… 172

7.4.4　多媒体群件理解技术…… 173

7.4.5　非结构信息自组织聚合表达…… 174

7.5　网络舆情分析的典型应用 …… 175

7.5.1　面向互联网论坛的定点站点深入挖掘机制…… 177

7.5.2　异构数据归一化存储与目标站点热点查询…… 177

7.5.3　监控目标热点自动发现功能…… 177

7.6　网络舆情分析的发展趋势 …… 177

7.7　本章小结 …… 181

习题…… 182

第8章　开源情报分析…… 183

8.1　基本概念 …… 183

8.1.1　开源情报分析的概念…… 183

8.1.2　开源情报分析的价值…… 184

8.2　开源情报分析的发展和研究 …… 185

8.3　开源情报分析的指标 …… 187

8.3.1　信息源可靠度…… 187

8.3.2　信息内容可靠度…… 188

8.4　开源情报大数据分析方法 …… 190

8.4.1　数据定量分析…… 190

8.4.2　多源数据融合…… 190

8.4.3　相关性分析…… 191

8.5　开源情报分析系统框架 …… 192

8.5.1　系统框架…… 192

8.5.2　处理流程…… 193

8.6　开源情报分析的发展趋势 …… 195

8.7　本章小结 …… 196

习题…… 196

参考文献…… 197

第1章 绪　　论

1.1 网络信息内容安全的背景

1.1.1 我国互联网发展现状

近几十年来，互联网的迅速发展，不仅促进了全世界范围内信息的有效传播与流通，而且对科学研究、工商行业的发展乃至人们的日常生活方式都带来了深远影响。自20世纪90年代开始，我国的互联网行业也经历了从无到有、从小到大的跨越式发展历程。根据《第37次中国互联网络发展状况统计报告》，截至2015年12月，我国网民规模达到6.88亿，互联网普及率达到50.3%，中国居民上网人数已过半。《报告》同时显示，网民的上网设备正在向手机端集中，手机成为拉动网民规模增长的主要因素。

在信息化已成为世界发展趋势的背景下，互联网有着应用极为广泛、发展规模最大、非常贴近人们生活等众多特点。一方面，互联网创造出巨大的经济效益和社会效益，如新兴的网络公司在互联网上建立业务并迅速发展，传统行业也纷纷将自身的业务和网络应用结合起来，它已经成为人们获取信息、互相交流、协同工作的重要途径；另一方面，互联网也带来一些负面影响，如色情、反动等不良信息在网络上大量传播，垃圾电子邮件等不正当行为泛滥，利用网络传播电影、音乐、软件等的侵犯版权行为，网络欺诈以及网络暴力和网络恐怖主义活动等问题层出不穷，这些行为完全背离了互联网设计的初衷，也不符合广大网络用户的意愿。因此，在建设信息化社会的过程中，提高信息安全保障水平及对互联网中各种不良信息的监测能力，是体现国家信息技术水平的重要一环，也是顺利建设信息化社会的坚实基础。

互联网上各种不良信息的流传和不规范行为的产生，其原因可归结为两类：一类是由于在互联网爆炸性发展过程中相关方面的规范和管理措施未能同步发展导致的。在互联网发展的初期阶段，用户数目很少，且多数用户是从事学术研究的工作人员，网络也没有涉及商业领域的应用，所以网络安全问题并不突出。如今，这种局势已经发生了巨大变化，一些原有的网络模式不再适应现在的发展需求。另一类是由于互联网作为一个新生事物，为人们提供了便利获取与发布信息的新途径，营造出前所未有的思想碰撞场所，相对于传统媒体，互联网上更容易出现一些另类、新奇、不易理解或不符合规范的行为和信息内容。互联网将整个世界变成了“地球村”，聚集了各种思想、观点的人和事物，以及各种形式的信息内容和安全问题，这也是一个长期存在的客观现实。面对这种挑战，人们不应“因噎废食”——因为互联网上存在的一些安全问题和不良信息而变得畏惧或排斥新技术、新事物；应当通过法律与技术等多方面的措施来抵制和消除不良现象，让互联网更好地为人们服务，使得人人都能更高效、更自由地利用互联网信息内容并为之所用，发挥更大的效益。

1.1.2 网络信息内容特点

与传统的信息资源相比,网络信息内容在数量、结构、分布和传播的范围、载体形态、内涵传递手段等方面都显示出新的特点。

1. 存储数字化,传输网络化

信息资源由纸张上的文字变为磁介质上的电磁信号或者光介质上的光信息,存储的信息密度高、容量大。以数字化形式存在的信息,可以通过信息网络进行远距离传送。传统的信息存储载体为纸张、磁带、磁盘。而在网络时代,信息的存在是以网络为载体,这大大提高了网络信息内容的利用与共享程度。

2. 表现形式多样化,内容丰富

网络信息内容包罗万象,覆盖了不同学科、不同领域、不同地域、不同语言的信息资源,还可以以文本、图像、音频、视频、数据库等多种形式存在。信息组织非线性化,超文本、超媒体信息资源成为主要方式。

3. 数量巨大,增长迅速

中国互联网络信息中心(CNNIC)于 2016 年 1 月发布的第 37 次《互联网络发展状况统计报告》全面反映了中国互联网络的发展状况。从该次报告中可以看出,截至 2015 年 12 月 30 日,中国网民规模达到 6.88 亿,网站数量达到 423 万,2015 年网页数量达到 2123 亿,增长迅速。网络信息量之大、增长速度之快、传播范围之广,是其他任何环境下的信息资源所无法比拟的。

4. 传播速度快、范围广,具有交互性

网络环境下,网络信息内容的传递和反馈快速、灵敏。信息内容在网络上的流动非常迅速,电子流取代纸张,加上无线电技术和卫星通信技术的充分运用,上传到网上的任何信息资源,都只需要短短数秒就能传递到世界各地的每一个角落。由于信息源增多,网络信息内容发布自由,网络信息内容呈爆炸性增长。随着网络的普及化,其传播范围将越来越广。与传统的媒介相比,网络信息传播具有交互性。它具有主动性、参与性和操作性,人们自己主动到网上数据库查找所需的信息,网络信息内容的流动是双向互动的。

5. 结构复杂,分布广泛

网络信息内容本身的组织管理没有统一的标准和规范,信息广泛分布在不同国家、不同区域、不同地点的服务器上,不同服务器采用不同的操作系统、数据结构、字符集和处理方式,缺乏集中统一的管理机制。

6. 信息源复杂、无序

网络的共享性与开放性使得人人都可以在互联网上索取信息和存放信息,由于没有质量控制和管理机制,这些信息没有经过严格编辑和整理,良莠不齐,各种不良和无用的信息大量充斥在网络上,形成一个纷繁复杂的信息世界。

网络信息被存放在网络计算机上,由于缺乏统一的控制,质量参差不齐,网络信息内容分布分散,开发显得无序化。

7. 动态不稳定性

Internet 信息地址、链接和内容处于经常性变化之中，信息源存在状态的无序性和不稳定性使得信息的更迭、消亡无法预测，这些都给用户选择、利用网络信息带来了障碍。

网络信息的这些特点决定了其容易成为网络欺诈、钓鱼以及网络暴力、网络恐怖主义等恶意行为的载体，因此研究网络信息内容安全，提供对互联网中各种不利信息的检测分析能力，是体现我国信息技术水平的重要环节，也是建设信息化社会的坚实保障。

1.2　网络信息内容安全的概念

1.2.1　网络信息内容安全的定义

网络信息内容安全是研究如何利用计算机从动态网络的海量信息中，对与特定安全主题相关的信息进行自动获取、识别和分析的技术。在研究文献和实际应用中，网络内容安全目前大致可分为两类：第一类是基于内容的访问控制，包括网络协议恢复、基于数据包的流量监测、特征码匹配的病毒防护、基于内容的反垃圾邮件等技术；第二类是基于信息传播的互联网安全管理问题，反映的是网络用户公开发布的信息所带来的社会公共安全问题，这里面所涉及的技术主要包括主题信息监控、舆情监控、社交网络社团挖掘等。本书认为，第一类内容安全应用所解决的问题，无论从技术还是表现形式上，更偏向于传统安全，可以依赖于传统信息安全技术解决。而第二类基于信息传播的内容安全问题在近几年显得尤为突出，并且涉及国计民生，对于社会和公民产生的影响更为直接和严峻，同时学术界在提到互联网信息内容安全时，也普遍默认为第二类内容安全是今后安全防范的趋势。因此，本书所研究的网络内容安全问题默认是指第二类内容安全。一般来讲，传统的信息安全体系中并不包括信息内容安全，但随着网络的大规模普及，信息内容安全所遭受的威胁日渐突出，从国家层面，公安机关和文化部门需要网络信息安全技术来保护社会稳定和文化安全，从单位层面，企事业单位需要维护单位形象、避免谣言和竞争对手的诽谤等带来的影响。近年来，网络信息内容安全越来越被认可，并已经纳入信息安全体系。传统信息安全层次包括物理安全、运行安全和数据安全，这 3 个层次所面临的安全问题十分严峻，但往往是普通用户肉眼所感受不到的潜在安全问题，而逐渐兴起的网络信息内容安全问题更为公开，可利用的人口资源更丰富，如图 1-1 所示。

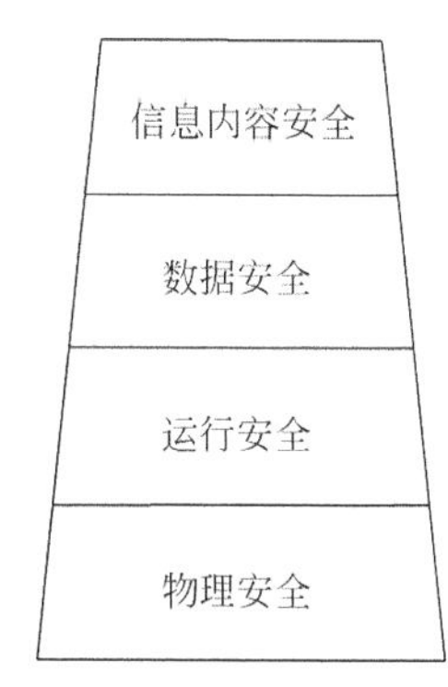

图 1-1　信息安全层次结构

网络信息内容安全处在安全体系中的最上层，更倾向于信息自身的安全，因此更容易被利用。

1.2.2　网络信息内容安全的特点

网络信息内容安全作为一门新兴的课题，以互联网为载体，有着自身的特点。

（1）网络内容安全既是一门新兴的课题，又需要多个学科进行交叉研究。在信息科学与技术领域，它不同于传统的信息安全问题，是一个综合交叉学科，所用到的技术涉及数据挖掘、话题识别与跟踪、信息过滤、社会网络计算、自然语言处理、数据存储技术等，涵盖计算机科学领域的很多方向。而在非计算机科学与信息安全领域，对于内容安全的研究又大量涉及法学、传播学、管理学、情报学、心理学、社会学等学科，这些学科使得网络信息内容安全不再仅仅像传统信息安全那样只局限于技术领域，对它的研究将更加复杂和丰富。

（2）网络内容安全以互联网为研究载体。在互联网上发布和获取信息都十分便利，这也是网络内容安全问题的一个重要诱因，因此在网络信息内容研究中，从互联网技术角度入手仍然是对网络信息内容安全管理最有效的手段，尤其是对于新的应用应当格外关注。

（3）网络信息内容安全问题面对的是海量信息。传统安全更关注封闭式网络安全，防止外界的攻击，相对来说数据流量规模较小。而互联网是一个开放的平台，信息来源广、传播途径多，因此在海量数据中挖掘出潜在的安全问题是对网络内容安全挖掘技术的考验。

（4）网络信息内容安全虽不同于传统信息安全，但传统安全是信息内容安全的有力保障，例如维护网络和服务器的正常工作，保持数据传输的顺利进行。

网络信息内容安全的这些特点决定了其研究手段和方法与传统信息安全存在显著区别，需要加强网络信息内容安全技术的研究，以实现互联网的健康有序发展。

1.2.3 网络信息内容安全与相关学科的关系

作为新兴的边缘交叉学科，网络信息内容安全与相关学科，尤其是信息安全学科息息相关。本节从学科外延与内涵、学科科学研究方法以及《信息安全专业指导性专业规范》方面分析这两者的关系。

1. 学科外延及内涵的关系

信息安全学科是研究确保信息的完整性、可用性、保密性、可控性以及可靠性的一门综合性新型边缘学科。信息安全学科研究内容包括信息设备安全、数据安全、内容安全和行为安全四个方面问题。信息系统硬件结构的安全和操作系统的安全是信息系统安全的基础，密码、网络安全等技术是关键技术。只有从信息系统硬件和软件的底层采取安全措施，从整体上采取措施，才能比较有效地确保信息系统的安全。当前，信息安全学科的主要研究方向有密码学、网络安全、信息系统安全和信息内安全。可以预计，随着信息安全科学技术的发展和应用，一定还会产生新的信息安全研究方向，信息安全的研究内容将更加丰富。网络信息内容安全是以网络为主要研究载体，此外，报纸、杂志、广播、电视等传播媒体形式也涉及内容安全问题。对于所处理信息的判定方法和标准，与信息安全学科在原理上是一致的。但是在具体实现技术方面，网络内容存储在计算机上，更方便于利用计算机自动处理；而且由于网络信息量大、信息发布来源众多，对自动处理功能有更强烈的需求和更大的技术挑战。网络信息内容安全与计算机和网络系统安全相比较，着重强调的是网络上传输信息的内容安全问题，不等同于硬件设备、操作系统和应用软件的安全问题，但计算机与网络系统的正常工作，为信息内容安全系统的正常运行提供了基础。网络信息内容安全属于信息安全分析技术的一个分支。对特征选取、数据挖掘、机器学、信息论和统计学等多门学科的研究，不仅促进了信息分析技术的发展，也为信息内容安全的研究提供了技术支持。信息内容安全关注与安全相关的内容分析，在处理对象、研究方法的侧重点、对数据吞吐量及对处理结果响应速度等方面的要求有其自身特点。由此可知，信息安全包含网络信息内容安全。

根据表 1-1，网络信息内容安全主要是研究禁止非法的内容进入和有价值的内容泄露的一门学科。网络信息内容安全关键技术主要包括：信息内容管理（Information Content Management，ICM）、信息内容过滤（Information Content Filtering，ICF）、信息内容监控（Information Content Monitoring，ICMO）和信息内容还原（Information Content Restore，ICR）。信息内容管理是根据设定的条件，用户受限浏览使用数字内容，但可以自由浏览使用非受限数字内容。信息内容过滤是指采用安全策略堵塞或过滤掉那些不良或恶意的数字内容。信息内容监控是由政府和军队执法机构（如公安、司法以及军队有关部门）采用安全策略监控和管理与国家安全、社会稳定、军队指挥紧密相关的数字内容，并有权直接处理与其安全策略不相符的内容。信息内容还原是指协议还原技术，为了保障网络安全高效地传输，在传输过程中包含了大量的协议，必须从有效信息中剔出协议数据，这就是网络协议还原。目前简要分析的协议主要包括 HTTP、FTP、SMTP、POP3、TELNET 和各类 IM 协议。综上，在外延上，信息安全学科包含了网络信息内安全学科；在内涵上，网络信息内容安全学科以网络信息为载体，研究问题更为具体，而信息安全学科研究问题更为体系化、结构化和全面化。

表 1-1　网络信息内容安全内涵

领域	内　涵	关键技术
政治方面	防止来自国内外反动势力的攻击、诬陷以及西方的和平演变阴谋，维护社会稳定	网络舆情分析、内容还原
安全方面	防止国家、军队和企业机密信息被窃取、泄露和流失	开源情报分析
宗教方面	防止法轮功等邪教组织利用宗教信仰传播不利于和谐社会的内容	话题检测与跟踪
破坏方面	防止病毒、垃圾邮件、网络蠕虫等恶意信息耗费或破坏网络资源	内容过滤、内容还原
健康方面	在传播过程中剔除色情、淫秽和暴力内容，使人们健康上网	网络内容过滤
生产方面	防止非生产力网络浏览，提高企业网络使用效率	内容管理
隐私方面	防止个人隐私被盗取、倒卖、滥用和扩散	开源情报分析

2. 学科科学研究方法区别

信息安全学科是综合计算机、电子、通信、数学、物理、生物、管理、法律和教育等学科发展演绎而成的交叉学科。信息安全学科是研究信息的获取、存储、传输和处理中的安全威胁和安全保障的新兴学科。信息安全学科已经形成了自己的理论、技术和应用，并服务于信息社会，信息安全学科归于工学，表 1-2 给出了信息安全支撑技术。由于信息安全理论与技术的内容十分广泛，信息安全学科仍在发展壮大中。

表 1-2　信息安全支撑技术

信息安全支撑技术	研究方向	关键技术
密码学	密码基础理论	密码函数、密码置换、序列及其综合、认证码理论、有限自动机理论等
	密码算法研究	序列密码、分组密码、公钥密码、哈希函数等

续表

信息安全支撑技术	研究方向	关键技术
安全协议	安全协议设计	单机安全协议设计、网络安全协议设计
	安全协议分析	经验分析法、形式化分析
信息隐藏	数字水印	数字版权保护、匿名通信等
	隐蔽通信	隐写术、隐通道、阈下通信等
安全基础设施	PKI/KMI/PMI	产生、发布和管理密钥与证书等安全凭证
	检测/响应基础设施	预警、检测、识别可能的网络攻击，响应攻击并对攻击行为进行调查分析等
系统安全	主机安全	访问控制、病毒检测与防范、可信计算平台、主机入侵检测、主机安全审计、主机脆弱性扫描等
	系统安全	数据库安全、数据恢复与备份、操作系统安全等
网络安全	网络硬件安全	防火墙、VPN、网络入侵检测、安全接入、安全隔离与交换、安全网关等
	信息内容安全	内容管理、内容过滤、话题跟踪与检测、社会网络分析、舆情分析、开源情报分析等
	网络行为安全	网络安全管理、网络安全审计、网络安全监控、应急响应等

网络信息内容安全以网络为主要研究载体，对信息处理速度要求高(近实时)、处理吞吐量大(达到 TB 级)、自动处理功能需求强烈。信息内容安全属于通用网络内容分析技术，对特征选取、数据挖掘、机器学习、信息论、统计学、中文信息处理等多门学科进行研究，不仅促进了信息分析技术的发展，也为网络信息内容安全研究提供了有力的技术支撑。

网络信息内容安全与信息安全研究方法的区别如下。

信息安全是使用密码学方法为信息制作安全的信封，解决信息的“形式”保护问题，而不需要理解信息的“内容”。换言之，采用密码学解决信息安全问题，使没有得到授权的人不能打开这个信封。

网络信息内容安全则需要“直接管理”信息内容，对海量、非结构化数据进行实时判断：哪些是“好消息”？哪些是“坏消息”？并尽可能地完成对坏消息的封堵和自动过滤处理。研究信息内容安全问题的首要条件，是必须由用户明确定义信息的“安全准则”，包括：安全领域(关注什么领域的信息内容安全问题)和安全标准(什么是安全的信息内容，什么是不安全的信息内容)，这样才能据以判断具体的信息是否符合所定义的安全准则。可见，信息内容安全问题是“面向特定领域”的，取决于用当时的关注域，而不是“全方位”的。

研究信息内容安全问题的过程，是在“理解信息内容”基础上的“三分类”过程。

(1) 句法分析：判断“信息是否为可读语句”，又称为语句分类。

(2) 主题分类：判断“由可读语句表达的信息是否属于所关注的安全领域”，又称领域分类或主题分类。

(3) 倾向分类：判断“落入某领域的信息是否符合所定义的安全准则”，又称安全分类。

这样，网络信息内容安全问题就可以归纳为“三分类”问题，“三分类”模型参见图 1-2。

3. 学科专业规范区别

信息安全基础(Information Security Base，ISB)是信息安全学科的一些基础内容。信

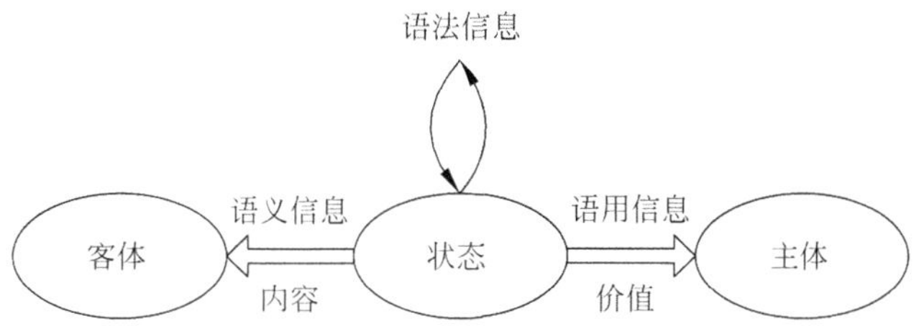

图 1-2　网络信息内容安全“三分类”模型

息安全基础知识领域由信息安全概念知识单元、信息安全数学基础子知识领域、信息安全法律基础知识单元和信息安全管理基础知识单元四个部分组成。而信息安全数学基础子知识领域又由数论、代数结构、计算复杂性、逻辑学、信息论、编码学和组合数学七个知识单元组成，如图 1-3 所示为它们之间的结构。

信息安全基础中的信息安全概念主要介绍对信息安全的威胁、信息安全的基本概念和确保信息安全的措施等基本知识。信息安全数学是信息安全学的理论基础之一，如数论、代数结构、组合数学、计算复杂性、信息论等是密码学的基础，逻辑学是网络协议安全的基础。信息安全法律基础介绍信息安全领域中的一些基本管理知识。信息安全法律和信息安全管理知识则是对整个信息安全系统的设计、实现与应用都有指导性作用的。

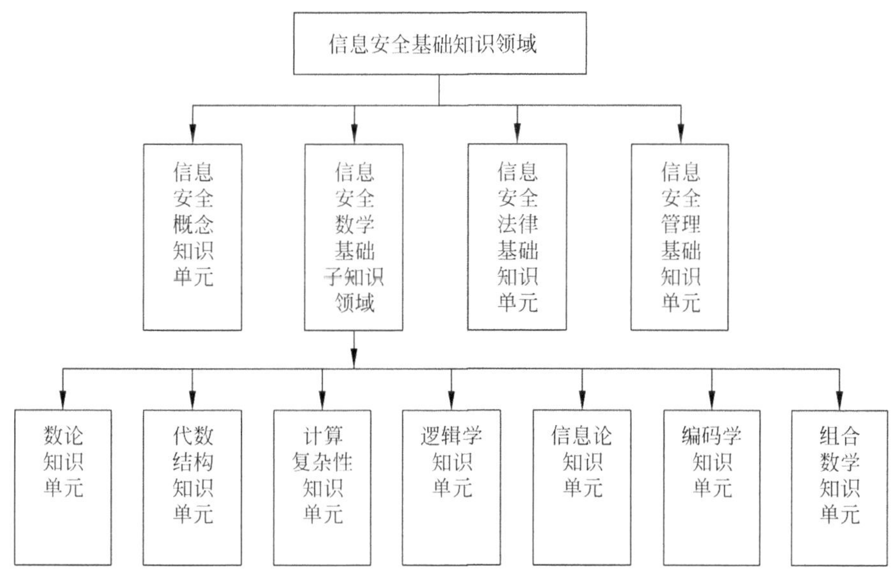

图 1-3　信息安全基础知识领域结构

网络信息内容安全旨在分析识别信息内容是否合法。确保合法内容的安全，防止非法内容的传播和利用。网络信息内容安全的知识单元包括：网络信息内容安全的概念、网络数据的获取、信息内容的分析与识别以及信息内容的管控等。因为不再单独设立信息内容安全法律法规课程，所以在安全概念中还包含了少量与信息内容安全相关的法律法规内容。

网络信息内容安全的重点是网络数据的获取、信息内容的预处理与过滤以及网络信息内容的分析与管控。网络数据的获取包括网络数据获取的概念、网络数据的被动获取技术、网络数据的主动获取技术。学习目标：掌握网络数据获取的概念；掌握常用的网络数据被动获取技术；熟悉常用的网络数据主动获取技术；了解网络数据获取技术的应用。网络信息内容的预处理与过滤包括信息内容预处理技术和信息内容过滤技术。学习目标：掌握信息内容预处理的概念和一般流程，掌握预处理技术中需要用到的语义特征抽取、特征子集选择、特征重构和向量生成等技术；掌握信息内容常用过滤方法，内容过滤的一般模型；了解信息内容识别和过滤技术的典型应用。网络信息内容的分析与管控包括话题的跟踪与检测技术、社会网络分析技术、网络舆情分析技术、开源情报分析技术。学习目标：掌握话题检测与跟踪的概念；话题检测与检测的一般系统模型及效果评价方法；掌握社会网络分析概念；掌握社会网络发现及节点地位评估技术；掌握网络舆情分析的一般系统框架及常用方法，了解网络舆情分析的典型应用；掌握网络开源情报分析的概念；掌握网络开源情报分析的系统框架及大数据分析方法和常用指标。

1.3 主流网络信息安全产品简介

由于网络信息内容安全研究中有部分会涉及国家安全等敏感问题，因而相关资料较难获取，下面对作者收集到的典型项目及产品进行介绍。

1.3.1 政府部门主导的项目

随着互联网应用的日益广泛，网上信息安全问题也逐渐突出，各国政府均先后提高了对信息内容安全问题的重视程度。

在“9・11”恐怖袭击事件发生后，FBI 局长 Robert S. Mueller 在议会听证会上发言，认为政府花费了过多的精力用于案件侦查，以致没有足够的资源用于预防案件发生。Robert 认为，这是由于他们虽然获得了大量数据，但对数据进行整合与深度分析不足。此后，FBI 加大了对一些领域的研究力度，包括整合不同来源、不同格式数据的技术，对犯罪及恐怖活动相关网络链接进行分析与可视化显示的技术，能够对信息进行监控、检索、分析及作出主动响应的 agent 技术，对海量信息（TeraBytes）级别存储文档、网页和电子邮件的文本挖掘技术，利用神经网络对可能的犯罪活动或者新的恐怖袭击进行预测的技术，利用机器学习算法抽取罪犯描述特征与犯罪活动关系的结构图技术等。

可见，信息内容安全影响的范围并不仅仅局限于虚拟网络，而是与其他方面的安全问题密切联系、相互影响。政府主导的部分代表性项目见表 1-3。

表 1-3 政府主导项目

国别	单位	项目名称	简 介
美国	FBI	Carnivore	网络信息嗅探软件与相关软件配合，可实现信息还原和内容分析，主要用于监测互联网中的恐怖活动、儿童色情、间谍活动、信息战和网络欺诈行为等。运行于微软 Windows 平台，2005 年 1 月以后停止

续表

国别	单位	项目名称	简　介
美国	FBI	StrikeBack	与联邦教育部合作,用于查询可疑学生信息,每年有数百名学生信息被查询,5年期计划,已结束
多国	UKUSA	ECHELON	以美英为主导,由多个英语国家参与。是世界上最大的网络通信数据监听与分析系统。监听世界范围内的无线电波、卫星通信、电话、传真、电子邮件等信息后,应用计算机技术进行自动分析。每天截获的信息量约30亿条。最初ECHELON用于监控苏联和东欧的军事与外交活动。现在其重点监听恐怖活动和毒品交易的相关信息
美国		RIP	关于通信监听方面的法律于2000年通过。该国政府被授权监控所有电子邮件通信,包括加密通信
美国	CIA	Oasis	以语音识别技术为核心,用于将电话、电视、广播、网络上的音频信息转换为文本信息,以便于检索。目前,Oasis系统可以识别英语,下一步的目标是实现对阿拉伯语和汉语的处理
美国	DARPA	EELD	研究如何从海量的网络信息中,发现有可能威胁国家安全的关键信息提取技术
美国	DHS	ADVISE	建立在前述ECHELON项目的基础上,通过数据挖掘技术对互联网上的新闻网站、博客(Blog)、电子邮件(E-mail)进行分析,以发现其中各种网络标示之间的关系。该计划目的在于尽早发现恐怖分子可能发动的恐怖活动。数据的三维可视化展示是该项目的一个特点,它提供了一种新型的数据展示方式

1.3.2　科研院所或企业的项目与产品

由科研机构主导的部分研究项目见表1-4。

表1-4　研究机构主导的研究项目

单　位	项目名称	简　介
UCLA	Private Keyword Search on Streaming Data	该项目需防止多台服务器到网络各处收集网络上的特定信息后传回信息处理中心,减轻了将所有信息直接传回信息处理中心的负担。项目特点在于,虽然这些放在信息源附近的机器没有集中式服务器的物理性和系统安全性,甚至有可能为敌对方获取,但该系统会利用同态加密(Homomorphic Encryption)实现编码混淆(Code Obfuscation)。该技术保证了机器上安装的软件不会被逆向工程侵犯,也即敌对方无法利用缴获的服务器来获取该服务器过滤的明确规划。另外,由于预先滤除了大量信息,系统在安全和隐私方面也取得了较好均衡 http://www.research.ucla.edu/tech/ucla05-487.htm
Autonomy	IDOL Server	Autonomy公司的产品IDOL Server是用途广泛的文本信息挖掘工具,具有能进行语义级别的检索、文本分类与推送等功能。支持多种自然语言,利用信息论的相关知识进行文本特征选择与提取,利用贝叶斯理论进行分类。在FBI与CIA中有广泛应用 http://www.autonomy.cm/content/Products/IDOL/index.en.html
Secure Computing	SmartFilter	用于组织网络间谍软件与网络钓鱼软件对网络用户的侵害。在军事、民事领域都有应用

续表

单　位	项目名称	简　介
NICTA	SAFE	澳大利亚国家信息与通信技术研究中心的紧急状态灵活应对系统计划，该项目通过人脸识别等机器视觉技术来分析可能的异常行为，从而实现预先判断，以阻止恐怖主义活动
Cornell	Sorting Acts and Opinions for Homeland Security	该项目由美国国土安全部资助，康奈尔大学联合匹兹堡大学和犹他大学负责实施。重点是通过信息抽取等多种自然语言理解与机器学习技术，从收集到的文本中判断各种信息所包含的观点，并且研究如何寻找信息的可能来源，利用这些信息进行辅助决策 http://www.eurekalert.org/pub_releases/2006-09/cuns-sfa092206.php

1.4 网络信息内容安全研究的意义

在信息化社会的建设过程中，网络信息内容安全研究有着广泛的应用。根据考查层次对象不同，可分为如下几个方面。

(1) 提高网络用户及网站的使用效率。网络用户经常遇到垃圾邮件、流氓软件等恶意干扰，网站上也存在某些用户发布一些广告或恶意言论的情况。信息内容安全研究有望提供技术上的解决方案，包括对电子邮件、论坛、Blog 回复和聊天室等进行信息过滤，通过预先过滤不良信息，减少手工处理各类无用信息所花费的时间与精力，从而有效提高网络的使用效率。

(2) 净化网络空间。互联网的迅猛发展，既满足了广大群众日益丰富的文化生活需求，成为人们获取信息、生活娱乐、互动交流的新兴媒体，同时也存在传播各种不良信息的现象。例如，传播格调低下的文字与图片、侵犯知识产权的盗版影音或软件、不负责任的传播未证实的消息，甚至别有用心地散布虚假消息以制造恐慌气氛等。此外，随着网络的发展，上网的未成年人也越来越多，只有营造健康文明的网络文化环境，才有利于青少年的身心健康与顺利成长。消除不健康信息已成为社会的共同呼唤和强烈需求，也对网络信息内容安全相关课题的研究提出了迫切要求。

从建设国家信息安全保障体系的角度看，随着时代的发展，安全问题也拓展到网络这个看不见、摸不着的虚拟世界，提高国家信息安全保障水平是保障国家安全的重要环节。互联网作为信息传播和知识扩散的新式载体，加剧了各种思想文化的激荡与碰撞。各种观点与宣传在互联网上长期互存、互相影响，这是一个客观现实。各种违法犯罪活动也利用网络作为传播的新场所，出现了各种网络诈骗活动与网络恐怖主义活动。上述种种情况，都需要更为完善的信息处理技术，尽早或尽量准确地发现安全隐患，以提高预防保护能力，降低各种不良活动发生的可能性，减少其带来的损失。

1.5　网络信息内容安全的未来及发展趋势

随着 Web 2.0 应用的普及，互联网将面临更多、更复杂的内容安全威胁，而另一方面，随着大数据及云计算技术的飞速发展，网络信息内容安全在未来仍然具有进一步拓展的空间，以下问题值得关注。

1. 网络信息内容可信性

关于大数据环境下网络信息内容研究的一个普遍的观点是，数据自己可以说明一切，数据自身就是事实。但实际情况是，如果不仔细甄别，数据也会欺骗，就像人们有时会被自己的双眼欺骗一样。大数据可信性的威胁之一，是伪造或刻意制造的数据，而错误的数据往往会导致错误的结论。若数据应用场景明确，就可能有人刻意制造数据，营造某种"假象"，诱导分析者得出对其有利的结论。由于虚假信息往往隐藏于大量信息中，使得人们无法鉴别真伪，从而作出错误判断。例如，一些点评网站上的虚假评论混杂在真实评论中，使得用户无法分辨，可能误导用户去选择某些劣质商品或服务。由于当前网络社区中虚假信息的产生和传播变得越来越容易，其所产生的影响不可低估。用传统信息安全技术手段鉴别所有来源的真实性是不可能的。大数据可信性的威胁之二，是数据在传播中的逐步失真。原因之一是人工干预的数据采集过程可能引入误差，由于失误导致数据失真与偏差，最终影响数据分析结果的准确性。此外，数据失真还有数据版本变更的因素。在传播过程中，现实情况发生了变化，早期采集的数据已经不能反映真实情况。例如，餐馆电话号码已经变更，但早期的信息已经被其他搜索引擎应用或收录，所以用户可能看到矛盾的信息而影响其判断。因此，大数据的使用者应该有能力基于数据来源的真实性、数据传播途径、数据加工处理过程等，了解各项数据可信度，防止分析得出无意义或者错误的结果。

2. 数据水印技术

数字水印是指将标识信息以难以察觉的方式嵌入在数据载体内部且不影响其使用的方法，多见于多媒体数据版权保护，也有部分针对数据库和文本文件的水印方案。由数据的无序性、动态性等特点所决定，在网络信息内容中添加水印的方法与多媒体载体上有很大不同。其基本前提是上述数据中存在冗余信息或可容忍一定精度误差。基本思路大都基于数据库中数值型数据存在误差容忍范围，将少量水印信息嵌入到这些数据中随机选取的最不重要的位置上。水印的生成方法种类很多，可大致分为基于文档结构微调的水印（依赖字符间距与行间距等格式上的微小差异）、基于文本内容的水印（依赖于修改文档内容，如增加空格、修改标点等）以及基于自然语言的水印（通过理解语义实现变化，如同义词替换或句式变化等）。上述水印方案中有些可用于部分数据的验证，例如残余元组数量达到阈值就可以成功验证出水印。该特性在大数据应用场景下具有广阔的发展前景，例如，强健水印类可用于大数据的起源证明，而脆弱水印类可用于大数据的真实性证明。存在的问题之一是当前的方案多基于静态数据集，针对大数据的高速产生与更新的特性考虑不足，这是未来亟待提高的方向。

3. 基于大数据的网络信息真实性分析

目前，基于大数据的网络信息真实性分析被广泛认为是最为有效的方法。许多企业已经开始了这方面的研究工作，例如 Yahoo 和 Thinkmail 等利用大数据分析技术来过滤垃圾邮件；Yelp 等社交点评网络用大数据分析来识别虚假评论；新浪微博等社交媒体利用大数据分析来鉴别各类垃圾信息等。基于大数据的数据真实性分析技术能够提高垃圾信息的鉴别能力。一方面，引入大数据分析可以获得更高的识别准确率。例如，对于点评网站的虚假评论，可以通过收集评论者的大量位置信息、评论内容、评论时间等进行分析，鉴别其评论的可靠性，如果某评论者为某品牌多个同类产品都发表了恶意评论，则其评论的真实性就值得怀疑。另一方面，在进行大数据分析时，通过机器学习技术，可以发现更多具有新特征的垃圾信息，该技术仍然面临一些困难，主要在于虚假信息的定义、分析模型的构建。

4. 移动互联网信息内容安全

手机终端智能化或者移动互联网化以后，为人们所有的硬件带来了新的生机。但在移动生活到来的同时，移动互联网信息内容安全也会变得越来越重要。未来，只有利用大数据才能实现互联网的安全创新。从目前移动互联网的安全现状来说，移动互联网网络犯罪已经不像十几年前那样黑客只是“秀能力”那么简单，移动终端安全将会变得越来越重要。一方面，未来应利用大数据和云查杀技术，实时在云服务器端作出行为判断，来保障移动终端的安全。另一方面，应研究如何挖掘移动终端发布的海量短文本信息。在用户创造数据的时代，用户越来越倾向于大量的发布短文本信息，最典型的手段是通过微博客。短文本信息一方面有着清晰的突出主题、突出观点，但另一方面也容易断章取义，造成误传或谣传，极大地威胁网络内容安全，如何借助大技术分析手段从中挖掘有价值的信息，也是一大挑战。

1.6 本章小结

互联网已经成为人们获取信息、相互交流、协同工作的重要途径，但另一方面互联网也带来一些负面影响，如色情、反动等不良信息在网络中大肆传播，垃圾邮件、广告等恶意营销行为泛滥，网络欺诈、钓鱼以及网络暴力、网络恐怖主义等恶意行为层出不穷。这些恶意信息和行为完全背离了互联网的设计初衷，也不符合广大网民的意愿，并且影响到了正常秩序和规范。因此研究网络信息内容安全，提供对互联网中各种不利信息的检测分析能力，是体现我国信息技术水平的重要环节，也是建设信息化社会的坚实保障。

网络信息内容安全作为信息安全领域的一个研究分支，是对上述问题的解决方案，它跨越多媒体信息处理、数据分析、计算机网络、网络应用等多个研究领域。通过学习本章的内容，为后续章节的学习奠定扎实基础。

习　　题

1. 网络信息内容安全的主要技术有哪些?

2. 网络信息内容安全要求有哪些?

3. 网络信息内容安全威胁包括什么?

4. 你在生活中遭遇过哪些网络诈骗或互联网诈骗?

5. 你认为有哪些方法(包括技术、管理等多个方面),可以更好地保障网络信息内容的安全?

第 2 章　网络信息的获取

2.1　互联网信息分类

受益于国际互联网基础设施建设的长足发展，当前基于互联网实现信息传播这一网络应用已经相当普及。据 2016 年 1 月的《中国互联网网络发展状况统计报告》显示，截至 2015 年 12 月，中国国家顶级域名“.CN”总数为 1636 万，年增长为 47.6%，占中国域名总数的 52.8%，“.CN”域名已超过德国国家顶级域名“.DE”，成为全球注册保有量第一的国家和地区顶级域名(ccTLD)。同时，为满足活跃的国际互联网交流需求，2015 年年度国际出口带宽创新高。截至 2015 年 12 月，中国国际出口带宽为 5392116 Mbps，年增长 30.9%，标志着中国国际通信网络能力的显著提升。同时，中国网页数量首次突破 2000 亿。中国企业越来越多地使用互联网工具开展交流沟通、信息获取与发布、内部管理等方面的工作，为企业“互联网+”应用奠定了良好基础。

容纳着数以万 TB 的信息总量，并且正处于内容爆炸性增长的国际互联网，包含了各式各样、内容迥异的信息。从宏观角度上来讲，互联网公开传播信息基本可以分为网络媒体信息与网络通信信息两大类型。其中网络媒体信息是本书重点要分析的内容。

2.1.1　网络媒体信息

网络媒体信息是指传统意义上的互联网网站的公开发布信息，网络用户通常可以基于通用网络浏览器(例如 Microsoft 公司的 Internet Explorer、Netscape 公司的 Navigator、Mozilla 公司的 Mozilla Firefox)获得互联网公开发布的信息。由于本书针对这类信息用于统一的信息获取方法，因此将其统称为网络媒体信息。宏观意义上的网络媒体信息涉及较广，可以通过网络媒体形态、发布信息类型、媒体发布方式、网页具体形态与信息交互协议等多种划分方法进一步细分与区别，主要包括以下几种。

1. 网络媒体形态

根据网络媒体具体形态的不同，网络媒体可以分为广播式媒体与交互式媒体两类。其中，传统的广播式主要包含新闻网站、论坛(BBS)、博客(Blog)等形态；新兴的交互式媒体涵盖搜索引擎、多媒体(视/音频)点播、网上交友、网上招聘与电子商务(网络购物)等形态。每种形态的网络媒体都以各自的方式向互联网用户推送其公开发布信息。

2. 发布信息类型

从公开发布信息的具体类型上看，网络媒体信息可以细分为文本信息、图像信息、音频信息与视频信息 4 种类型。其中，网络文本信息始终是网络媒体信息中占比最大的信息类型。

3. 媒体发布方式

按照网络媒体所选择信息发布方式的不同，网络媒体信息还可以分成可直接匿名浏览的公开发布信息，以及需要实现身份认证才可以进一步点击阅读的网络媒体发布信息。

4. 网页具体形态

《中国互联网网络发展状况统计报告》根据超链接网络地址（统一资源定位符，URL）的组成，将网页分成 URL 中不含“?”或输入参数的静态网页，以及 URL 中含“?”或输入参数的动态网页两类。针对网页内容的具体构成形态，还可以对网络媒体信息中的静态网页与动态网页进行更加明确地区分。

网页主体内容以文本形式、网页内嵌链接信息以超链接网络地址格式存在于网页源文件中的网页属于静态网页，如图 2-1 所示。网页主体内容或网页内嵌链接信息完全封装于网页源文件中的脚本语言片段内的网页属于动态网页，如图 2-2 所示。

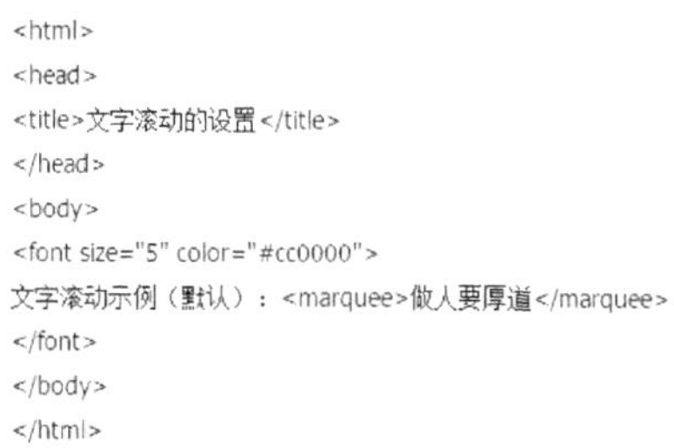

```
<html>
<head>
<title>文字滚动的设置</title>
</head>
<body>
<font size="5" color="#cc0000">
文字滚动示例（默认）：<marquee>做人要厚道</marquee>
</font>
</body>
</html>
```

图 2-1　静态网页实例

图 2-2　动态网页实例

从网页内容的构成形态不难发现，动态网页与静态网页不同，它是使用传统的基于 HTML 标记匹配的网页解析方法提取网页主体内容以及网页内嵌链接所对应的网络超链接地址。

5. 信息交互协议

按照所使用的信息交互协议的不同，网络媒体信息可以分为 HTTP(S)信息、FTP 信息、MMS 信息、RTSP 信息及已经不多见的 Gopher 信息等。其中，MMS 信息与 RTSP 信息属于视/音频点播协议，当互联网用户通过网络浏览器点击 MMS 或 RTSP 协议信息时，浏览器会通过操作系统调用该协议解析所对应的默认应用程序，实现互联网用户请求的视/音频片段播放。

2.1.2 网络通信信息

网络通信信息一般指互联网用户使用除网络浏览器以外的专用客户端软件，实现与特定点的通信或进行点对点通信时所交互的信息。常见的网络通信信息包括使用电子邮件客户端收发信件时通过网络传输的信息，以及使用即时聊天工具进行点对点交流时所传输的网络信息。鉴于网络通信信息在一定程度上并不属于网络公开发布信息，本章将只对这类信息的获取原理与获取方法进行简要探讨。

2.2 网络媒体信息的获取

与面向特定点的网络通信信息的获取范围不同，网络媒体信息的获取范围在理论上可以是整个国际互联网，传统的网络媒体信息的获取从预先设定的、包含一定数量 URL 的初始网络地址集合出发，获取初始集合中每个网络地址所对应的发布内容。而网络媒体信息的获取，一方面将初始网络地址发布信息的主体内容按照系列内容判重机制有选择地存入互联网信息库，另一方面进一步提取已获取信息内嵌的超链接网络地址，并将所有超链接网络地址置入待获取地址队列，以"先入先出"方式逐一提取队列中每一个网络地址发布的信息，网络媒体信息获取环节循环开展待获取队列中的网络地址发布信息获取、已获取信息主体内容提取、判重与信息存储，以及已获取信息内嵌网络地址提取并存入待获取地址队列操作，直至遍布所需的互联网络范围。

2.2.1 网络媒体信息获取的一般流程

理想的网络媒体信息获取流程主要由初始 URL 集合——信息"种子"集合、等待获取的 URL 队列、信息获取模块、信息解析模块、信息判重模块与互联网信息库共同组成，如图 2-3 所示。

1. 初始 URL 集合

初始 URL 集合概念最初由搜索引擎研究人员提出，商用搜索引擎为了使自身拥有的信息充分覆盖整个国际互联网，需要维护包含相当数量网络地址的初始 URL 集合，搜索引擎跟随初始 URL 集合发布页面上的网络链接进入第一级网页，并进一步跟随第一级网页内嵌链接进入第二级网页，最终形成周而复始的跟随网页内嵌地址的递归操作，从而完成所有网页发布信息的获取工作。因此，初始 URL 集合通常被形象地称为信息"种子"集合，如

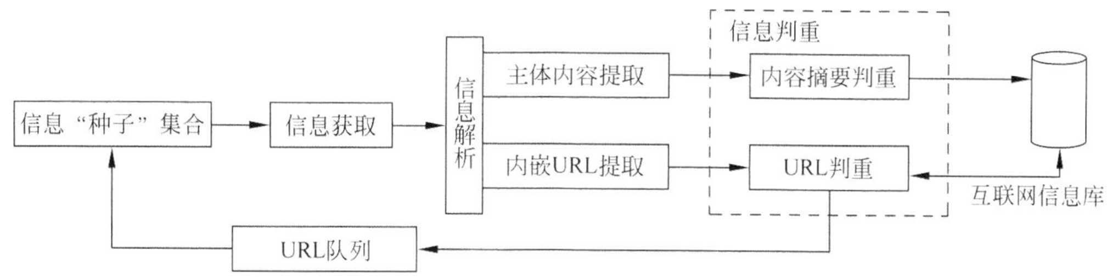

图 2-3　网络媒体信息获取的一般流程

图 2-4 所示。

从理论上讲，只要维护包含足够数量网络地址的初始 URL 集合，搜索引擎即可遍历整个国际互联网（通常还需要网站主动向搜索引擎提供网站地图 Sitemap）。源于搜索引擎应用研究的网络媒体信息获取环节，同样需要根据后续网络媒体信息分析环节所关注的互联网络范围，事先维护包含一定数量网络地址的初始 URL 集合，作为信息获取操作的起点。

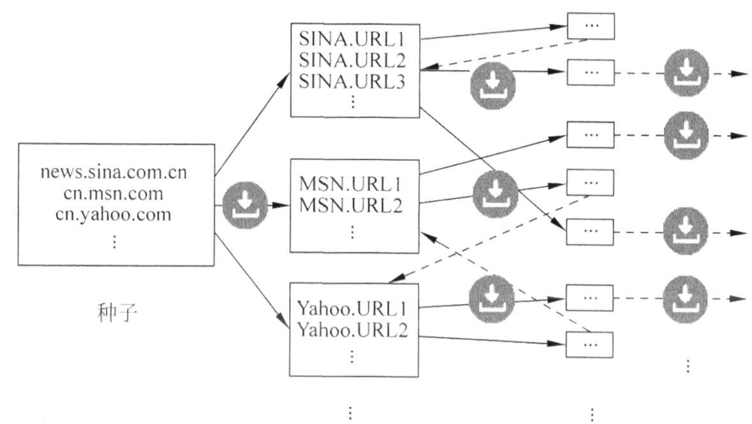

图 2-4　跟随网页内嵌链接逐级递归遍历互联网络

2. 信息获取

信息获取模块先根据来自初始网络地址集合或 URL 队列中的每条网络地址信息，确定待获取内容所采用的信息发布协议。在完成待获取内容协议解析操作后，信息获取模块将基于特定通信协议所定义的网络交互机制，向信息发布网站请求所需内容，并接收来自网站的响应信息，将它们传递给后续的信息解析模块。基于 HTTP 协议发布的文本信息获取范例如图 2-5 所示，对于 HTTP 信息网络交互过程的细节可查阅协议规范 Hypertext Transfer Protocol-HTTP/1.1，RFC2616. June1999。

在理论原理层面上，立足于开放系统互联参考模型（OSI/RM）的传输层，可以通过重构各类通信协议（例如 HTTP 和 FTP 等）所定义的网络交互过程，实现基于不同通信协议的发布内容获取。随着互联网中文本、图像信息发布形态的不断推陈出新（人机交互式信息发布形态的出现直接导致文本、图像信息请求网络通信过程更加复杂），视/音频发布内容的层出不穷（视/音频信息网络交互过程重构困难，部分视/音频网络通信协议交互细节并未公开），纯粹依赖于各类协议的网络通信交互过程重构，实现信息内容获取的操作复杂度和网

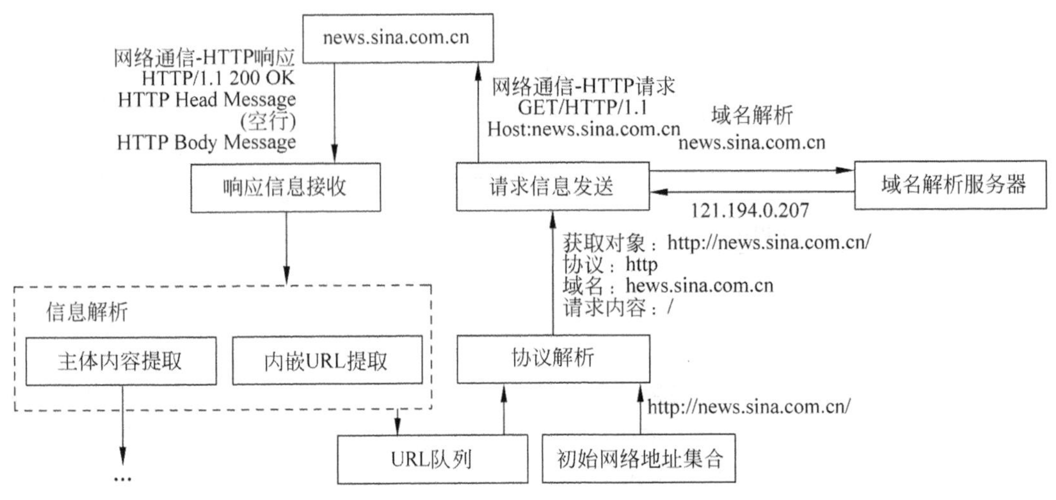

图 2-5 HTTP 文本信息获取范例

络交互重构难度呈指数级增长。

因此，当前关于信息获取的研究正在逐步转向在应用层利用开源浏览器部分组件甚至整个开源浏览器实现网络媒体信息内容的主动获取，其相关内容将在 2.2.4 小节中作进一步讲解。

3. 信息解析

在信息获取模块获得网络媒体响应信息后，信息解析模块的核心工作是根据不同通信协议的具体定义，从网络响应信息相应位置提取发布信息的主体内容。为了便于开展信息采集与否判断，信息解析模块通常还将按照信息判重的要求，进一步维护与网络内容发布紧密相关的关键信息字段，例如信息来源、信息标题，以及在网络响应信息头部可能存在的信息失效时间(Expires)或信息最近修改时间(Last-Modified)等。信息解析模块会把提取到的内容直接交给信息判重模块，在通过必要的重复内容检查后，网络媒体发布信息的主体内容及其对应的关键字段将被存入互联网信息库。

为了实现跟随网页内嵌链接递归遍历所关注的网络范围这一技术需求，对于响应信息类型(Content-Type)是 text/ * 的 HTTP 文本信息，信息解析模块在完成响应信息主体内容及关键信息字段提取的同时，还需要进一步开展 HTTP 文本信息内嵌 URL 的提取操作。信息解析模块实现 HTTP 文本信息内嵌 URL 提取的理论依据，是 HTML 语言关于网络超文本链接(HyperTextLink)标记的系列定义。信息解析模块一般通过遍历 HTTP 文本信息全文，查找网络超文本链接标记的方法，实现 HTTP 文本信息内嵌 URL 的提取。当前信息解析模块还可以先面向 HTTP 文本信息构建文档对象模型(Document Object Module,DOM)树，并从 HTML DOM 树的相应节点获取 HTTP 文本内嵌 URL 信息。

4. 信息判重

在网络媒体信息获取环节，信息判重模块主要基于网络媒体信息 URL 与内容摘要两大元素，实现信息采集/存储的与否判断。其中，URL 判重通常是在信息采集操作启动前进行，而内容摘要判重则是在采集信息存储时发挥作用。

来自 HTTP 文本信息的内嵌 URL 信息，首先通过 URL 判重操作确定每个内嵌 URL

是否已经实现信息获取。对于尚未实现发布内容采集的全新 URL,信息获取模块将会启动完整的信息采集流程。如果已经实现内容采集,同时注明信息失效时间及最近修改时间的 URL(URL 信息失效时间及最近修改时间已由信息解析模块从网络响应信息中提取得到,并存于互联网信息库中),信息采集模块将会向对应的网络内容发布媒体发起信息查新获取操作。此时,信息采集模块只会对于已经失效或者已被重新修改的网络内容重新启动完整的信息采集操作。信息采集模块通常被要求重新采集已经实现信息获取,但未注明信息失效时间及最近修改时间的 URL 所对应的发布内容。

在面向没有提供发布信息失效时间及最近修改时间的网络媒体(网络通信协议并未强制要求响应信息必须提供信息失效时间及最近修改时间)时,仅依靠 URL 判重机制,是无法避免同一内容被重复获取的。因此在获取信息存储前,需要进一步引入内容摘要判重机制。网络媒体信息获取环节可以基于 MD5 算法,逐一维护已采集信息的内容摘要,杜绝相同内容重复存储的现象。

2.2.2　网络媒体信息获取的分类

按照信息获取行为所涉及的网络范围划分,网络媒体信息获取可以分为面向整个国际互联网的全网信息获取,以及针对某些具体网络区域的定点信息获取。按照信息获取行为在工作范围内所关注的对象划分,网络媒体信息获取还可以分为针对工作范围内所有发布信息的面向全部内容的信息获取,以及仅关注工作网络范围内某些热门话题的基于具体主题的信息获取。本小节重点介绍全网信息获取与定点信息获取在技术要求与实现方法方面的区别,并进一步讲解基于主题的信息获取方法,以及该领域代表性技术——元搜索。

1. 全网信息获取

全网信息获取工作范围涉及整个国际互联网内所有网络媒体的发布信息,主要应用于搜索引擎(Search Engine)(例如 Google、Baidu 或 Yahoo 等)和大型内容服务提供商(Content Service Provider)的信息获取。随着网络新型媒体的不断出现、网络信息发布形式的更新换代,纯粹通过跟随网络链接已经很难达到遍历整个互联网的效果。因此,全网信息获取发起方在不断更新、扩展用于信息获取的初始 URL 集合的同时,还建议新接入互联网的网络媒体主动向信息获取方提交自身网站地图(SiteMap)。这有利于全网信息获取机制面向新网络媒体实现发布内容采集,从而保证其尽可能全面地覆盖整个国际互联网。

正如前文所述,整个国际互联网信息总量非常大,考虑到本地用于信息采集的存储空间有限,全网信息获取发起方实际上并没有把所有网络媒体信息都采集到本地。搜索引擎或大型内容服务提供商在进行全网信息获取时,通常基于特定的计算方法(例如 Google 的 Page Rank 算法)对每条网络信息进行评判,只是获取或长时间保存在信息评判系统中排名靠前的网络信息,例如链接引用率较高的网络媒体发布内容。另外,由于工作对象遍布整个国际互联网,单次全网信息获取一般需要数周乃至数月的时间。因此在面对信息更新相对频繁的网络媒体(如论坛或博客)时,全网信息获取机制的内容失效率相对较高,其对于每个网络媒体发布内容获取的时效性无法实现统一保证。尽管如此,全网信息获取作为搜索引擎与内容服务提供商不可或缺的信息获取机制,依然在网络信息应用中发挥着极为关键的作用。

2. 定点信息获取

由于全网信息获取不仅对于内容存储空间要求过高,而且无法保证网络媒体发布内容获取的时效性,因此在网络媒体信息获取只是重点关注某些特定的网络区域,并且向信息获取机制相对于媒体内容发布的网络时延提出较高要求时,定点信息获取的概念应运而生。

定点信息获取的工作范围限制在服务于信息获取的初始 URL 集合中每个 URL 所属的网络目录内,深入获取每个初始 URL 所属的网络目录及其下子目录中包含的网络发布内容,不再向初始 URL 所属网络目录的上级目录乃至整个互联网扩散信息获取行为。如果说全网信息获取关注的是信息获取操作的全面性,即信息获取在整个互联网中的覆盖情况,定点信息获取机制则更加重视在限定的网域范围内进行深入的网络媒体发布内容获取,同时有效保证获取信息的时效性。

定点信息获取正是通过周期性地遍历每个初始 URL 所属的网络目录,达到在初始 URL 设定的网域范围内深入获取网络发布内容的技术需求。与此同时,周期性遍历初始 URL 所属网络目录的时间间隔,是定点信息获取用于确保内容采集时效性的关键参数。合理设定周期轮询、查新获取初始 URL 所属网络目录的时间间隔,可以确保定点信息获取机制不至于错失目标网络媒体不断更新的发布内容,并且防止信息获取机制过分增加目标媒体的工作负载。

3. 基于主题的信息获取与元搜索

由于在整个国际互联网或限定的网域范围内,全面获取所有网络媒体发布内容可能造成本地存储信息泛滥,因此在所关注的网络范围内只面向某些特定话题进行基于主题的信息获取,是在面向全部内容的信息获取以外另一个行之有效的信息获取机制。顾名思义,基于主题的信息获取只把与预设主题相符的内容采集到本地,并在信息获取过程中增加了内容识别环节,可以只是简单的主题词汇匹配,也可以面向发布内容进行基于主题的模式识别,从而在关注的网络范围内有选择地获取网络媒体发布内容。相对于面向全部内容的信息获取,基于主题的信息获取机制正是通过有效减少需要采集的内容总量,进一步降低已采集内容的失效率,同时显著减少服务于信息采集的内容存储空间。

伴随搜索引擎应用的不断深入,在搜索引擎的协助下进行基于主题的信息获取技术——元搜索技术,得到了越来越多的应用。元搜索属于特殊的基于主题的信息获取,它将主题描述词传递给搜索引擎进行信息检索,并把搜索引擎针对主题描述词的信息检索结果作为基于主题信息获取的返回内容。

元搜索技术得以实现的关键原因是:每个搜索引擎在为输入词目构造信息检索 URL 时是有规律可循的。以中/英文信息检索词目为例,常用搜索引擎是把英文词目的原本内容或中文词目所对应的汉字编码作为信息检索 URL 的参数输入。例如,Baidu 是选择中文词目的 GB 编码作为信息检索 URL 参数。除输入参数不同以外,用于相同搜索引擎的信息检索 URL 的其余部分完全相同,如图 2-6 所示。

元搜索技术正是通过在不同搜索引擎的网络交互过程中,根据每个搜索引擎的具体要求构造主题描述词信息检索 URL,向搜索引擎发起信息检索请求。元搜索技术利用搜索引擎进行基于主题的信息获取操作,它把搜索引擎关于主题描述词的信息检索结果作为信息获取对象,从而实现面向特定主题的网络发布内容获取。

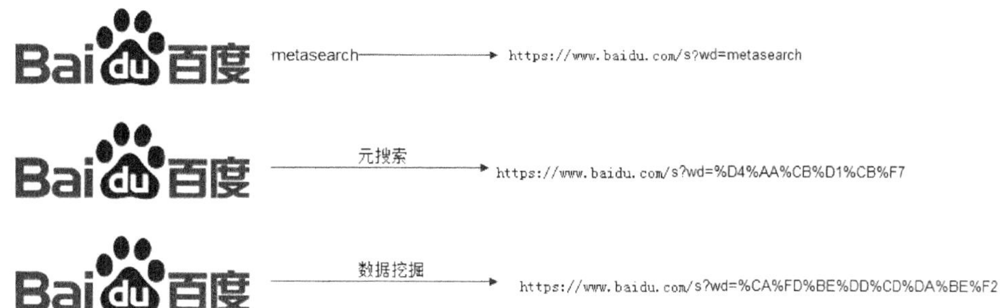

图 2-6 搜索引擎信息检索 URL 构造范例

2.2.3 网络媒体信息获取的难点分析

在网络媒体信息获取功能实现过程中，无论是全网信息获取，还是定点信息获取，都存在相当程度的技术应用实现难度。另外，元搜索作为特殊的基于主题的信息获取，其在信息获取结果排序方面仍然存在尚未解决的技术难点。

首先，网络媒体信息获取的工作对象是信息形态各异、信息类型多样的互联网媒体，在信息总量迅速膨胀的互联网信息面前，网络媒体信息获取机制通常需要在获取内容的全面性和时效性之间作出取舍。与此同时，在面对完全异构的网络媒体发布信息时，信息获取技术需要在各类不同的网络媒体间普遍适用，这又为网络媒体信息获取功能提出了更高的技术要求。当前网络媒体信息获取机制在保留传统的基于网络交互过程重构机制实现信息获取的基础上，逐步转向在信息获取过程中集成开源浏览器部分组件甚至整体，用于提高技术功能能级、降低技术实现难度。

其次，由于部分网络媒体选择屏蔽过于频繁的、来自相同客户端的信息获取操作，因此定点信息获取技术实现的难点还包括在周期性地遍历设定网域发布内容、确保定点信息获取的深入性与时效性的基础上，有效回避目标媒体对于所谓"恶意"信息获取行为的封禁。要解决这一技术难点，一方面可以通过适当选择周期遍历时间间隔，防止信息获取行为造成网络媒体负载过重；另一方面则涉及定期修改用于内容获取的网络客户端信息请求内容(内容协商行为)，以避免遭遇目标网络媒体的拒绝服务。

最后，元搜索在通过搜索引擎实现基于主题的信息获取过程中，可以选择向多个搜索引擎串/并行发送信息检索请求，扩大元搜索技术的网络覆盖面。正是由于这一应用需求，对不同主题选择恰当的搜索引擎，同时基于合适的主题相关度判断法则，对来自不同搜索引擎的信息检索结果实现基于主题的相关度排序，正是当前元搜索技术研究的难点所在。

2.2.4 网络媒体信息获取的方法

在完成关于网络媒体信息获取技术的一般性原理描述后，本小节继续介绍针对各类网络媒体的发布信息获取方法。按信息发布方式分类，网络媒体信息可分成直接匿名浏览信息与需身份认证网络媒体发布信息两类；按网页具体形态分类，网络媒体信息又可分成静态网页与动态网页两类，本小节首先介绍采用网络交互过程重构机制，实现需要身份认证的静态网页发布信息获取方法。在此基础上，本小节进一步介绍基于开源浏览器脚本解析组件，实现内嵌脚本语言片段的动态网页发布信息获取方法。最后重点介绍基于浏览器模拟技术，实现形态各异、类型不同的网络媒体发布信息获取。

1. 需身份认证静态媒体发布信息获取

随着网络社区概念及个性化信息概念的不断普及，当前多数网络媒体首先需要身份认证，才可进行正常的内容访问。对于正在进行网络浏览的用户而言，身份过程是相对简单的。互联网用户只需要根据网络内容发布者的提示，在身份认证网页上填写正确的用户名、密码信息，进行必要的图灵测试(正确输入以图像信息显示的身份认证验证码内容)，并提交所有信息，就能成功完成身份认证。尽管如此，对于通过网络交互重构实现信息获取的计算机而言，增加身份认证过程将直接导致用于信息获取的网络通信过程模拟变得更加复杂。在此重点探讨基于网络交互的重构机制，面向需要身份认证的对外发布的网页形态(都属于静态网页范畴的静态网络媒体)，实现发布内容提取的具体方法。

在基于网络交互重构实现信息获取的过程中，如果网络媒体要求身份认证，信息获取环节就需要在原有的信息请求过程重构前，首先模拟基于 HTTP 协议的网络身份认证过程，这是由于面向网络媒体的身份认证通常基于 HTTP 协议。基于网络交互重构实现身份认证信息获取主要涉及用于表明身份认证成功的 Cookie 信息获得，以及携带相关 Cookie 信息进一步向网络媒体请求发布内容两个独立环节。

1）基于 Cookie 机制实现身份认证

Cookie 机制用于同一互联网客户端在不同时刻访问相同网络媒体时，客户端信息的恢复与继承。HTTP/1.1 针对 Cookie 机制定义了两类报头选项(HeaderFields)，分别是 Set-Cookie 选项和 Cookie 选项。其中，Cookie 选项存在于互联网客户端发送的请求信息中，而 Set-Cookie 选项则出现在网络媒体响应信息的头部。

在互联网客户端向网络媒体发送信息请求，尤其是个性化(自定义)的信息请求时，网络媒体响应信息头部通常会包含 Set-Cookie 选项，返回记录在网络媒体端的互联网用户身份信息。在获得网络媒体响应信息后，互联网客户端在提取响应信息主体内容的同时，还会将响应信息中的 Set-Cookie 选项内容存入本地 Cookie 信息记录文件。当互联网客户端再次向相同的网络媒体发送信息请求时，请求信息就会包含 Cookie 选项，若 Cookie 选项内容与先前的 Set-Cookie 选项内容一致，则互联网客户端在网络媒体端保留的身份信息就会得以继承，网络媒体会自动根据先前的用户自定义信息返回相应的响应内容，如图 2-7 所示。

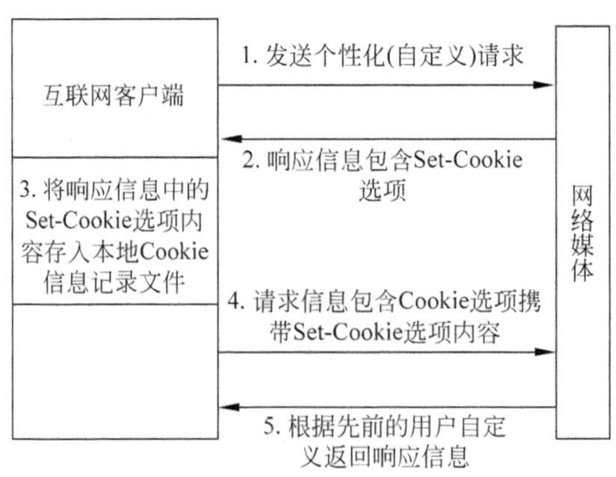

图 2-7 基于 Cookie 机制的 HTTP 信息交互过程

利用 Cookie 机制实现身份认证，就是在互联网客户端面向需身份认证网络媒体认证成功后，网络媒体向客户端返回记录在媒体端的用户信息，即用于表明身份认证成功的 Cookie 信息，只要客户端在随后的发布信息请求中携带表明认证成功的 Cookie 信息，网络媒体就会向客户端返回需要身份认证才可访问的网络发布内容。

对于没有携带表明认证成功 Cookie 的客户端请求，网络媒体则返回身份认证失败信息，并要求用户进行身份认证，如图 2-8 所示。

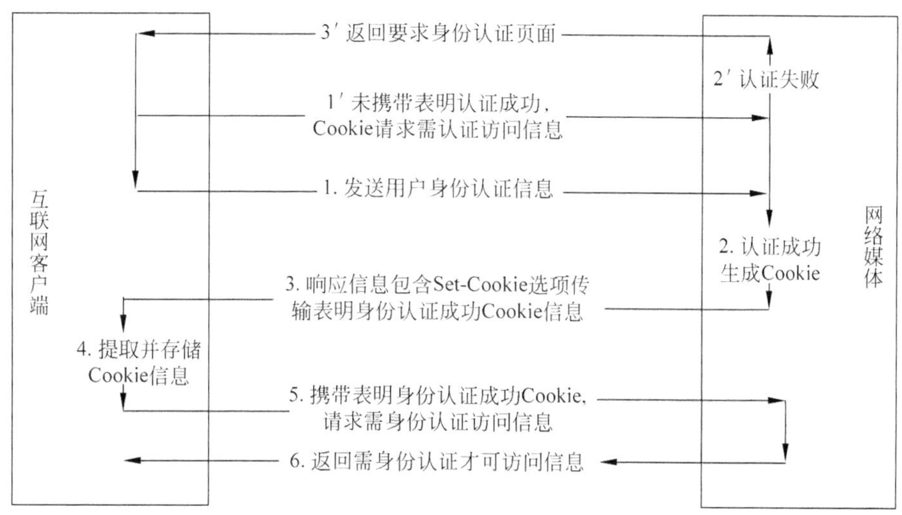

图 2-8　基于 Cookie 机制实现需身份认证才可访问信息请求

2）基于网络交互重构实现媒体信息获取

基于网络交互重构实现媒体信息获取是指立足于真实的网络通信过程，通过网络编程顺序模拟网络媒体信息请求过程的各个环节，最终实现网络媒体发布信息获取。在面对需身份认证才可浏览的静态媒体进行发布信息获取时，网络身份认证过程与静态媒体所含网页及其内嵌 URL 发布信息请求过程，都需要进行正确的网络交互过程模拟，才能达到获取静态媒体发布信息的最终目标。

在基于网络交互重构实现媒体信息获取过程中，媒体信息获取环节是通过响应信息返回码判断信息获取请求是否成功的。一般而言，HTTP/1. X 20X(例如 HTTP/1. 1 200OK)标志信息请求成功，HTTP/1. X 40X 标志信息请求失败，而 HTTP/1. X 401 则标志在信息请求过程中身份认证失败，此时网络媒体信息获取环节需要智能地进行身份认证过程模拟，如图 2-9 所示。

当针对首次信息请求的响应返回码是 401 时，媒体信息获取环节首先判断内容发布媒体身份认证过程是否需要图灵检测。所谓图灵检测，是指目前在网络媒体身份认证过程中普遍使用的高噪声数字/字母图像，在互联网客户端填写用户名/密码信息时，必须同时辨识数字/字母信息，并与用户名/密码信息一同提交，才可以通过身份认证。用于网络媒体信息获取的用户名/密码信息，可以事先在目标媒体上手动申请得到，并针对不同网络媒体维护用户名/密码库。

需要特别说明的是，在基于网络交互重构实现静态媒体发布信息获取过程中，网络编程模拟信息请求过程，理论上可以通过充分了解相关通信协议的具体交互过程予以实现。但是考虑到每个网络媒体身份认证过程不尽相同，并且针对不同网络媒体发布信息的请求数据包内容组成各异，完全基于理论进行通信协议数据交互过程模拟在网络交互数据包重组与分析环节存在诸多难点。

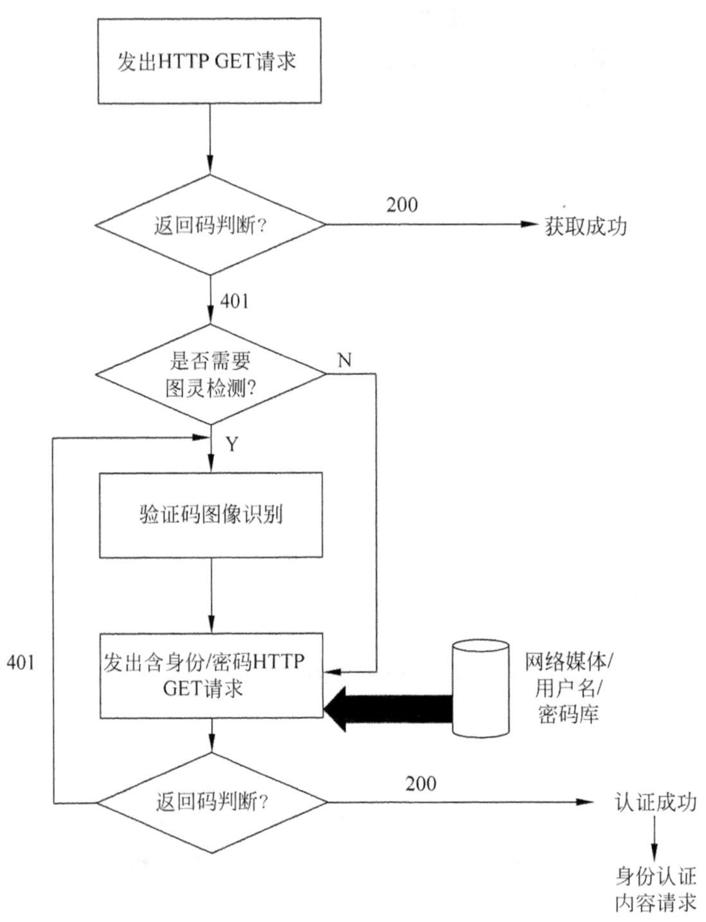

图 2-9　网络媒体信息获取身份认证模拟

这时可以在常见的局域网侦听工具协助下，手动完成身份认证请求与静态网页信息浏览全过程，并从侦听工具中获得身份认证请求数据包、网络媒体响应数据包，以及静态网页信息请求数据包的具体构成，如图 2-10 所示。

在此基础上编程模拟网络交互过程时，可以直接按照信息请求数据包的实际组成，构造身份认证及网页信息请求数据包(携带表明认证成功的 Cookie)，并在面向身份认证请求的响应数据包相应位置提取表明身份认证成功的 Cookie 信息，例如 Set-Cookie 选项内容。在完全掌握真实网络通信过程的前提下进行网络交互重构，能够有效降低网络通信数据包的重组与分析以及编程重构网络交互过程的工作复杂度。

通过网络交互重构获取到静态网络媒体起始网页发布信息后，可以采用传统的基于 HTML 标记匹配的网页解析方法，提取网页主体内容及其内嵌 URL 信息。例如，可以从 < W >与</body>标记对中提取静态网页主体内容，从< ahref=…>与</a>标记对中提取网页内嵌 URL 信息。关于网页解析方法可能涉及的其他 HTML 标记，读者可以自行查阅文

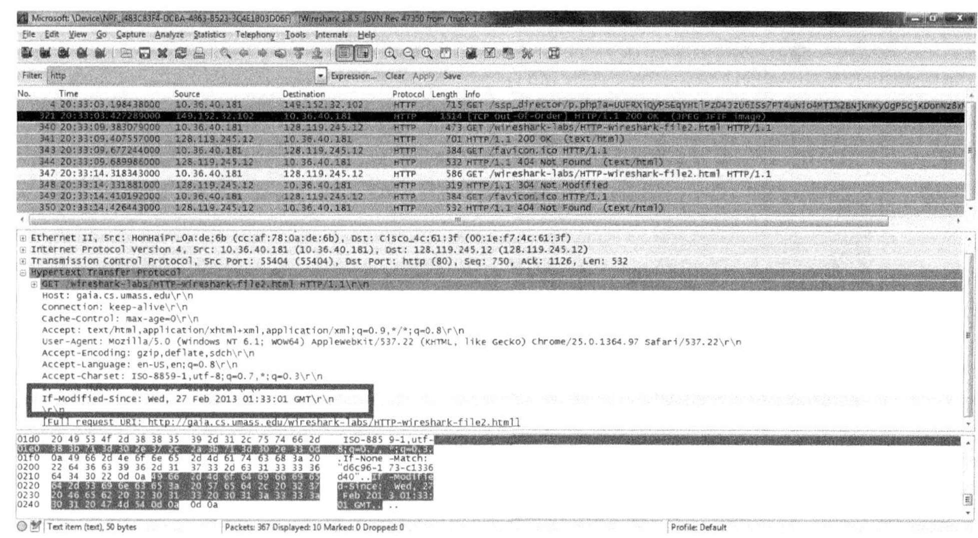

图 2-10 基于局域网侦听工具了解网络交互数据包组成

献——*HTML* 4.01 *Specification*,*W3C Recommendation*,*December*1999。之后,网络媒体信息获取环节将继续为每个内嵌 URL 构建并发送信息请求包(内含表明身份认证成功的 Cookie),以获取其发布内容,最终在所关注的互联网范围内,针对需要身份认证的静态网络媒体事先发布信息提取工作。

2. 内嵌脚本语言片段的动态网页信息获取

动态网页主体内容及其内嵌 URL 信息完全封装于网页源文件中的脚本语言片段内,如图 2-11 所示。当通过网络交互重构获得动态网页发布信息时,无法直接使用基于 HTML 标记匹配方法提取网页主体内容及其内嵌 URL 信息。在这种情况下,可以先把动态网页中包含的所有脚本语言片段传递给 Mozilla 浏览器的脚本解释组件——SpiderMonkey 或独立脚本解释引擎——Rhino,实现动态脚本解析并获得脚本片段所对应的静态网页内容,进而按照静态网页信息获取方法完成动态网页及其内嵌 URL 发布内容的获取工作。

鉴于当前 JavaScript 广泛应用于动态网页的编写,本小节主要讲解如何基于脚本解释引擎 Rhino,面向包含 JavaScript 的动态网页实现发布信息获取。不过在这以前,首先介绍利用文档对象模型 DOM 树提取动态网页所含脚本语言片段的具体方法。该方法同样适用于提取静态网页主体内容以及网页内嵌 URL 信息。

1) 利用 HTML DOM 树提取动态网页内的脚本语言片段

文档对象模型 DOM 是以层次结构组织的节点或信息片段的集合,它提供跨平台并且可应用于不同编程语言的标准程序接口。DOM 把文档转换成树形结构,使文档中的每个部分都成为 DOM 树的节点。HTML DOM 是专门应用于 HTML/XHTML 的文档对象模型,主要包含 Window、Document、Location、Screen、Navigator 与 History 等 HTML DOM 对象。HTML 网页与 HTML DOM 树间的对应关系如图 2-12 所示。

HTML 网页对应的 HTML DOM 树存储于浏览器内存对象中,该对象实现了包含若干方法的标准程序接口。网页开发人员可以通过相应接口,对 HTML DOM 树上的每个节

图 2-11 动态网页主体内容封装于源文件脚本语言片段中

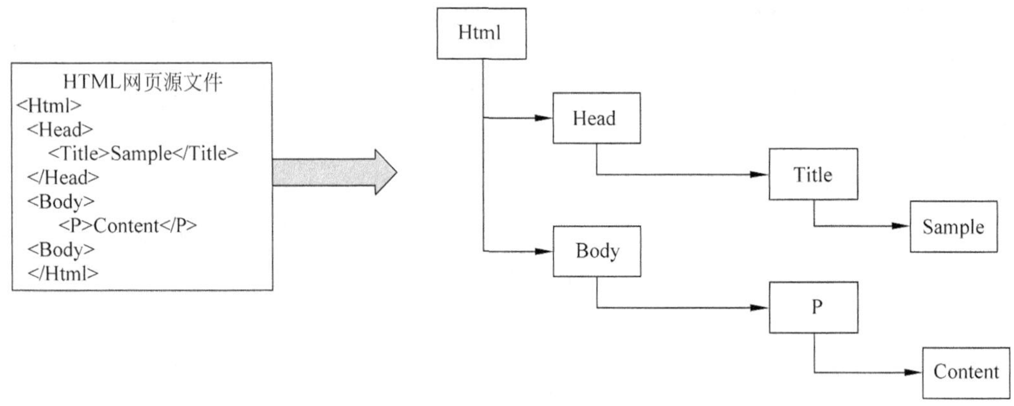

图 2-12 HTML 网页对应的 HTML DOM 树

点进行遍历、查询、修改或删除等操作，从而动态访问和实时更新 HTML 网页的内容、结构与样式。

动态 HTML 网页的脚本语言片段通常书写于< Script >与</Script >标记对中，而特定的 JavaScript 脚本语言片段可以使用“JavaScript:”在片段开始处进行标记。因此可以在 HTML DOM 树中，通过遍历标记脚本片段的 Script 节点或 JavaScript 节点，获得动态 HTML 网页内包含的所有脚本语言片段。同理，可以通过查询 Body 节点，获得静态网页主体内容。另外，由于静态网页内嵌网络超链接地址通常位于< ahref >和</a >标记对中，通常可以通过遍历 A 节点，获得静态网页内嵌 URL 信息。

2）基于 Rhino 实现 JavaScript 动态网页信息获取

正如上面所述，遍历 HTML DOM 树可以得到 JavaScript 动态网页所包含的脚本片段。为了实现 JavaScript 网页发布信息的获取，需要把提取到的 JavaScript 片段输入独立解释引擎 Rhino 实现动态脚本解析，获得脚本片段所对应的静态网页形式，并最终完成 JavaScript 动态网页发布信息获取工作，如图 2-13 所示。

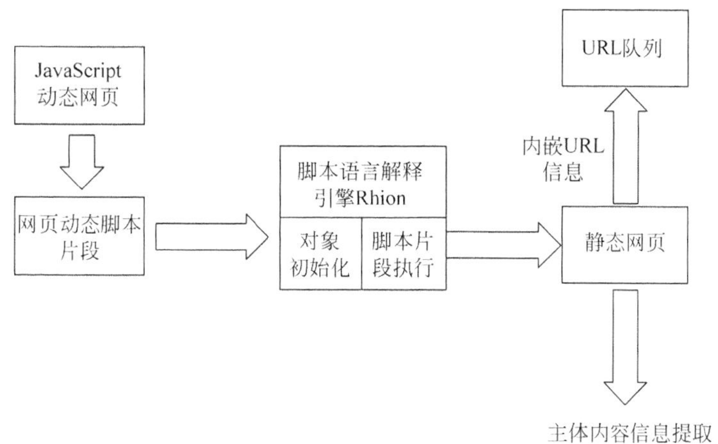

图 2-13 基于 Rhino 实现 JavaScript 动态网页发布信息获取

在 Rhino 进行 JavaScript 网页动态脚本解析过程中,需要首先完成脚本片段包含的所有对象初始化操作,然后按照动态网页加载过程顺序执行 JavaScript 脚本片段。

(1) 对象初始化。作为脚本解释引擎,Rhino 虽然可以直接识别 JavaScript 语言内置对象与动态网页脚本片段自定义对象,并自动调用可识别对象定义的方法,但是它无法识别与调用某些特殊对象定义的方法。在脚本解释引擎对象初始化阶段,Rhino 无法识别的特殊对象主要指上文提到的 Window、Document、Location、Screen、Navigator 与 History 等 HTML DOM 对象。

因此,在启动 Rhino 顺序执行 JavaScript 片段前,首先需要自定义脚本片段所含 HTML DOM 对象方法的具体功能,完成 HTML DOM 对象的本地创建工作,如图 2-14 所示。随着 Ajax 机制在 Web 2.0 应用中的不断普及,多数动态网页还选择 Ajax 技术调用静态文本信息。对于包含 Ajax 机制的动态网页,在对象初始化阶段,还需要附加对 Ajax 机制中 XmlHttpRequest 对象方法的自定义。

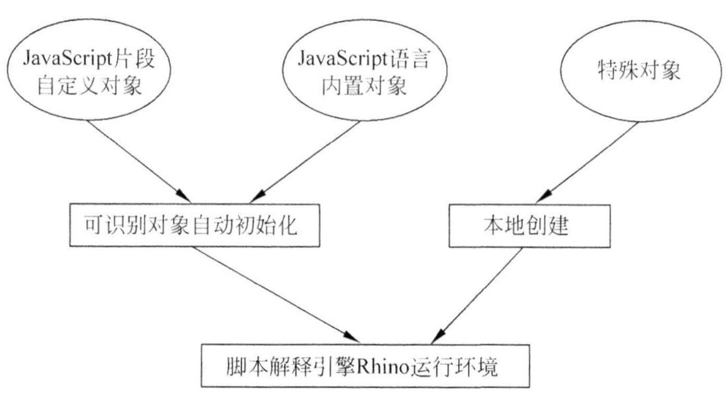

图 2-14 脚本解释引擎 Rhino 对象初始化

在对象初始化阶段进行 Rhino 无法识别的特殊对象本地创建,就是在 Rhino 运行环境中定义特殊对象方法函数的具体功能。例如,HTML DOM 对象 Window 方法函数 Open 的参数是动态页面内嵌 URL 信息,默认功能是新建浏览器窗口显示该 URL 发布内容。在

Window 对象 Open 方法的本地创建过程中，可在 Rhino 运行环境中自定义该方法的功能，把对应 URL 信息置入信息获取环节的 URL 队列，等待进行信息获取操作。相应的，HTML DOM 对象 Document 方法函数 Write 的参数是静态网页信息，默认功能是在当前浏览器窗口中显示静态网页发布内容。可在 Document 对象 Write 方法功能自定义时说明该方法，用于把静态网页信息写入位于信息采集端的特定文件中。

在 Rhino 进行 JavaScript 片段解析过程中，如果遇到无法直接识别的特殊对象，它会在运行环境中寻找该对象方法函数的具体定义，即调用特殊对象在本地创建时声明的方法功能。

(2) Rhino 执行 JavaScript 脚本片段。在按照动态网页加载过程顺序执行 JavaScript 脚本片段的过程中，脚本解释引擎 Rhino 逻辑上可以分为前端环节和后端环节两部分。前端环节顺序进行词法及语法分析，其中语法分析产生语法树，前端环节正是基于语法树生成中间代码。前端环节产生的中间代码就是后端环节需要解释执行的目标代码，后端环节对于中间代码解释执行的最终输出是 JavaScript 脚本片段对应的静态网页信息。脚本片段变量信息统一存储于记录表模块的符号表中，常量信息及对象属性名信息存储于记录表模块的常量表中，记录表模块贯穿脚本片段解释的全过程，如图 2-15 所示。

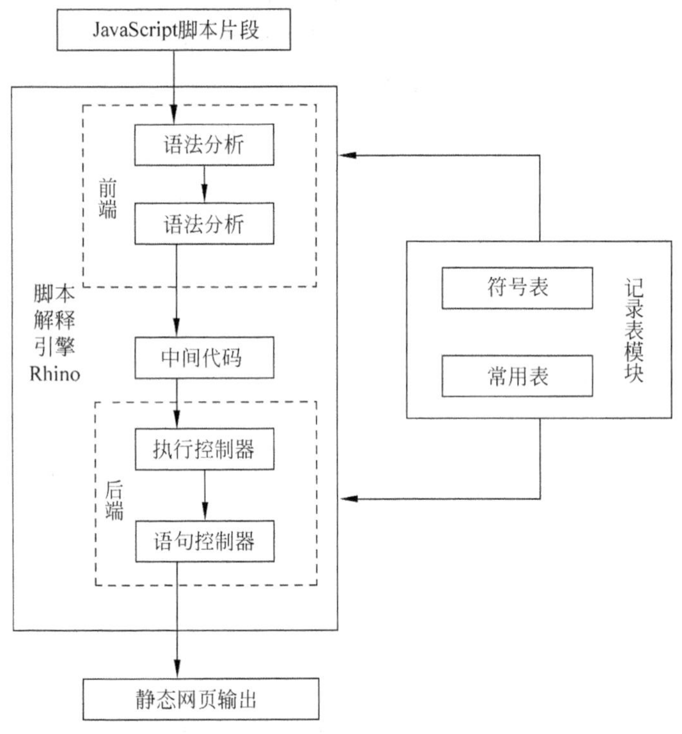

图 2-15　JavaScript 脚本片段在 Rhino 中的执行过程

Rhino 按照加载过程顺序执行 JavaScript 动态网页脚本片段后的输出，是脚本片段所对应的静态网页形式。在此基础上，可以利用传统的 HTML 标记匹配方法，也可以通过遍历静态网页的 HTML DOM 树，获得静态网页主体内容，提取网页内嵌 URL 信息并置入待获取 URL 队列，从而最终完成 JavaScript 动态网页发布信息的获取工作。

3. 基于浏览器模拟实现网络媒体信息获取

之前介绍的网络媒体信息获取方法的技术实质，可以统一归属于采用网络交互重构机制实现网络媒体信息获取。一方面，在面向需要身份认证的静态网页实现发布信息获取过程中，网络媒体信息获取环节通过网络交互重构完整实现身份认证过程与信息请求/响应过程；另一方面，为了实现动态网页发布信息的获取，在通过网络交互重构取得动态网页发布内容后，首先需要基于独立解释引擎实现动态脚本片段解析，获得动态网页所对应的静态网页形态，进而继续采用网络交互重构机制实现静态网页主体内容与内嵌 URL 发布信息的获取。

网络交互重构机制是网络媒体信息获取的一般性方法，从理论上讲，只要掌握网络通信协议的信息交互过程，就可以通过网络交互重构实现对应协议发布信息获取。但是，随着网络应用的逐步深入、网络媒体发布形态的不断推陈出新，不同的网络媒体信息交互过程存在着极大差别。同时，新型网络通信协议正在不断得到应用，而部分网络通信协议，尤其是视/音频信息的网络交互过程并未对外公开发布。

因此，在通过网络交互重构实现网络媒体信息获取过程中，需要对不同网络媒体逐一进行网络信息交互重构，其信息获取技术实现的工作量异常庞大。与此同时，对于网络交互过程尚处于保密阶段的部分网络通信协议而言，无法直接通过网络交互重构实现对应协议发布信息获取。

正是由于通过网络交互重构机制实现媒体信息获取存在相当程度的技术局限性，因此在 Web 网站自动化功能/性能测试的启发下，浏览器模拟技术在网络媒体信息获取环节得到越来越广泛的应用。基于浏览器模拟实现网络媒体发布信息获取的技术，实现过程是利用典型的 JSSh 客户端向内嵌 JSSh 服务器的网络浏览器发送 JavaScript 指令，指示网络浏览器开展网页表单自动填写、网页按钮/链接被点击、网络身份认证交互、网页发布信息浏览，以及视/音频信息点播等系列操作。

在此基础上，JSSh 客户端进一步要求网络浏览器导出网页文本内容、存储网页图像信息，或在用于信息获取的计算机上对正在播放的视/音频信息进行屏幕录像，最终面向各种类型的网络内容、各种形态的网络媒体实现发布信息获取，如图 2-16 所示。

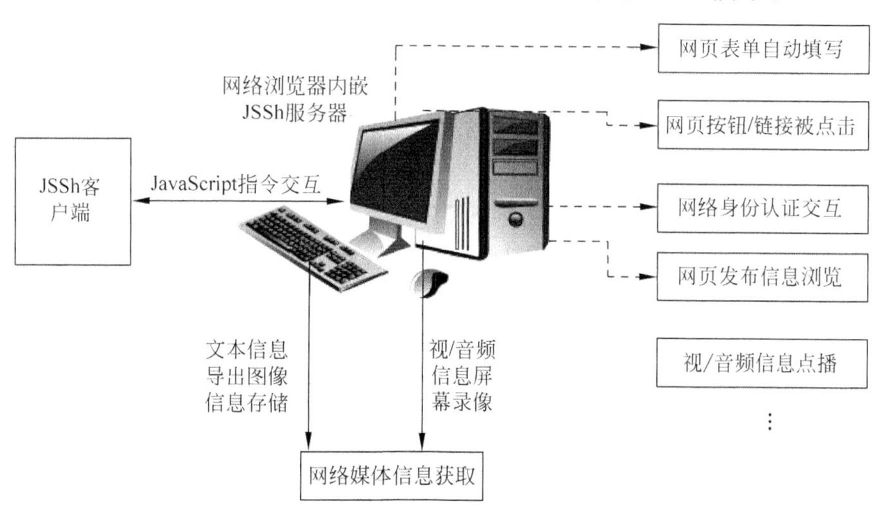

图 2-16　基于浏览器模拟实现网络媒体信息获取

1）内嵌 JSSh 服务器的 Firefox 浏览器

MozillaFirefox 属于典型的内嵌 JSSh 服务器的开源浏览器，它将 JSSh 服务器作为自身的附加组件。外部应用程序 JSSh 客户端可与 Firefox、浏览器内嵌的 JSSh 服务器（默认侦听 9997 端口）建立通信连接，并向其发送 JavaScript 指令，指示 Firefox 操作当前网页的文档对象，如图 2-17 所示。内嵌 JSSh 服务器的 Firefox 顺序执行来自 JSSh 客户端的 JavaScript 指令，其整体过程与 Firefox 解析动态网页内的 JavaScript 脚本片段类似。

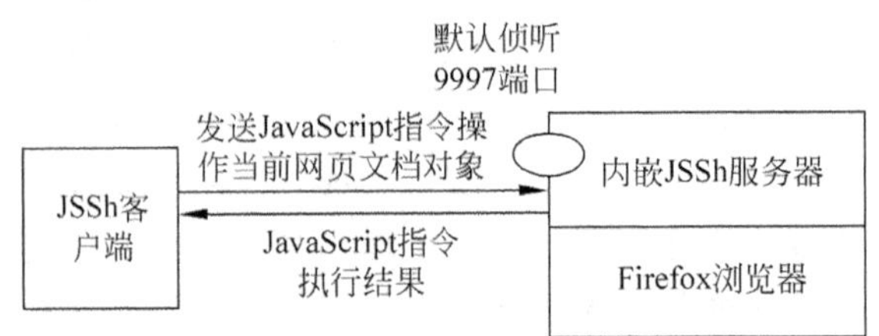

图 2-17 JSSh 服务器与客户端间的 JavaScript 指令交互

2）典型 JSSh 客户端——Firewatir

作为典型的 JSSh 客户端，Firewatir 广泛应用于 Web 网站功能和性能自动化测试。Firewatir 是基于脚本语言 Ruby 编写的，可通过发送 JavaScript 指令指示内嵌 JSSh 服务器的网络浏览器（例如 Mozilla Firefox）进行网页表单填写、按钮/链接单击，以及网页内容浏览等系列操作。另外，Firewatir 通过 JavaScript 指令还可以方便地操纵浏览器加载网页的 DOM 对象，从而导出网页主体内容，实现网络媒体信息的获取。

（1）基于浏览器模拟实现身份认证与网站信息采集。当前 Web 网站主要通过填写并提交 HTTP 网页上的认证表单，实现网络客户端的身份认证。因此，网络媒体信息获取环节可以通过 JSSh 客户端向内嵌 JSSh 服务器的 Firefox 浏览器发送 JavaScript 指令，指示浏览器自动填写网页上的身份认证表单，并单击相应按钮提交身份认证请求。身份认证协商过程即身份认证网络交互过程，是由浏览器自行处理的，整个过程如同正在浏览网络的用户与 Web 网站进行身份认证网络交互。

在身份认证成功后，JSSh 客户端继续向内嵌 JSSh 服务器发送 JavaScript 指令，指示浏览器加载身份认证网站发布信息。浏览器自行完成用于发布信息请求的网络交互，并告知 JSSh 客户端网站发布页面加载完成。在此基础上，JSSh 客户端指示浏览器导出当前加载网页主体内容，并对网页内嵌 URL 逐一进行单击浏览与内容导出，最终完成对于身份认证网站发布信息的获取工作。

① 身份认证表单自动填写。在实现 HTTP 认证网页身份认证表单的自动填写前，首先需要识别身份认证表单元素，即身份认证表单所涉及的 HTTP 对象，用于用户名、密码信息输入的文本框对象类型与对象名称。在此基础上，可以使用已在目标媒体上申请得到的用户名、密码信息，根据脚本语言 Ruby 的语法格式，构建并向 JSSh 服务器发送用于身份认证表单自动填写的 JavaScript 指令，指示内嵌 JSSh 服务器的网络浏览器，从而完成身份认证表单的自动填写。

在基于浏览器模拟实现身份认证表单自动填写的技术实现过程中，只需根据不同网络媒体认证表单元素的区别，构建用于认证表单自动填写的 JavaScript 指令即可。在指示网络浏览器完成认证表单自动填写后，身份认证网络交互过程全部由浏览器自行完成。这与通过网络交互重构实现身份认证与网站发布信息获取期间，需要针对不同网络媒体重构及不同网络交互过程相比，功能实现的复杂度显著降低，技术方案的普适性明显提高。

② 身份认证协商与发布信息获取。在 JSSh 客户端完成身份认证表单自动填写与提交后，网络浏览器转向与 Web 网站进行身份认证协商，这期间不再需要 JSSh 客户端继续参与。在浏览器成功完成网络身份认证后，JSSh 客户端继续指示 JSSh 服务器加载身份认证与网站发布信息，并进一步通过 JavaScript 指令操作所加载网页的文档对象，提取网页主体内容与网页内嵌 URL 信息。内嵌 JSSh 服务器的浏览器在 JSSh 客户端的指示下，逐一浏览并导出当前网页内嵌 URL 所对应的网页主体内容，最终完成身份认证网站发布信息获取工作，如图 2-18 所示。

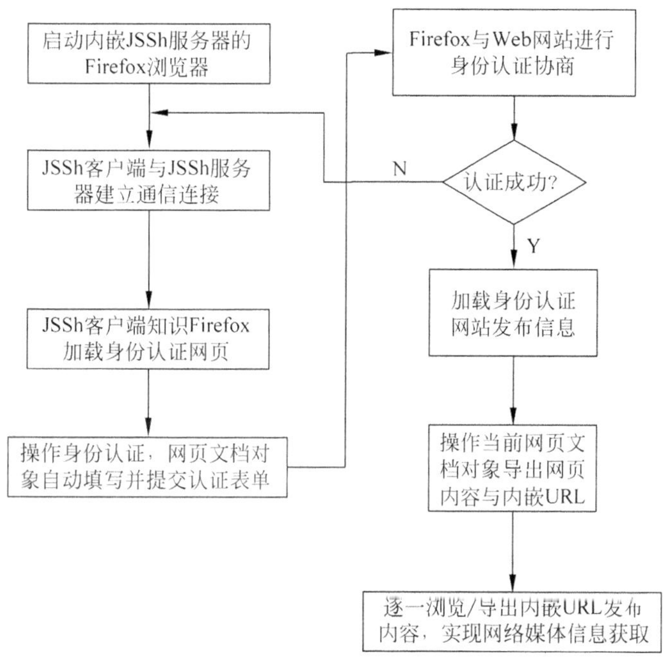

图 2-18　基于浏览器模拟实现身份认证协商与发布信息获取

(2) 基于浏览器模拟实现动态网页信息获取。采用浏览器模拟技术进行动态网页发布信息获取，首先需要由 JSSh 客户端通过 JavaScript 指令指示内嵌 JSSh 服务器的网络浏览器加载动态网页发布信息。在获得网络媒体关于动态网页的响应信息后，浏览器自动完成对于动态网页内各类脚本片段的解析工作，从而获得动态网页所对应的静态网页形态。该阶段不再只是针对具体的脚本语言(例如 JavaScript)进行动态脚本片段解析。凡是能在通用浏览器中正常浏览的动态网页，其包含的任何脚本片段都可以基于浏览器模拟技术实现动态脚本解析。

在此基础上，浏览器进一步通过自身包含的网页排版引擎 Gecko 生成静态网页的 HTML DOM 树。然后 JSSh 客户端可以通过 JavaScript 指令操作静态网页的 HTML DOM 树，逐一导出静态网页及其内嵌 URL 所对应的发布内容，最终完成动态网页发布信息的获取工作，如图 2-19 所示。

在通过 Rhino 实现 JavaScript 动态网页发布信息的获取时，首先需要基于网络交互重

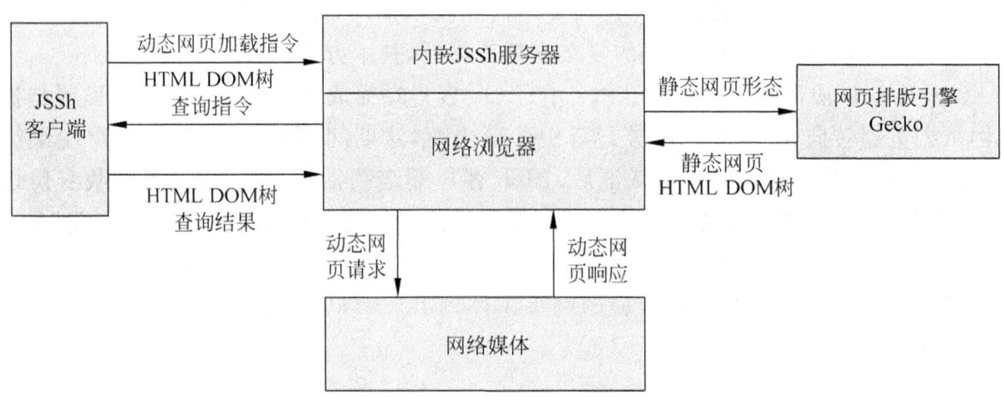

图 2-19　基于浏览器模拟实现动态网页发布信息的获取

构获取动态网页发布内容，并进一步遍历动态网页 HTML DOM 树，提取网页所含 JavaScript 脚本片段。在对 JavaScript 脚本片段中的 HTML DOM 对象实现本地创建后，Rhino 按照动态网页加载过程顺序执行 JavaScript 脚本片段，然后输出动态网页所对应的静态网页形态，最终实现动态脚本解析。

与其对应，在基于浏览器模拟实现动态网页信息获取的过程中，动态网页发布内容获取与动态网页脚本片段解析工作全由浏览器自行完成。JSSh 客户端只是通过 JavaScript 指令指示网络浏览器加载动态网页，并在 JSSh 服务器告知与所请求的动态网页对应的静态网页形态加载成功后，继续通过 JavaScript 指令操作当前网页 HTML DOM 树获取动态网页发布信息。整体过程与 JSSh 客户端指示浏览器加载静态网页并无实质区别。

(3) 利用浏览器模拟进行网络媒体信息获取的技术优势。一方面，与通过网络交互重构实现网络媒体信息获取不同，在基于浏览器模拟进行网络媒体信息获取过程中，与身份认证、信息请求相关的网络交互过程，与脚本解析、HTML DOM 树生成相关的网页处理过程，全都是在 JSSh 客户端的指示下由内嵌 JSSh 服务器的网络浏览器自行完成。网络媒体信息获取环节不再需要针对不同网络媒体，重复实现网络交互重构机制，从而有效降低了网络媒体信息获取工作的复杂度，显著提高了网络媒体信息获取机制的普适性。

另一方面，在面对网络交互过程极为复杂，甚至网络交互方式并未对外公开的视/音频信息时，可以基于浏览器模拟机制实现视/音频内容自动点播，并对正在播放的视/音频流进行屏幕录像，最终完成视/音频信息的统一获取。在这种情况下，所有能够通过网络浏览器得到的各种形态、各个类型的互联网信息，都可以采用浏览器模拟技术实现网络媒体发布信息的获取，这也是本书将这类互联网公开传播信息统称为网络媒体信息的根本原因。

2.3　网络通信信息的获取

随着计算机网络的快速发展，越来越多的信息通过计算机网络进行传输，为了有效地对计算机网络进行管理，对计算机网络的性能进行分析，快速解决计算机网络的故障，发现潜在的安全威胁，需要高效的网络管理和网络分析工具。作为网络管理和网络分析的基础和核心技术，网络通信信息捕获技术得到了充分的研究和发展。

2.3.1　网络通信信息获取的一般流程

网络通信信息捕获就是以通过物理接入网络的方式在网络的传输信道上获取数据。不管是无线网络还是有线网络，只要能够接入网络，就可以通过技术手段获取网络中的数据。网络通信信息捕获的基本思想就是利用网络传输信道获取网络数据。以太网中利用载波监听多路访问/冲突检测方法（Carrier Sense Multiple Access/Collision Detection，CSMA/CD）和共享媒体的方式，保证总线上挂接的所有节点都有机会接收到任一个节点发送的信息，而以太网默认的多向地址访问的工作原理又使每个节点只能接收目的地址指向它的数据信息。通过设置以太网网络适配器改变其工作模式，可以实现数据捕获。

广播式局域网是共享通信介质的，而且采用广播机制使得在这种环境下监听非常方便。仅仅需要将某一台主机的网络适配器设置成混杂模式，就可以实现对整个网段的监听。以太网采用广播机制，在物理线路上传输的数据包能到达链接在集线器的每一主机。当数字信号到达一台主机的网络接口时，正常状态下网络接口对读入数据帧进行检查，如果采用数据帧中携带的物理地址是自己的或者物理地址是广播地址，那么就会将数据帧交给上层服务软件。如果通过程序将网络适配器的工作模式设置为“混杂模式”，那么网络适配器将接收所有流经它的数据帧。

在局域网中采用交换机，不但可以提升网络性能，还能解决一些集线器有关的安全问题，其中包括防止数据被捕获。交换机不是采用端口广播的方式，而是通过 ARP 缓存来决定数据包传输到哪个端口上。因此，在交换网络上，即便设置网络适配器为混杂模式，也不能进行数据捕获。

在交换环境下有两种方式可以实现数据的捕获。一种方式是通过端口镜像来捕获整个局域网的数据。所谓端口镜像，就是可以将一个或多个端口的传输数据按要求复制到指定监控端口分析和保存。一般的交换机都具有端口镜像的功能。另外一种方式是攻击交换机以得到所有的数据包，主要方法有 MAC Flooding 攻击和 ARP 包欺骗。

（1）MAC Flooding 攻击。交换机维护着一个动态的 MAC 缓存，实际上是交换机端口和 MAC 地址的对应表。这个表开始是空的，其中间记录是交换机从来往数据帧中学习得来的。交换机通过这个地址映射表才知道把进来的数据帧转发到哪个端口，而用于维护这个表的内存是有限的。某些交换机，当受到大量含有错误的 MAC 地址的数据帧攻击时就会溢出，退回到 Hub 的广播式工作方式，这样就可以达到数据捕获的目的。

（2）ARP 包欺骗。在发送以太网数据包时要根据目的 IP 地址查询 ARP 缓存表，取得目的 MAC 地址，如果本地查询不到就要向网络中广播目的 ARP 请求包，通过 ARP Replay 刷新本机的 IP-MAC 对应表。因此攻击者向目标机发送正常的 ARP Reply 包，但将网关的 IP 地址映射为自身的 MAC 地址，就可以获得全部的网络数据包。

基于 IEEE 802.11b 的 WLAN 采用的是带冲突避免的载波侦听多路访问协议（CSMA/CA）来访问介质，与有线局域网中的 CSMA/CD 一样，使用的也是广播机制，而且无线网络适配器也有混杂模式。处于混杂模式的无线网络适配器除了可以接收数据包外，同时还可以发送数据包，但是和有限局域网不同的是，设为混杂模式的无线网络适配器捕获的只是 IEEE 802.11b 中的以太帧，而忽略了 802.11b 的帧头，这对于后续的分析是很不利的。大多数无线网络适配器除了正常的工作模式和混杂模式以外，还有一种射频监听工作模式，工作在这种模式下的无线网络适配器只能接收数据而不能发送数据。当无线网络适配器工作在射频监听模式时，就能捕获到其所在的基本服务集(Basic Service Set，BSS)中的所有数据包。所以，在进行无线网络环境下的数据捕获时，要把无线网络适配器设置为射频监听模式。需要指出的是，由于芯片类型和驱动程序的不同，不同的无线网络适配器进行数据捕获的方法不一定相同。

2.3.2 网络通信信息获取的分类

使用特定客户端进行网络通信时所传输的互联网信息属于网络通信信息，这类信息包含使用客户端软件(例如 MicrosoftOutlook、FoxMail 等)收发电子邮件，基于即时通信软件进行网上聊天，采用金融机构发布的客户端进行网上财经交易等。与网络媒体以广播方式向互联网客户端传播信息不同，多数网络通信客户端以对等的、点对点的方式进行互联网通信交互。因此在面向网络通信信息进行互联网交互内容获取时，无法直接借鉴之前提到的网络媒体信息获取方法进行网络通信信息获取。

当前网络通信信息获取过程主要涉及网络通信信息镜像、网络交互数据重组、通信协议数据恢复、网络通信信息存储等技术环节。网络通信信息获取主要通过局域网总线数据侦听、城域网(例如数字社区、拥有互联网接入的公寓区等)三层交换机通信端口数据导出的方式实现包含网络通信信息在内的互联网交互数据镜像。

在此基础上，网络通信信息获取机制选择在 OSI/RM 网络层针对具体的互联网客户端实现特定协议的网络通信数据包重组。对于明文传输且公开发布协议交互过程的网络通信协议，信息获取机制通过协议数据恢复获得通信交互内容，并将其存入网络通信信息库，实现网络通信信息获取，如图 2-20 所示。不过，在网络通信信息通过密文传输的情况下，或者部分网络通信协议尚未公开协议交互过程时，网络信息获取环节无法通过协议数据恢复获得网络通信信息。

需要特别说明的是，在使用特定客户端进行网络通信交互时，所传输的网络信息并不算是互联网公开传播信息。因此在没有得到网络通信当事人或网络监管部门授权的情况下，本书并不建议面向属于个人隐私范畴的网络通信信息进行内容镜像与信息获取尝试。

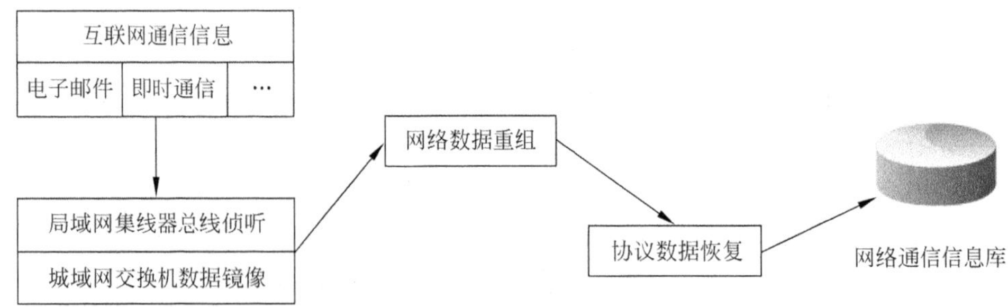

图 2-20 网络通信信息获取流程

2.3.3 网络通信信息获取的难点分析

网络信息自动采集现阶段存在的主要难点是互联网网络信息虽然资源丰富，但分散、缺乏一个有效的一体化管理。开放的互联网是全球性分布的结构网络，它庞大的信息资源存储在世界各地的服务器与主机中，因此决定了信息资源比较分散的特征。我国信息传输速率较低的现象十分严重，虽然近年来我国各大网络服务平台、各级运营商的网络信号通路宽度大幅度改善，然而这样的提升速度却远远赶不上我国互联网网络高速发展的需求。而且我国各大互联网络机构之间并没有实现及时有效的联通，这也给国内网络用户带来了很大的不便。当前国内各大互联网公司的网络通信费用虽然呈现逐步下降的态势，但和发达国家相比始终还是偏高。再者，与全球互联网网络快速发展现状形成鲜明对比的是，目前还是没有找到一种有效的方法对网络资源进行管理。目前很多检索软件单单是把手工编排好的资料主题目录跟计算机检索软件里所提供的关键词查询进行简单结合，发挥两者的集成优势，但是由于互联网络的包容信息范围和数量是无限扩大的，所以始终没有办法建立统一的信息管理和组织机制，在现有的任何智能检索工具中都没有办法实现对网络信息综合全面的检索。虽然目前的信息采集技术已经相对成熟化，网络上已经有很多种技术方案可以帮助用户解决网络信息自动采集方面的需求。但是现在仍然有 4 个很突出的问题摆在面前，阻碍网络信息自动采集技术的持续发展：其一是数据爆发式增长所造成的狂潮困扰着用户，从中提取有用信息仍然是一大难题；其二是开放性、动态性的互联网信息，用户如果要快捷地获取信息，仍然存在一定难度；其三是由于网络上缺乏有效监管，人人都可以发布信息，很多情况下难以保证信息的真实可靠；其四是安全性难以保证，道高一尺魔高一丈，黑客们很容易被错误的信息混淆视听。

2.3.4 Linux 和 Windows 环境下的通信信息获取

在了解以太网不同环境下进行数据捕获的原理后，就能够通过系统提供的网络通信信息捕获引擎开发出特定的网络通信信息捕获软件。网络通信信息捕获引擎的处理流程在不同的操作系统中较为类似，只是局部细节方面有些不同。由于数据捕获的处理要经过网络适配器、内核过滤器和应用程序的流程，因此都涉及内核态和用户态的处理。

在数据捕获中，用户可能只需要某些类型的数据包，那么针对数据包类型进行过滤设置就可以很大程度提高处理能力和效率，因此数据的过滤处理就十分重要。数据的过滤规则一般根据用户设定的规则，在内核态生成过滤指令。由于数据的过滤一般发生在网络适配器捕获数据之后，用户获得数据之前，因此数据包过滤器和处理就成为数据捕获技术的关键所在。数据包过滤器和捕获器紧密关联，构成网络通信信息捕获引擎，其中比较突出的有 BPF(Berkeley Packet Filter)和 NPF(Network Packet Filter)。

1. UNIX 和 Linux 系统

BPF 采用 Linux 内核下加载模块的方式，实现数据包信息的俘获。它可只捕获用户需要分析统计的数据包。在 Linux 2.4 和 Linux 2.6 版本中，提供了 Netfilter 框架，可通过注册钩子函数实现数据包的捕获。BPF 框架如图 2-21 所示，系统由三部分组成：Network Tap、BPF 和 Libpcap，分别工作在物理接口层、内核态和用户态。其中 Network Tap 负责获取物理接口层中的所有数据包；工作在内核态的 BPF 则利用过滤条件匹配所有由 Network Tap 传来的数据包，若匹配成功，则将其从网络适配器驱动的缓冲区中复制到核心缓冲区；工作在用户态的 Libpcap 负责处理用户应用程序和 BPF 的接口。

BPF 过滤器的过滤功能是通过虚拟机(Pseudo Machine)执行过滤程序来实现的。过滤程序(Filter Program)实际上是一组过滤规则用户定义，以决定是否接收数据包和需要接收多少数据。BPF的过滤过程如下：当数据包到达网络接口时，链路以驱动程序将其提交到系统协议栈；如果BPF正在此接口监听，则驱动程序将首先调用BPF，BPF将数据包发送给过滤器，过滤器对数据包进行过滤，并将数据提交给过滤器关联的上层应用程序；然后链路层驱动将重新取得控制权，将数据包提交给上层的系统协议栈处理。BPF是内嵌于操作系统中的，它给用户提供Libpcap开发动态链接库，Libpcap隐藏了用户程序和操作系统内核交互的细节。主要完成如下工作：

- 向用户程序提供一套功能强大的抽象接口；
- 根据用户要求生成过滤指令；
- 管理用户缓冲区(User Buffer)；
- 负责用户程序和内核的交互。

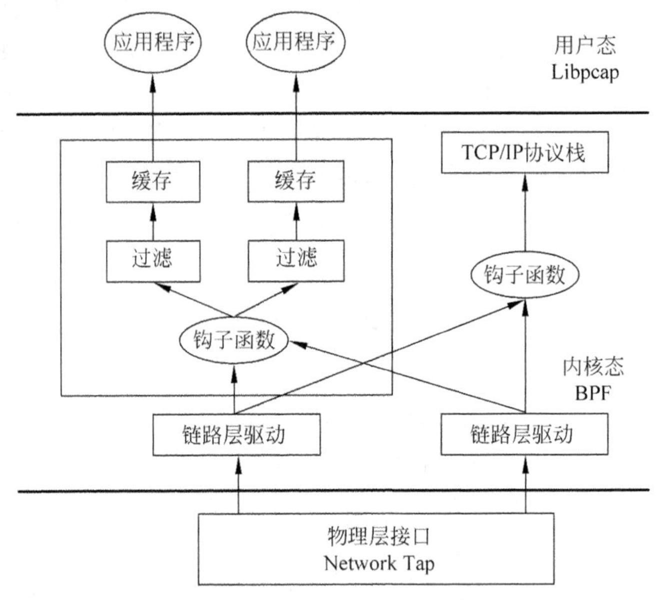

图2-21　BPF整体框架图

2. Windows系统

NPF作为外在Windows环境下的演化版，继承了BPF的过滤器、两级缓冲(核心和用户)以及用户级的一些函数库，NPF的整体结构如图2-22所示。

NPF主要用于Windows系统平台，但Windows系统没有像UNIX系统一样将捕获过滤机制内置于操作系统，所以需要安装NPF系统包。WmPcap就是这样的驱动安装包，该安装包在系统中安装了三个文件：高级系统无关库(Wpcap.dll)、低级动态链接库(Packet.dll)和内核级的数据包监听设备驱动程序(Npf.sys/Npf.vxd)。

Winpcap(Windows Packet Capture)是Windows平台下一个免费的网络访问系统，用于为Win32应用程序提供访问网络底层的能力。WinPcap可以在以下地址下载：http://www.winpcap.org/install/default.htm。WinPcap的安装过程比较简单，按照提示一步一步安装即可。

WinPcap提供了2个用于包捕获和过滤的动态链接库：Packet.dll和Wpcap.dll。Packet.dll在Win32平台上提供与NPF的一个通用接口，基于Packet.dll的应用程序可以

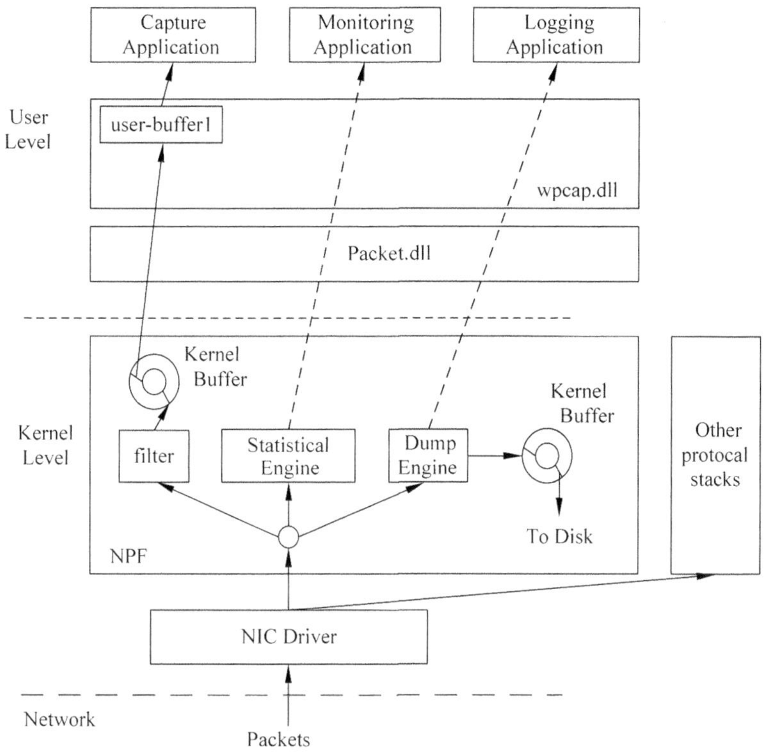

图 2-22　NPF 整体结构

在没有重新编译的情况下用于不同的 Win32 平台。Packet. dll 还有几个附加功能，它可用来取得适配器名称、动态驱动器加载和获得主机掩码及以太网冲突次数等。Wpcap. dll 是通过调用 Packet. dll 提供的函数生成的，它包括过滤器生成等一系列可以被用户级调用的高级函数，另外还有诸如数据包统计及发送功能。Wpcap. dll 的设计目标是提供一套可移植并且系统无关的捕获 API 集合，因此它不可能将驱动所提供的全部功能都输出来。所以在有些情况下，需要使用 Packet. dll 提供的特殊函数来满足对系统开发的更高要求。

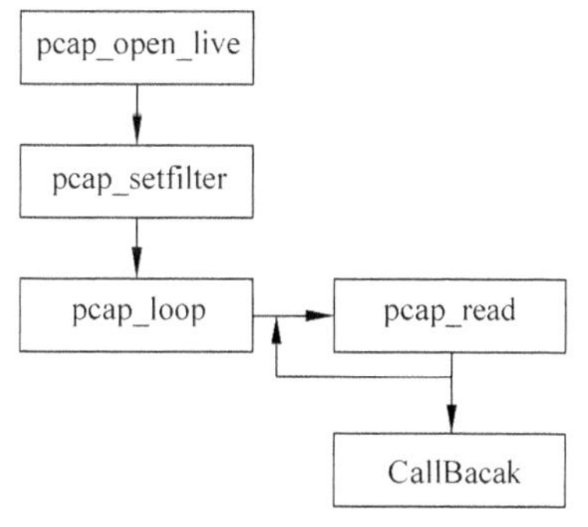

图 2-23　Wpcap 接口监听的程序流程

使用 Wpcap. dll 接口的监听程序流程如图 2-23 所示，其中用户对数据包的检查或者处理程序可以通过 CallBack 调用。

下面将分别介绍该流程中各个阶段中用到的关键 pcap 库函数。

(1) 选择监听网络接口。可以调用 pcap_lookupdev 函数寻找本机网络接口，pcap_lookupdev 函数原型如下：

```
char * pcap_lookupdev ( char * errbuf )
```

函数返回网络接口的指针，也可以调用 pcap_freealldevs 来完成网络设备的选择功能。

(2) 建立监听会话。实现该功能一般调用 pcap_open_live 函数，其原型如下：

```
pcap_t * pcap_open_live (char * device, int snaplen, int promisc, int to_ms, char * ebuf )
```

该函数中一个重要的参数就是 promisc，它用于将网卡设置为混杂模式。该函数调用成功则返回监听会话句柄。

(3) 编辑过滤器。在有了活动的监听会话句柄后，可以开始设置过滤器，通常使用 pcap_complie 函数将字符串形式的过滤语句编译成二进制形式存储在 bpf_program 结构中，其函数原型如下：

```
int pcap_compile ( pcap_t * p, struct bpf_progrram * fp, char * str, int optimize, bpf_u_int32
netmask ).
```

其中参数 str 即为过滤语句的字符串指针，fp 用于存放编译后的 BPF 结构体。

(4) 设置过滤器。在编译过滤器后必须调用 pcap_setfilter 函数设置内核过滤器方能使之生效，其原型如下：

```
int pcap_setfilter ( pcap_t * p,struct bpf_program * fp ).
```

(5) 捕获数据包。捕获数据包一般调用 pcap_loop 函数或者 pcap_dispatch 函数，pcap_loop 的原型为：

```
int pcap_loop ( pcap_t * p,int cnt,pcap_handler callback,u_char * user ).
```

callback 回调函数在捕获一个包后自动调用，在该函数中可以对数据进行下一步的处理。

网络数据包捕获与分析系统中，抓包模块的主要流程就是调用 WinPcap 提供的函数库实现网卡混杂模式的设置，并且从链路层直接截获数据存储到硬盘，并实时显示所捕获数据包中各种协议类型数据包的数量和比例，具体介绍如下。

首先，抓包模块对网卡设置对话框进行初始化。通过调用 pcap_findalldevs()函数来获取本机上的以太网卡列表，初始化时默认为选中第一块网卡。当用户改变所选的网卡时，设备描述信息相应更新。为了不影响捕获的速度，在捕获数据时，不进行数据协议的实时分析和显示，所以采用在捕获的数据存储到硬盘上的临时文件中，在捕获结束时再进行离线的分析。因此在选择网卡的同时，需要设置临时文件的路径，默认的存储路径为 C 盘 TEMP 文件夹，以.pcap 为文件后缀。

其次，抓包开始时，创建并运行抓包工作线程 PcapThread()，同时打开统计对话框，对获取的数据包进行分类统计。抓包工作线程 PcapThread()首先要调用 pcap_open_live()函数来打开要捕获的网络适配器，设置网卡为混杂模式，并返回监听会话句柄。如需要进行在线过滤，则通过调用过滤设置函数来进行。在调用回调函数开始抓包之前，调用 WinPcap 提供的 pcap_dump_open()函数来打开一个文件，用来暂时存放捕获的数据，最后调用 pcap_loop (adhandle, 0, packet_handler,(unsigned char *) dumpfile)函数，以回调的方式开始循环抓包，其中参数 packet_handle 为回调函数。在回调函数中主要完成两个工作：第一是调用 WinPcap 提供的函数 pcap_dump()，将捕获的数据存储到临时文件里；第二是简单分析数据的协议类型，向统计窗口提供数据。

最后，抓包结束，调用列表视图显示模块，显示捕获数据包的摘要信息。

系统的运行界面如图 2-24 所示。

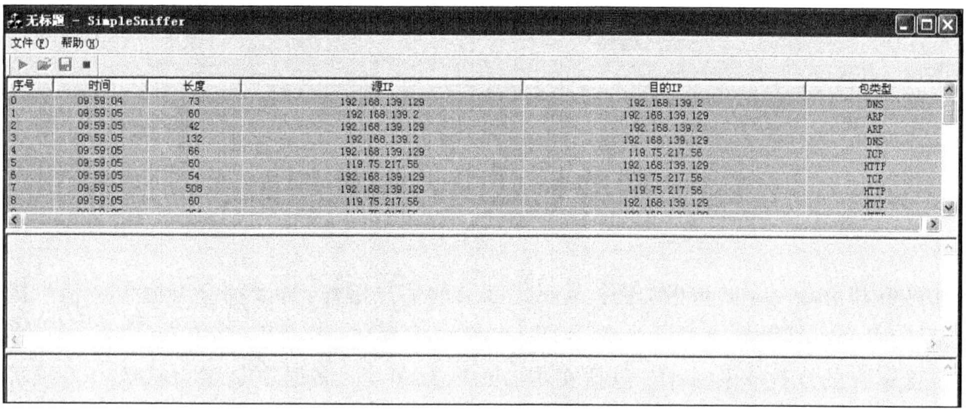

图 2-24　抓包程序运行界面

2.4　本章小结

随着网络通信应用的不断普及，互联网已经成为信息发布的第一大平台。本章将互联网信息分为网络媒体信息和网络通信信息两大类型，并针对这些类型信息的获取原理进行一般性介绍，包括信息获取的一般技术及流程。网络信息内容获取是网络信息内容安全研究的基础，为后续研究提供了原始素材。通过本章学习，可以掌握网络信息内容获取的多种方法和手段。

习　　题

1. 简述互联网信息分类。
2. 简要描述网络媒体信息获取的一般流程。
3. 描述基于浏览器模拟技术进行网络媒体信息获取的过程。
4. 简要说明网络通信信息获取方案。
5. 数据包捕获技术的核心是什么？

第3章 网络信息内容预处理技术

3.1 网络信息内容预处理概述

计算机和Internet的普及,带来了现代社会的信息爆炸,每天都会有海量的信息需要处理,信息的存在方式和形式可以归纳为四个“多”:多媒体、多语言、多文种、多格式。多媒体是指信息存在的媒体多种多样,包括文本、声音、视频等;多语言是指自然语言信息可以是多种语言;多文种是指数字化的信息存放在不同类型的文件中;多格式是指在同一种文件类型中,相同的信息可以以多种格式存放。原始的网络信息内容格式一般较为多样化,在进行内容分析前,需要对其进行预处理。

在众多的网络信息内容中,文本信息又占了很大的比重。文本信息是指用文本或带有格式标志信息的文本来存放的信息,如纯文本文件、HTML文件及各种字处理器产生的文件等,其中又有自由文本(Free Text)和自然语言文本(Natural Language Text)之分。自由文本是指任何以文本形式存在的信息,包括程序源代码、数据等;自然语言文本则是指以文本形式存在的、主要是自然语言书写的信息。自然语言文本还可以由多种语言书写。以下约定,如果不作特别的说明,本书所说的文本是指中文的自然语言文本。

对文本信息的处理包括文本信息的分类、检索和浓缩等。目前在这几个方面的研究都取得了很大的进展,产生了许多可喜的成果。如上海交大纳讯公司由王永成教授主持开发的中英文自动摘要系统,在信息浓缩和抽取等方面的研究处于世界领先的地位,摘要的质量可以达到与手工摘要无明显差别甚至稍高的程度。但是,这些成果的研究大都是建立在比较理想的条件下。所谓的理想条件,是指所处理的文本信息的形式比较单一(大多是纯文本信息),格式比较规范,文本中的一些特征信息比较清晰、容易识别等。而现实中的各种文本信息,形式多样化,格式不是都很规范,而且一些重要的特征信息比较模糊,这些可以称为文本信息的噪声和变形。噪声和变形的存在使处理文本信息非常困难,达不到预想的质量。在将实验室的研究成果产品化,推向市场的时候,就会面临这样一个问题:如何去除和减弱文本信息噪声和变形的影响。

这也是许多文本信息处理软件所遇到的一个共同的问题。为了便于交流使用,许多国家和地区都制定了不少信息发布的标准,但这些标准不可能包括信息发布的所有形式,而且即使是标准本身,因为各国所使用的媒体、语言、代码、控制符以及格式等都不一定相同,在信息交流中也会出现困难。为了方便对文本信息进一步的加工处理,全世界掀起了一个研究与开发“预处理器”的热潮。一般来说,网络信息内容预处理流程包括中文分词、去停用词、语义特征提取、特征子集选择、特征重构、向量生成和文本内容分析等几个步骤。下面将对这些步骤进行依次介绍。

3.1.1 中文分词

中文是以字为基本书写单位，单个字往往不足以表达一个意思，通常认为词是表达语义的最小元素。在汉语中，一句话的意思通过一段连续的字符串来表达，字符串之间并没有明显的标志将其分开，计算机如何正确识别词语是非常重要的步骤。例如，一条英文文本消息“I love this movie.”，其汉语意思为“我喜欢这部电影。”计算机处理过程中，可以依靠空格识别出 movie 是一个词，但不能识别的“电”和“影”是一个词，只有将“电影”切分在一起才能表达正确意思。因此，须对中文字符串进行合理的切分，可认为是中文分词。下面将分别对分词技术特点与分词系统作介绍。

(1) 中文信息处理首要解决的就是对文本内容进行分词。如何实现准确、快速的分词处理，是自然语言处理领域研究中的一个难点。当前主要的分词处理方法分为基于字符串匹配的分词方法、基于统计的分词方法和基于理解的分词方法。这三类分词技术代表了当前的发展方向，有着各自的优缺点。

基于字符串匹配的分词方法优点是：分词过程跟词典作比较，不需要大量的语料库、规则库，其算法简单，复杂性小，对算法作一定的预处理后分词速度较快。缺点是：不能消除歧义、识别未登录词，对词典的依赖性比较大，若词典足够大，其效果会更加明显。

基于统计的分词方法优点是：由于是基于统计规律的，因此对未登录词的识别表现出一定的优越性，不需要预设词典。缺点是：需要一个足够大的语料库来统计训练，其正确性很大程度上依赖于训练语料库的质量好坏，算法较为复杂，计算量大，周期长，但是都较为常见，处理速度一般。

基于理解的分词方法优点是：由于能理解字符串含义，对未登录词具有很强的识别能力，因此能很好地解决歧义问题，不需要词典及大量语料库训练。缺点是：需要一个准确、完备的规则库，依赖性较强，效果好坏往往取决于规则库的完整性。算法比较复杂，实现技术难度较大，处理速度比较慢。

(2) 常用的中文分词系统。中文分词技术是对汉语文本进行处理的基础要求，一直是自然语言处理领域的研究热点，目前已取得了很多成果，出现一大批实用、可靠的中文分词系统。其代表有：基于 Lucene 为应用主体开发的 IKAnalyzer 中文分词系统、庖丁中文分词系统，纯 C 语言开发的简易中文分词系统 SCWS，中国科学院计算技术研究所推出的汉语词法分析系统 ICTCLAS，哈尔滨工业大学信息检索研究室研制的 IRLAS，另外国内北大语言研究所、清华大学、北京师范大学等机构也推出了相应的分词系统。

林林总总的分词系统各有其特点，例如 IKAnalyzer 实现了以词典分词为基础的正反向全切分算法，更多的用于互联网的搜索和企业知识库检索领域；庖丁中文分词系统致力于成为互联网首选的中文分词开源组件，它追求分词的高效率和用户的良好体验；而简易中文分词系统 SCWS 目前仅用于 UNIX 族的操作系统；哈工大 IRLAS 主要采用 Bigram 语言模型，大大提高了对未登录词识别的性能。目前来看，表现最为抢眼的无疑是中国科学院研制 ICTCLAS，该分词系统综合性能十分突出，在国内外权威机构组织的多次公开评测中都取得优异成绩，已得到国内外大多数中文信息处理用户的支持。

3.1.2 停用词

停用词也称为功能词，与其他词相比，通常是没有实际含义的。在中文信息处理中，停用词一般是指在文本内容中出现频率极高或者极低的介词、代词、虚词以及一些与情感无关的字符。这些字符在中文信息研究中没有实际意义。若计算机对其进行处理，不但是没有价值的工作，还会增加运算复杂度，通常文本的停用词处理中可采用基于词频的方法将其除去。王素格与魏英杰构造 5 种不同的停用词词表作为候选特征依据，对汽车语料进行情感分类研究，考查对最终分类结果的影响，其结果表明，无停用词表，即全部作为候选特征与选用除了动词、副词、形容词的停用词表对情感分类的结果比较好。

3.2 语义特征抽取

根据语义级别由低到高来分，文本语义特征可分为亚词级别、词级别、多词级别、语义级别和语用级别。其中，应用最为广泛的是词级别。

3.2.1 词级别语义特征

词级别（Word Level）以词作为基本语义特征。词是语言中最小的、可独立运用的、有意义的语言单位，即使在不考虑上下文的情况下，词仍然可以表达一定的语义。以单词作为基本语义特征在文本分类、信息检索系统中工作良好，也是实际应用中最常见的基本语义特征。

在英文文本中以词为基本语义特征的优点之一是易于实现，利用空格与标点符号即可将连续文本划分为词。如果进一步简化，忽略词之间的逻辑语义关系及词与词之间的顺序，则文本将被映射为一个词袋（Bag of Words），在词袋模型中只有词及其出现的次数被保留下来。图 3-1 为一个转换示例。

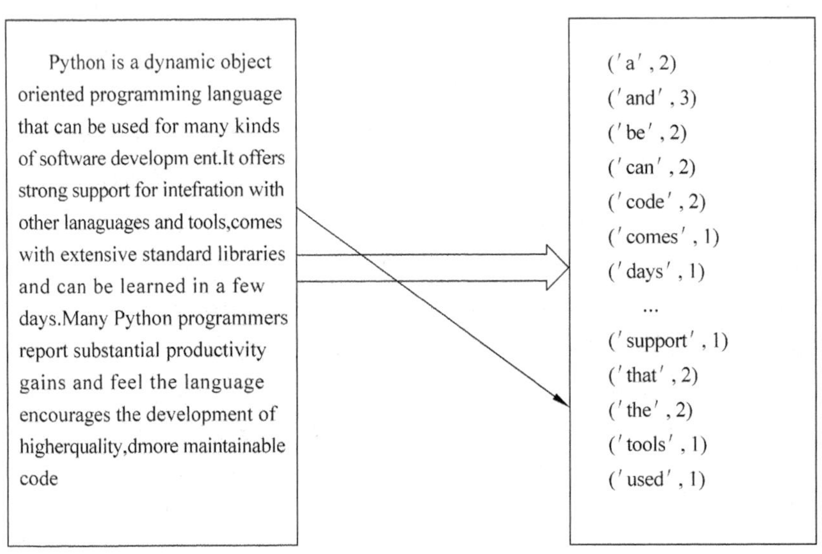

图 3-1 词袋模型

以词为基本语义特征会受到一词多义与多词同义的影响，前者指同一单词可用于描述不同对象，后者指同一事物存在多种描述形式。虽然一词多义与多词同义现象在普通文本信息中并非罕见，且难以在词特征索引级别有效解决，但是这种现象对分类的不良影响却较小，例如英文中常见的book、bank等词汇存在一词多义现象，在网络内容安全中判断一个文本是否含有不良信息时并不易受其影响。对使用词作为基本语义特征有较好分类效果，Whorf曾经做过相关分析，认为在语言的进化过程中，词作为语言的基本单位朝着能优化反映表达内容、主题的方向发展，因此词汇有力地表示了分类问题的前沿分布。

当英文以词为特征项时，需要考虑复数、词性、词格、时态等词形变化问题。这些变化形式在一般情况下对于文本分类没有贡献，有效识别其原始形式并合为统一特征项，有利于降低特征数量，并避免单个词被表达为多种形式带来的干扰。

词特征可进行计算的因素有很多，最常用的有词频、词性等。

1. 词频

文本内容中的中频词往往具有代表性，高频词区分能力较小，而低频词或者未出现词常常可以作为关键特征词，所以词频是特征提取中必须考虑的重要因素，并且在不同方法中有不同的应用公式。

2. 词性

在汉语言中，能标识文本特性的往往是文本中的实词，如名词、动词或形容词等，而文本中的一些虚词，如感叹词、介词或连词等，对于标识文本的类别特性并没有贡献，也就是对确定文本类别没有意义。如果把这些对文本分类没有意义的虚词作为文本特征词，将会带来很大影响，从而直接降低文本分类的效率和准确率。因此，在提取文本特征时，应首先考虑剔除这些对文本分类没有用处的虚词；而在实词中，又以名词和动词对文本类别特性的表现力最强，所以可以只提取文本中的名词和动词作为文本的一级特征词。

3. 文档、词语长度

一般情况下，词的长度越短，其语义越泛。通常，中文中较长的词往往反映比较具体、下位的概念，而短的词往往表示相对抽象、上位的概念。短词具有较高的频率和更多的含义，是面向功能的；而长词的频率较低，是面向内容的。增加长词的权重，有利于词汇进行分割，从而更准确地反映特征词在文章中的重要程度，词语长度通常不被研究者重视，但是在实际应用中发现，关键词通常是一些专业学术组合词汇，长度较一般词汇长。考虑候选词的长度，会突出长词的作用，长度项也可以使用对数函数来平滑词汇间长度的剧烈差异，通常来说，长词汇含义更明确，更能反映文本主题，适合作为关键词，因此需要将包含在长词汇中低于一定过滤阈值的短词汇进行过滤。所谓过滤阈值，就是指进行过滤短词汇的后处理时，短词汇的权重和长词汇的权重比的最大值如果低于过滤阈值，则过滤短词汇；否则，保留短词汇。

根据统计，两字词汇多是常用词，不适合作为关键词，因此对实际得到的两字关键词可以作出限制。例如，抽取5个关键词(本文最多允许3个两字关键词存在)。这样的后处理无疑会降低关键词抽取的准确度和召回率，但是同候选词长度项的运用一样，人工评价效果将会提高。

4. 词语直径

词语直径(Diameter)是指词语在文本中首次出现的位置和末次出现的位置之间的距离。词语直径是根据实践提出的一种统计特征。根据经验,如果某个词汇在文本开头处提到,在结尾处又提到,那么它对该文本来说将是个很重要的词汇,不过统计结果显示,关键词的直径分布出现了两极分化的趋势,在文本中仅仅出现了1次的关键词占全部关键词的14.184%,所以词语直径是比较粗糙的度量特征。

5. 首次出现位置

Frank在Kea算法中使用候选词首次出现位置(First Location)作为Bayes概率计算的一个主要特征,它被称为距离(Distance),简单地统计可以发现,关键词一般在文章中较早出现,因此出现位置靠前的候选词应该加大权重,实验数据表明,首次出现位置和词语直径两个特征只选择一个使用就可以了。例如,由于文献数据加工问题导致中国学术期刊全文数据库的全文数据,不仅包含文章本身,而且还包含了作者、作者机构及引文信息。针对这一特点,可以使用首次出现位置这个特征,尽可能减少由全文数据的附加信息所造成的不良影响。

6. 词语分布偏差

词语分布偏差(Deviation)所考虑的是词语在文章中的统计分布,在整篇文章中分布均匀的词语通常是重要的词汇。

3.2.2 亚词级别语义特征

亚词级别(Sub-Word Level)也称为字素级别(Graphemic Level)。在英文中比词级别更低的文字组成单位是字母,在汉语中则是单字。

英文有26个字母,每个字母有大小写两种形式。英文中大小写的区别并不在于内容方面,因此在表示文本时通常合并大小写形式,以简化处理模型。

1. *n* 元模型

亚词级别常用的索引方式是 n 元模型(n-Grams)。n 元模型将文本表示为重叠的 n 个连续字母(对应汉语情况为单字)的序列作为特征项,例如,单词shell的三元模型为she、hel和ell(考虑前后空格,还包括_sh和ll_两种情况),英文中采用 n 元模型有助于降低错误拼写带来的影响:一个较长单词的某个字母拼写错误时,如果以词作为特征项,则错误的拼写形式和正确的词没有任何联系。若采用 n 元模型表示,当 n 小于单词长度时,错误拼写与正确拼写之间会有部分 n 元模型相同;另外,考虑到英文中复数、词性、词格、时态等词形变化问题,n 元模型也起到与降低错误拼写影响类似的作用。

采用 n 元模型时,需要考虑数值 n 的选择问题。当 $n<3$ 时,无法提供足够的区分能力(在此只考虑26个字母的情况);$n=3$ 时,有 $26^3=17\ 576$ 个三元组;$n=4$ 时,有 $26^4=456\ 976$ 个四元组。n 取值越大,可表示的信息越丰富,随着 n 的增大,特征项数目也以指数函数方式迅速增长,因此,在实际应用中大多取 n 为3或4(随着计算机硬件技术的增长,以及网络的发展对信息流通的促进,已经有 n 取更大数值的实际应用)。仅考虑单词平均长度的情况,本文统计了一份GRE常用词汇表,7444个单词的平均长度为7.69;考虑到不同单词在真实文本中出现的频率不同,统计reuters-21578(路透社语料库),平均长度为4.98个

字母；考虑到长度较短单词使用频率较高，而拼写错误词汇一般长度较长，可见采用 $n=3$ 或 4 可以部分弥补错误拼写与词形变化带来的干扰，并且有足够的表示能力。

2. 多词级别语义特征

多词级别(Multi-Word Level)指用多个词作为文本的特征项，多词可以比词级别表示更多的语义信息。随着时代的发展，一些词组也越来越多地出现，例如英文 machine learning、network content security、text classification、information filtering 等，对于这些术语，采用单词进行表示会损失一些语义信息，因为短语与单个词在语义方面有较大区别；随着计算机处理能力的快速增长，处理文本的技术也越来越成熟，多词作为特征项也有更大的可行性。多词级别中的一种思路是应用名词短语作为特征项，这种方法也称为 Syntactic Phrase Indexing，另外一种策略则是不考虑词性，只从统计角度根据词之间较高的同现频率(Co-Occur Frequency)来选取特征项，采用名词短语或者同现高频词作为特征项，需要考虑特征空间的稀疏性问题，词与词可能的组合结果很多，下面仅以两个词的组合为例进行介绍。根据统计，一个网络信息检索原型系统包含的两词特征项就达 10 亿项，而且许多词之间的搭配是没有语义的，绝大多数组合在实际文本中出现频率很低，这些都是影响多词级别索引实用性的因素。

3.2.3　语义与语用级别语义特征

如果我们能获得更高语义层次的处理能力，例如实现语义级别(Semantic Level)或语用级别(Pragmatic Level)的理解，则可以提供更强的文本表示能力，进而得到更理想的文本分类效果。然而在目前阶段，由于还无法通过自然语言理解技术实现对开放文本理想的语义或语用理解，因此相应的索引技术并没有前面的几种方法应用广泛，往往应用在受限领域。在自然语言理解等研究领域取得突破以后，语义级别甚至更高层次的文本索引方法将会有更好的实用性。

3.2.4　汉语的语义特征抽取

1. 汉语分词

汉语是一种孤立语，不同于印欧语系的很多具有曲折变化的语言，汉语的词汇只有一种形式而没有诸如复数等变化。另外，汉语不存在显式(类似空格)的词边界标志，因此需要研究中文(汉语和中文对应的概念不完全一致，在不引起混淆的情况下，文本未进行明确区分而依照常用习惯选择使用)文本自动切分为词序列的中文分词技术，中文分词方法最早采用了最大匹配法，即与词表中最长的词优先匹配的方法。根据扫描语句的方向，可以分为正向最大匹配(Maximum Match，MM)、反向最大匹配(Reverse Maximum Match，RMM)，以及双向最大匹配(MM)等多种形式。

梁南元的研究结果表明，在词典完备、不借助其他知识的条件下，最大匹配法的错误切分率为 169～245 字/次，该研究实现于 1987 年，以现在的条件来看，当时的实验规模可能偏小，另外，如何判定分词结果是否正确也有较大的主观性，最大匹配法由于思路直观、实现简单、切分速度快等优点，所以应用较为广泛，采用最大匹配法进行分词遇到的基本问题是切分歧义的消除问题和未登录词(新词)的识别问题。

为了消除歧义,研究人员尝试了多种人工智能领域的方法:如松弛法、扩充转移网络法、短语结构文法、专家系统法、神经网络法、有限状态机方法、隐马尔科夫模型、Brill式转换法,这些分词方法从不同角度总结歧义产生的可能原因,并尝试建立歧义消除模型,也达到了一定的准确程度,然而由于这些方法未能实现对中文词的真正理解,也没有找到一个可以妥善处理各种分词相关语言现象的机制,因此目前尚没有广泛认可的完善的歧义消除方法。

未登录词识别是中文分词时遇到的另一个难题,未登录词也称为新词,是指分词时所用词典中未包含的词,常见有人名、地名、机构名称等专有名词,以及相关领域的专业术语,这些词不包含在分词词典中却对分类有贡献,就需要考虑如何进行有效识别。孙茂松、邹嘉彦的相关研究指出,在通用领域文本中,未登录词对分词精度的影响超过了歧义切分。

未登录词识别可以从统计和专家系统两个角度进行:统计方法从大规模语料中获取高频连续汉字串,作为可能的新词;专家系统方法则是从各类专有名词库中总结相关类别新词的构建特征、上下文特点等规则,当前对未登词的识别研究,相对于歧义消除来说更不成熟。

孙茂松、邹嘉彦认为分词问题的解决方向是建设规模大、精度高的中文语料资源,以此作为进一步提高分词技术的研究基础。

对于文本分类应用的分词问题,还需要考虑分词颗粒度问题。该问题考虑存在词汇嵌套情况时的处理策略,例如,“文本分类”可以看作是一个单独的词,也可以看作是“文本、分类”两个词,应该依据具体的应用来确定分词颗粒度。

2. 汉语亚词

在亚词级别,汉语处理也与英语存在一些不同之处。一方面,汉语中比词级别更低的文字组成部分是字,与英文中单词含有的字母数量相比偏少,词的长度以2~4个字为主,对搜狗输入法中34万条词表进行统计,不同长度词所占词表比例分别为两字词35.57%、三字词33.98%、四字词27.37%,其余长度共3.08%。

另一方面,汉语包含的汉字数量远远多于英文字母数量,GB 2312—1980标准共收录6763个常用汉字(GB 2312—1980另有682个其他符号,GB 18030—2005标准收录了27 484个汉字,同时还收录了藏文、蒙文、维吾尔文等主要的少数民族文字),该标准还是属于收录汉字较少的编码标准。在实际计算中,汉语的二元模型已超过英文中五元模型的组合数量,即$6763^2(45\ 738\ 169) > 26^5(11\ 881\ 376)$。

因此,汉语采用n元模型就陷入了一个两难境地:n较小时($n=1$),缺乏足够的语义表达能力;n较大时($n=2$或3),则不仅计算困难,而且n的取值已经使得n元模型的长度达到甚至超过词的长度,又失去了英语中用于弥补错误拼写的功能。因此汉语的n元模型往往用于其他用途,在中文信息处理中,可以利用二元或一元汉字模型来进行词的统计识别,这种做法基于一个假设,即词内字串高频同现,但并不阻止词的字串低频出现。

在网络内容安全中,n元模型也有重要的应用,对于不可信来源的文本,可以采用二元分词方法(即二元汉字模型),例如“一二三四”的二元分词结果为“一二”、“二三”和“三四”,这种表示方法,可以在一定程度上消除信息发布者故意利用常用分词的切分结果来躲避过滤的情况。

3.3 特征子集选择

特征子集选择从原有输入空间，即抽取出的所有特征项的集合，选择一个子集合组成新的输入空间。输入空间也称为特征集合。选择的标准是要求这个子集尽可能完整地保留文本类别区分能力，而舍弃那些对文本分类无贡献的特征项。

机器学习领域存在多种特征选择方法，Guyon 等人对特征子集选择进行了详尽讨论，分析比较了目前常用的 3 种特征选择方式：过滤（Filter）、组合（Wrappers）与嵌入（Embedded），文本分类问题由于训练样本多、特征维数高等特点，决定了在实际应用中以过渡方式为主，并且采用评级方式（Single Feature Ranking），即对每个特征项进行单独的判断，以决定该特征项是否会保留下来，而没有考虑其他更全面的搜索方式，以降低运算量，在对所有特征项进行单独评价后，可以选择给定评价函数大于某个阈值的子集组成新的特征集合，也可以评价函数值最大的特定数量特征项来组成特征集，特征子集选择涉及文本中的定量信息，一些相关参数定义如表 3-1 所示。

表 3-1 文档及特征项各参数含义

参数	含　义
N	训练样本数
n_{c_i}	c_i 类别包含的训练样本数
$n(t)$	包含特征项 t 至少一次的训练样本数
$\bar{n}(t)$	不包含特征项 t 的训练样本数
$n_{c_i}(t)$	c_i 类别包含特征项 t 至少一次的训练样本数
$\bar{n}_{c_i}(t)$	c_i 类别不包含特征项 t 的训练样本数
tf	所有训练样本中所有特征项出现的总次数
$tf(t)$	特征项 t 在所有训练样本中出现的次数
$tf_{d_j}(t)$	特征项 t 在文档 d_j 中出现的次数

很容易可知，参数间满足如下关系：

$$n = \sum_{i=1}^{k} n_{c_i} \tag{3-1}$$

$$n(t) = \sum_{i=1}^{k} n_{c_i}(t) \tag{3-2}$$

式(3-1)表示样本总数等于各类别样本数之和，式(3-2)表示只包含任一特征项 t 的样本集合，也满足类似关系。

$$n = n(t) + \bar{n}(t) \tag{3-3}$$

$$n_{c_j} = n_{c_i}(t) + \bar{n}_{c_i}(t) \tag{3-4}$$

式(3-3)表示 $n(t)$和$\bar{n}(t)$互补，式(3-4)表示这种关系也适用于任意给定文本类别。

$$tf = \sum_{i=1}^{\hat{m}} tf(t_i) \tag{3-5}$$

$$tf(t) = \sum_{j=1}^{n} tf_{d_j}(t) \tag{3-6}$$

式(3-5)和式(3-6)给出了 tf 和 $tf(t)$ 的计算方法。

利用这些参数，结合统计、信息论等学科，即可进行特征子集选择，最简单的方式是停用词过滤。

3.3.1 停用词过滤

停用词过滤(Stop Word Elimination)基于对自然语言的观察，存在一些几乎在所有样本中出现，但是对分类没有贡献的特征项。例如，当以词作为特征项时，英语中的冠词、介词、连词和代词等。这些词的作用在于连接其他表示实际内容的词，以组成结构完整的语句。

停用词词表可以手工建立，也可以通过统计自动生成，英语领域有手工建立领域无关和面向具体领域的停用词词表，一般停用词表中含有数十到数百个停用词，汉语的停用词表较英语可用资源少一些，对于特征项抽取时采用亚词级别的 n 元模型情况，应当先进行停用词过滤，然后再对文本内容进行 n 元模型构建，对于多词级别采用相邻词构成特征项的情况，也可先进行停用词去除。

除手工建立停用词词表外，还可采用统计方法，统计某一个特征项 t 在训练样本中出现的频率($n(t)$或 $tf(t)$)，当达到限定阈值后，则认为该特征项在所有类别或大多数文本中频繁出现，对分类没有贡献能力，因此作为停用词而被去除。

针对具体应用还可以建立相关领域的停用词表，或者用于调整领域的无关停用词表。例如，汉字的“的”字，通常可以作为停用词，但在某些领域，有可能“的”字是某个专有名词的一部分，这时就需要将其从停用词表中去除，或调整停用策略。

3.3.2 文档频率阈值法

文档频率阈值法(Document Frequency Threshold)用于去除训练样本集中出现频率较低的特征项，该方法也称 DF 法。对于特征项 t，如果包含该特征项的样本数 $n(t)$小于设定的阈值 δ，则去除该特征项 t，通过调节 δ 值能显著地影响可去除的特征项数。

文档频率阈值方法基于如下猜想：如果一个作者在写作时经常重复某一个词，则说明作者有意强调该词，该词同文章主题有较强的相关性，从而也说明这个词对标识文本类别的重要性；另外，不仅在理论上可以认为低频词和文本主题、分类类别相差程度不大，在实际计算中，低频词由于出现次数过低，也无法保证统计意义上的可信度。

语言学领域存在一个与此相关的统计规律——齐夫定律(Zipf Laws)，美国语言学家 Zipf 在研究英文单词统计规律时，发现将单词按照出现的频率由高到低排列，每个单词出现的频率 rank(t)与其序号 $n(t)$存在近似反比关系：

$$\text{rank}(t) \cdot \text{TF}(t) \approx C \tag{3-7}$$

中文也存在类似规律，对新浪滚动新闻的 133 577 篇新闻的分词结果进行统计，结果见图 3-2，其中 x 轴表示按照词频(特征项频率)逆序排列的序号，y 轴表示该特征项出现的次数。

这个规律说明，在训练样本集中大多数词低频出现(由于这一特点，这一语言规律也称为长尾(Long Tail)现象)，解释了文档频率阈值法只需不太大的阈值，就能够明显降低维数的原因。另外，对于出现次数较多的项，有可能属于停用词性质，应当去除。因此，对于汉语

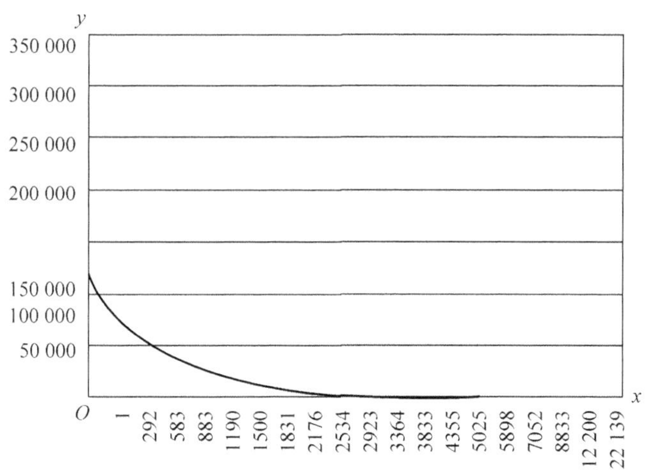

图 3-2 一个中文预料的齐夫定律现象验证

没有成熟的停用词词表，尤其对于网络内容安全相关的停用词表情况，单纯使用文档频率阈值法，会包含一些频率较高而对分类贡献较小的特征项。

3.3.3 TF-IDF

特征项频率——逆文本频率指数(Term Frequency-Inverse Document Frequency，TF-IDF)可以看作是文档频率阈值法的补充与改进。文档频率阈值法认为，出现次数很少的特征项对分类贡献不大，可以去除。TF-IDF 方法则结合考虑两个部分：第一部分认为，出现次数较多的特征项对分类贡献较大；第二部分认为，如果一个特征项在训练样本集中的大多数样本中都出现，则该特征项对分类贡献不大，应当去除。

一个直观的特例：如果一个特征项 t 在所有样本中都出现，这时有 $n(t)=n$，保留 t 作为特征，特征值采取二进制值表示方式时(特征出现时，特征值为 1；特征不出现时，特征值为 0)，则该特征没有任何分类贡献，因为对应任一样本，该特征项都取 1，所以应当去除该特征。

第一部分可以用 TF(t)来表示，第二部分采用逆文本频率指数来表示，一个特征项 t 的逆文本频率指数 IDF(t)由样本总数与包含该特征项文档数决定：

$$\mathrm{IDF}(t)=\lg\frac{n}{n(t)} \tag{3-8}$$

第一部分和第二部分都满足取值越大时，该特征对类别区分能力越强，取两者乘积作为该特征项 TF-IDF 值：

$$\text{TF-IDF}(t)=\mathrm{TF}(t)\cdot\mathrm{IDF}(t)=n(t)\cdot\lg\frac{n}{n(t)} \tag{3-9}$$

一般停用词第一部分取值较高，而第二部分取值较低，因此 TF-IDF 等价于停用词和文档频率阈值法两者的综合。

3.3.4 信噪比

信噪比(Signal-to-Noise Ratio，SNR)源于信号处理领域，表示信号强度与背景噪音的差值,如果将特征项作为一个信号来看待,那么特征项的信噪比可以作为该特征项对文本类别区分能力的体现。

信号背景噪声的计算,需要引入信息论中熵(Entropy)的概念,熵最初由克劳修斯在1864年提出并应用于热力学,1948年由香农引入信息论中,称为信息熵(Information Entropy)。其定义为:如果有一个系统 X,存在 c 个事件 $X=\{x_1,x_2,\cdots,x_c\}$,每个事件的概率分布为 $P=\{p_1,p_2,\cdots,p_c\}$,则第 i 个事件本身的信息量为 $-\lg(p_i)$,该系统的信息熵即为整个系统的平均信息量:

$$\text{Entropy}(X) = -\sum_{i=1}^{c} p_i \lg p_i \tag{3-10}$$

为方便计算,令 p_i 为 0 时,熵值为 0(即 0lg0),熵的取值范围是$[0,\lg c]$,当 X 以 100% 的概率取某个特定事件,其他事件概率为 0 时,熵取得最小值 0;当各事件的概率分布越趋于相同时,熵的值越大;当所有事件趋于可能性发生时,熵取最大值 $\lg c$。根据熵的概念,定义特征项的噪声:

$$\text{Noise}(t) = -\sum_{j=1}^{n} P(d_j,t)\lg P(d_j,t) \tag{3-11}$$

式中,$P(d_j,t)=\dfrac{\text{TF}_{d_j}(t)}{\text{TF}(t)}$ 表示了特征项 t 出现在样本 d_j 中的可能性,特征项 t 的噪音函数取值范围为$[0,\lg n]$,当特征项 t 集中出现在单个样本内时,取得最小值 0;当特征项 t 以等可能性出现在所有(n 个)样本中时,取得最大值 $\lg(n)$,这符合越集中在较少样本中,特征项为噪音可能性越小的直观认识,相应特征项 t 的信号值若用 $\lg\text{TF}(t)$ 来表示,可得信噪比计算公式:

$$\begin{aligned}\text{SNR}(t) &= \lg\text{TF}(t) - \text{Noise}(t) \\ &= \lg\text{TF}(t) + \sum_{j=1}^{n} P(d_j,t)\lg P(d_j,t)\end{aligned} \tag{3-12}$$

信噪比取值范围为$[0,\lg\text{TF}(t)]$,仅当特征项 t 在全部(n 个)样本中均出现 1 次时,取得最小值 0,表明这种情况下当前特征项是一个完全的噪音,没有任何分类贡献能力;当特征项 t 集中出现在一个样本内时,取得最大值 $\lg\text{TF}(t)$。

计算信噪比时未考虑样本所属类别。当特征项只出现在较少样本时,信噪比较高,如果这些文本基本属于同一类别,则表明该特征项是一个有类别区分能力的特征;如果不满足这种分布情况,则特征项的信噪比取值较大时也不表明其有较好的类别区分能力。

3.4 特征重构

特征重构以特征项集合为输入,利用对特征项的组合或转换生成新的特征集合作为输出,一方面,特征重构要求输出的特征数量要远远少于输入的数量,以达到降维目的;另一方面,转换后的特征集合应当尽可能地保留原有类别区分能力,以实现有效分类,与特征子集选择相比较,特征重构生成的新特征项不要求对应原有的特征项,新特征项可以是由原来单个或多个特征项经某种映射关系转换而成的。这种转换规则需要保存下来,以便于对新的样本也进行同样的转换，得到该样本所对应特征重构情况的表示形式。

特征重构有基于语义的方法，如词干与知识库方法；也有基于统计等的数学方法，如潜在语义索引。

3.4.1　词干

由于英文存在词形变化情况，词干方法（Stemming）在英文文本处理中应用较为广泛，从分类角度考查，这些变化对类别区分贡献较小，因此词干方法的目的是将变化的形式与其原形式合并为单个特征项，从而有效降低特征项维数，英文中这些变化通常表现为词的后缀部分的变化，因此实际常用的解决方式是采用简单保留词前面的主体部分（去除后缀），这样处理可以得到比较理想的结果，M. F. Porter 早在 1979 年就提出一种算法，并一直在其主页（http://wwwtartarus. org/～ martin/PorterStemmer/）上进行维护，先后完善了多种编程语言的实现。他对各种不同的词干算法进行了综述，并在原先基础上继续研究，认为进行词干处理对系统性能提高有限。

当采用 n 元模型作为特征项时，应当在构建 n 元模型前进行词干处理。

3.4.2　知识库

词干方法从词形变化方面进行降维，而知识库（Thesaurus）方法则从词义角度进行降维。自然语言中存在同义词和近义词现象，知识库可以构建这种关系的表达，以将其聚合在一起，从而实现降维。通常，知识库可以表示为一些词及这些词之间的关系。常用的关系有同义、近义方面，或者包含范围大小方面等关系。通用领域内研究较早、应用较为广泛的知识库，有面向英文的 WordNet（http://wordnet. princeton. edu/）与面向中文的“知网”（http://www. keenage. com/）。

知识库的构建往往需要手工建设，还需要维护更新，以便于添加新的、去除过时或修正错误内容等，以及根据具体的应用设定相应的各种映射规则。需要消耗大量人力，限制了知识库方式的自动实现程度与使用范围。

近年来，一种多人协作的写作方式 Wiki 发展迅速，Wiki 站点可以由多人（甚至任何访问者）维护，每个人都可以发表自己的意见，或者对共同的主题进行扩展及探讨，Wiki 指一种超文本系统，这种超文本系统支持面向社群的协作式写作，同时包括一组支持这种写作的辅助工具，以 Wikipedia（http://zh. wikipedia. org/）为代表的 Wiki 网站，已经达到相当数量的信息积累，不仅在更新速度、信息容量方面比以往的个人维护或专家集体创作的百科全书有明显优势，而且在信息质量方面也经受了实践的检验与认可。利用 Wiki 来辅助自然语言处理及文本分类，也有相关研究，它是知识库方式的新形势，且有较大的实际意义。

3.4.3　潜在语义索引

20 世纪 80 年代 M. W. Berry 和 S. T. Dumais 提出了一种新的信息检索模型：潜在语义索引（Latent Semantic Indexing，LSI）模型。该模型对利用向量空间模型（Vector Space Model，VSM）表示文本时遇到的困难问题进行回答，很快在信息检索、信息过滤、特征降维等领域获得广泛应用,并有多种 LSI/SVD 实现。

VSM 将一篇文本表示为向量空间中的一个向量,不仅比复杂的语义表示结构易于实现,而且适合作为信息检索,用于机器学习领域的输入形式。因此,它作为文本表示的基础模型而得以广泛应用。然而 SVM 模型认为,各特征项之间独立分布(不相关),这一要求在自然语言领域内往往无法得到保证。以词为例,各个词之间并不是毫无关系,而是关系极为复杂(简单的,如存在一词多义和多词同义、近义现象),从理论上来说,若能将多义词按照不同含义分为多个特征项,将多个同义词合并为一个特征项,对于信息过滤和文本分类等应用会产生正面影响,在实际应用中,并不容易正确区分各种同义和多义现象,而且对于更复杂的词之间的关系,也没有简单的一分为多或多合为一的直观解决方法。可以说,这些是知识库方法面临的另外一个实用性限制。

LSI 模型则以大规模的语料为基础,通过使用线性代数中对矩阵进行奇异值分解(Singular Value Decomposition,SVD)的方法,实现了一种词与词之间潜在语义的表示方式,同时,克服了手工构建知识库耗费大量人力物力以及难以表达显式关系等缺点。

矩阵进行奇异值分解过程:设 $\boldsymbol{A}$ 是秩为 r 的 $m\times n$ 矩阵,则存在 m 阶正交矩阵(正交矩阵是指转置矩阵为自身逆矩阵的方阵)$\boldsymbol{U}$ 和 n 阶正交矩阵 $\boldsymbol{V}$,使 $\boldsymbol{A}$ 可分解为 $\boldsymbol{A}=\boldsymbol{U}\Sigma\boldsymbol{V}^{\mathrm{T}}$,其中 $\boldsymbol{V}^{\mathrm{T}}$ 表示短阵 $\boldsymbol{V}$ 的转置矩阵;$\boldsymbol{\Sigma}$ 为对角矩阵,$\boldsymbol{\Sigma}=\mathrm{diag}(\sigma_1,\sigma_2,\cdots,\sigma_r,0,\cdots,0)$,且有 $\sigma_1\geqslant\sigma_i\geqslant\sigma_r$。$\sigma_i(i=1,2,\cdots,r)$为矩阵 $\boldsymbol{A}$ 的奇异值。$\boldsymbol{U}$,$\boldsymbol{V}$ 的列向量,分别称为 $\boldsymbol{A}$ 的左、右奇异向量。

SVD 分解可以用于求解原矩阵 $\boldsymbol{A}$ 的近似矩阵。方法是选择一个 k 值($k<r$),$\boldsymbol{\Sigma}$ 只保留前 k 个比较大的奇异值组成新的对角阵$\boldsymbol{\Sigma}_k$(保留奇异值从大到小顺序),$\boldsymbol{U}$ 和 $\boldsymbol{V}$ 只保留前 k 列,分别记为 $\boldsymbol{U}_k$,$\boldsymbol{V}_k$,则通过计算 $\boldsymbol{U}_k\boldsymbol{\Sigma}_k\boldsymbol{V}_k^{\mathrm{T}}$ 得到 $\boldsymbol{A}$ 的近似矩阵 $\boldsymbol{A}_k$,如图 3-3 所示。

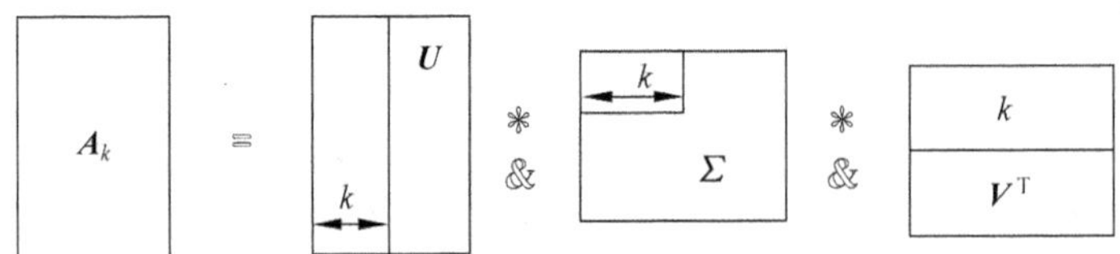

图 3-3 $\boldsymbol{A}_k$ 的计算示意图

新矩阵 $\boldsymbol{A}_k$ 是 $\boldsymbol{A}$ 的一个 k 秩近似矩阵,它在最小平方意义下最接近原矩阵,潜在语义索引认为 $\boldsymbol{A}_k$ 包含了 $\boldsymbol{A}$ 的主要结构信息,而忽略那些数值很小的奇异值,从而实现降维。对于文本分类问题来说,矩阵 $\boldsymbol{A}$ 表示特征项-样本矩阵,每一个列向量表示一个样本中各特征项的权重,行向量表示一个特征项在各文本中的权重,通过 SVD 分解,特征项-样本矩阵从 $\boldsymbol{A}$ 转换为 $\boldsymbol{A}_k$ 从而实现了降维,不仅去除了对分类影响很小的特征项,而且近似的特征项被合并。如同义词,在 k 维空间中有相似的表示,并且出现在相似文档中的特征项也是近似的,即使它们并未出现在同一个文档中,原向量空间模型中文档 $\boldsymbol{d}$ 经过 LSI 模型转换为$\hat{\boldsymbol{d}}$,转换公式为

$$\hat{\boldsymbol{d}}=\boldsymbol{d}^{\mathrm{T}}\boldsymbol{U}_k\boldsymbol{\Sigma}_k^{-1} \tag{3-13}$$

LSI 构造了特征项之间潜在的语义关系空间,下面以一个实例说明具体的计算过程,其训练数据来自 SIAM review 的一篇书评文章中的书名,如表 3 2 所示。

表 3-2　SIAM review 书评中所涉及书名

书编号	书　名
B1	*A Course on IntegralEquations*
B2	*Attractors for Semigroups and Evolution Equations*
B3	*Automatic Differentiation of Algorithms: Theory, Implementation, and Application*
B4	*Geometrical Aspects of PartialDifferentialEquations*
B5	*Ideals, Varieties, and Algorithms-An Introduction to Computational Algebraic Geometry and Commutative Algebra*
B6	*Introduction to Hamiltonian Dynamical Systems and the N-Body Problem*
B7	*Knapsack Problems: Algorithms and Computer Implementations*
B8	*Methods of Solving Singular Systems of OrdinaryDifferentialEquations*
B9	*Nonlinear Systems*
B10	*OrdinaryDifferentialEquations*
B11	*OscillationsTheory for Neutral DifferentialEquations with Delay*
B12	*OscillationsTheory of DelayDifferentialEquations*
B13	*Pseudodifferential Operations and NonlinearPartialDifferentialEquations*
B14	*Sinc Methods for Quadrature and DifferentialEquations*
B15	*Stability of Stochastic DifferentialEquations with Respect to Semi-Martingales*
B16	*The Boundary Integral Approach to Static and Dynamic Contact Problems*
B17	*The Double Mellin-Barnes Type Integrals and their Applications to Convolutions Theory*

其中有下画线的词，表明其至少在两本书的书名中出现过，去除只出现一次的低频词，组成特征项-文本矩阵，如表 3-3 所示。

表 3-3　16×17 维特征项-文本矩阵

特　征　词	文	本															
	B1	B2	B3	B4	B5	B6	B7	B8	B9	B10	B11	B12	B13	B14	B15	B16	B17
Algorithms	0	0	1	0	1	0	1	0	0	0	0	0	0	0	0	0	0
Application	0	0	1	0	0	0	0	0	0	0	0	0	0	0	0	0	1
Delay	0	0	0	0	0	0	0	0	0	0	1	1	0	0	0	0	0
Differential	0	0	0	1	0	0	0	1	0	1	1	1	1	1	1	0	0
Equations	1	1	0	1	0	0	0	1	0	1	1	1	1	1	1	0	0
Implementation	0	0	1	0	0	0	1	0	0	0	0	0	0	0	0	0	0
Integral	1	0	0	0	0	0	0	0	0	0	0	0	0	0	0	1	1
Introduction	0	0	0	0	1	1	0	0	0	0	0	0	0	0	0	0	0
Methods	0	0	0	0	0	0	0	1	0	0	0	0	0	1	0	0	0
Nolinears	0	0	0	0	0	0	0	0	1	0	0	0	1	0	0	0	0
Odinary	0	0	0	0	0	0	0	1	0	1	0	0	0	0	0	0	0
Oscillation	0	0	0	0	0	0	0	0	0	0	1	1	0	0	0	0	0
Partial	0	0	0	1	0	0	0	0	0	0	0	0	1	0	0	0	0
Problem	0	0	0	0	0	1	1	0	0	0	0	0	0	0	0	1	0
Systems	0	0	0	0	0	1	0	1	1	0	0	0	0	0	0	0	0
Theory	0	0	1	0	0	0	0	0	0	0	1	1	0	0	0	0	1

对表 3-3 所表示的特征项-文本矩阵进行奇异值分解，只保留最大的两个奇异值($k=2$)，得到 $\boldsymbol{U}_k$，$\boldsymbol{\Sigma}_k$，为

$$\boldsymbol{U}_k=\left\{\begin{matrix} 0.0159 & -0.4317 \\ 0.0266 & -0.3756 \\ 0.1785 & -0.1692 \\ 0.6014 & 0.1187 \\ 0.6691 & 0.1209 \\ 0.0148 & -0.3603 \\ 0.0520 & 0.1120 \\ 0.1503 & 0.1127 \\ 0.0813 & 0.0672 \\ 0.1503 & 0.1127 \\ 0.1785 & -0.1692 \\ 0.1415 & 0.0974 \\ 0.0105 & -0.2363 \\ 0.0952 & 0.0399 \\ 0.2051 & -0.5448 \end{matrix}\right. \quad \boldsymbol{\Sigma}_k=\begin{pmatrix} 4.431\,40 & 0 \\ 0 & 0.275\,82 \end{pmatrix}$$

以信息检索方面的应用为例，一个查询 $\boldsymbol{q}$ 为 Application Theory，对应原始向量空间模型为 $\boldsymbol{q}=[0\ 1\ 0\ 000\ 000\ 0\ 0\ 0\ 0\ 0\ 0\ 1]$，利用查询 $\boldsymbol{q}$ 从原来的 17 本书中查询相关书的问题可以转化为如下问题：即认为查询 $\boldsymbol{q}$ 也是一本书(或者说是书名，因为例子中以书名代表书的内容)，任务就转换为判断有哪些书和 $\boldsymbol{q}$ 比较近似。根据式(3-13)进行降维，结果为$\hat{\boldsymbol{q}}=\boldsymbol{q}^{\mathrm{T}}\boldsymbol{U}_k\boldsymbol{\Sigma}_k^{-1}=[0.0511,-0.3337]$。至此，就完成了 $\boldsymbol{q}$—$\hat{\boldsymbol{q}}$的降维过程，然后根据余弦相似度即可计算和各文档之间的相似程度。

LSI 模型有着良好的降维性能，对特征项之间的潜在关系有着优秀的表达能力，这是 LSI 的优点所在。LSI 模型也存在一些在应用时需要注意的不足之处，如转换结果不直观、矩阵分解运算量大、动态更新需重新运算等。随着 LSI 相关研究的深入，部分不足正逐渐得以解决，如奇异值分解的并行算法有助于实现更大规模的矩阵奇异值分解。

3.5 向量生成

上述特征项抽取及特征选择环节回答了文本表示的一个基本问题：选择适合作为表示文本的特征项集合；而向量生成(Vector Generation)环节回答了文本表示的另一个基本问题：给这些特征项赋予合适的权重，与向量生成相关的一些参数定义：设共有 m 项($t_1,\cdots,t_m$)特征，对给定样本 $\boldsymbol{d}$，由每一个特征出现的频率次数组成特征频率向量 $\boldsymbol{DT}_F=(\boldsymbol{TF}_d(t_1),\cdots,\boldsymbol{TF}_d(t_m))^{\mathrm{T}}$，其中 $\boldsymbol{TF}_d(t_i)$ 表示特征 t_i 在样本 $\boldsymbol{d}$ 中出现的次数，向量生成环节研究在此基础上的权重向量 $\boldsymbol{d}=(\boldsymbol{w}(\boldsymbol{d},t_1),\cdots,\boldsymbol{w}(\boldsymbol{d},t_m))^{\mathrm{T}}$。

Salton 认为，一个样本中某特征项的权重由局部系数、全局系数和正规化系数 3 部分组成。即

$$\boldsymbol{w}(\boldsymbol{d},\boldsymbol{t})=\frac{\boldsymbol{w}_1(\boldsymbol{d},\boldsymbol{t})\boldsymbol{w}_g(\boldsymbol{t})}{\boldsymbol{w}_n(\boldsymbol{d})}$$

3.5.1　局部系数

局部系数(Local Component)$w_l(\boldsymbol{d},\boldsymbol{t})$,表示特征 $\boldsymbol{t}$ 对当前样本 $\boldsymbol{d}$ 的直接影响,一般认为在样本 $\boldsymbol{d}$ 中一个特征 $\boldsymbol{t}$ 出现的次数越多,则 $\boldsymbol{t}$ 对 $\boldsymbol{d}$ 的影响越大,常用局部系数方式见表 3-4。

表 3-4　常用局部系数

简记	计 算 方 法	说　　明
n	$\boldsymbol{w}_l(\boldsymbol{d},\boldsymbol{t})=\boldsymbol{TF}_{\boldsymbol{d}}(\boldsymbol{t})$	n 表示无转换(No Conversion)
b	$\boldsymbol{w}_l(\boldsymbol{d},\boldsymbol{t})=\begin{cases}1,\boldsymbol{TF}_{\boldsymbol{d}}(\boldsymbol{t})>0\\0\end{cases}$	二进制值表示(Binary Term Indicator)
m	$\boldsymbol{w}_l(\boldsymbol{d},\boldsymbol{t})=\dfrac{\boldsymbol{TF}_{\boldsymbol{d}}(\boldsymbol{t})}{\boldsymbol{TF}_{\boldsymbol{d}}(t_{\max})}$	$t_{\max}$ 表示样本 $\boldsymbol{d}$ 中单个特征出现最多的次数
a	$\boldsymbol{w}_l(\boldsymbol{d},\boldsymbol{t})=\dfrac{1}{2}+\dfrac{1}{2}\dfrac{\boldsymbol{TF}_{\boldsymbol{d}}(\boldsymbol{t})}{\boldsymbol{TF}_{\boldsymbol{d}}(t_{\max})}$	增大(Augment)m 方式结果,m 方式的变形,由[0,1]至[0.5,1]
l	$\boldsymbol{w}_l(\boldsymbol{d},\boldsymbol{t})=\begin{cases}1+\lg\boldsymbol{TF}_{\boldsymbol{d}}(\boldsymbol{t}),\boldsymbol{TF}_{\boldsymbol{d}}(\boldsymbol{t})>0\\0\end{cases}$	对数(Logarithm)运算

3.5.2　全局系数

全局系数(Global Component)$\boldsymbol{w}_g(\boldsymbol{t})$考虑特征 $\boldsymbol{t}$ 在整个训练样本中的重要性,包含特征 $\boldsymbol{t}$ 的文档数较少时,特征 $\boldsymbol{t}$ 比较有分类区分能力,应给予较大权重。常用全局系数方式见表 3-5。

表 3-5　常用全局系数

简记	计 算 方 法	说　　明
t	$\boldsymbol{w}_g(\boldsymbol{t})=\log\dfrac{\boldsymbol{n}}{\boldsymbol{n}(\boldsymbol{t})}$	即 TF-IDF 中 IDF
p	$\boldsymbol{w}_g(\boldsymbol{t})=\log\dfrac{\bar{\boldsymbol{n}}}{\boldsymbol{n}(t)}$	$\bar{\boldsymbol{n}}=\boldsymbol{n}-\boldsymbol{n}(\boldsymbol{t})$,$\boldsymbol{t}$ 方式的变形
n	$\boldsymbol{w}_g(\boldsymbol{t})=1$	不考虑全局因素

3.5.3　规范化系数

规范化系数(Normalization Component)用于调节权重的取值范围,一种常见的方式是将所有的权重向量的取值范围映射到[0,1]区间。常用规范化系数方式见表 3-6。

表 3-6　常用规范化系数

简记	计 算 方 法	说　　明
n	$\boldsymbol{w}_n(\boldsymbol{d})=1$	不考虑规范化系数
s	$\boldsymbol{w}_n(\boldsymbol{d})=\sum_{i=1}^{m}\boldsymbol{w}_1(\boldsymbol{d},t_i)\boldsymbol{w}_g(\boldsymbol{d},t_i)$	单个样本的所有权重之和调节为 1
c	$\boldsymbol{w}_n(\boldsymbol{d})=\sqrt{\sum_{i=1}^{m}(\boldsymbol{w}_1(\boldsymbol{d},t_i),\boldsymbol{w}_g(\boldsymbol{d},t_i))^2}$	单个样本所有权重的平均和为 1

3.6　文本内容分析

虽然可以不断提高文本表示模型的效率，但每个文本都是由大量的特征所组成的这一事实导致文本表示维数会达到数十万维的大小，对将要进行的文本内容分析可能带来灾难性的计算时间指数增长，而产生的特征子集分类结果与小得多的特征子集相近。因此，减少文本特征的维数至关重要。本节分别从语法、语义和语用三个方面进行文本内容分析，为展开文本内容安全应用研究打好基础。

3.6.1　文本语法分析方法

文本语法分析(Text Grammar Analysis)是指通过语言模型或语法模型来处理文本的过程，包括隐马尔科夫(Hidden Markov Model，HMM)词性标注、最大熵(Maximum Entropy，ME)命名实体识别和N元语法模型(N-gram)等。

1. HMM模型词性标注

当马尔科夫模型中的状态对于外界来说不可见的时候，就转换成隐马尔科夫模型(HMM)。一般来说，HMM是一种随机模型，适合非常随机序列，具有统计特性，可以用于处理多个不同平稳状态过程中的随机转移。HMM是一个双重随机过程，其中的一重随机过程是描述基本的状态转移，而另一重随机过程是描述状态与观察之间的对应关系。HMM适合序列标注问题，即给定一个观察序列$X=\{x_1,x_2,\cdots,x_m\}$，求出最适合这个观察序列的标记序列$Y=\{y_1,y_2,\cdots,y_m\}$，使得条件概率$p(Y|X)$最大。HMM中，条件概率通过贝叶斯原理变换后求得

$$p(X \mid Y)=\frac{p(Y)p(X \mid Y)}{\sum_{Y} p(Y)p(X \mid Y)} \tag{3-14}$$

在序列标注任务中，X是一个给定的观察序列，式(3-14)中的分母对所有的X相同，因此可以不予考虑，同时应用联合公式可得

$$Y^{*}=\underset{Y}{\operatorname{argmax}}\, p(Y \mid X)=\underset{Y}{\operatorname{argmax}} \frac{p(X)p(Y \mid X)}{p(X)}=\underset{Y}{\operatorname{argmax}}\, p(X,Y) \tag{3-15}$$

即隐马尔科夫模型实质上是求解一个联合概率。式(3-15)中编辑序列Y即可作为一个马尔科夫链，进一步对式(3-15)应用乘法公式：

$$\begin{aligned} p(x_{1,m},y_{1,m}) &= \prod_{i=1}^{m} p((x_i,y_i) \mid x_{1,i-1},y_{1,i-1}) \\ &= \prod_{i=1}^{m} p(x_i \mid x_{1,i-1},y_{1,i})p(y_i \mid x_{1,i-1},y_{1,i-1}) \end{aligned} \tag{3-16}$$

式(3-16)中，$x_{1,i}=x_1,x_2,\cdots,x_i$，$y_{1,i}=y_1,y_2,\cdots,y_i$，$1\leqslant i\leqslant m$。式(3-16)给出了不作任何假设的理想化的序列标注的概率模型。序列标注的任务便是寻找一个最佳的标注序列$\hat{Y}$，使得式(3-16)最大，即

$$\hat{Y}=\underset{Y}{\operatorname{argmax}}\, p(Y \mid X)$$

$$= \underset{Y}{\operatorname{argmax}} \prod_{i=1}^{m} p(x_i \mid x_{1,i-1}, y_{1,i}) p(y_i \mid x_{1,i-1}, y_{1,i-1}) \tag{3-17}$$

式(3-17)虽然反映了理想状况下标注序列的模型，但是在求解该模型时需要估计的参数空间太大，无法完成操作。为此，隐马尔科夫模型作如下假设。

假设一：标注的 y_i 出现只和有限的前 $N-1$ 个标记相关，即 n-pos 模型：

$$p(y_i \mid x_{1,i-1}, y_{1,i-1}) \approx p(y_i \mid y_{1,i-1}) \approx p(y_i \mid y_{i-N+1}, y_{i-N+2}, \cdots, y_{i-1}) \tag{3-18}$$

如果 $N=2$，则是常用的一阶隐马尔科夫模型。

假设二：一个观察值 x_i 的出现不依赖于前面的任何观察值，只依赖于前面的标记，并进一步假设只和该观察值的标记 y_i 相关，即

$$p(x_i \mid x_{1,i-1}, y_{1,i}) \approx p(x_i \mid y_{1,i}) \approx p(x_i \mid y_i) \tag{3-19}$$

由式(3-18)和式(3-19)可以将一阶隐马尔科夫模型式(3-17)重写如下：

$$p(Y \mid X) = \prod_{i=1}^{m} p(y_i \mid y_{i-1}) p(x_i \mid y_i) \tag{3-20}$$

其中，$p(x_i|y_i)$被称为发射概率，$p(y_i|y_{i-1})$被称为转移概率。

隐马尔科夫模型有 3 个基本问题：

(1) 估值问题。假设已有一个 HMM，其转移概率和发射概率均已知。如何计算该模型产生某一个观测序列的概率。

(2) 解码问题。假设有一个 HMM 和它所产生的一个观察序列，决定最有可能产生这个观测序列的隐状态序列。

(3) 学习问题。怎样调整现有的模型参数，使其描述给定观察序列最佳，即使得给定观察序列概率最大。

对于以上 3 个问题的行为，衍生出了 5 个算法。这 5 个算法都是动态规划算法。在实际使用 HMM 模型的时候，模型的转移概率和发射概率的估计方式通常有两种：无指导的 Baum Welch 重估算法(即 Forward-Backward 算法)和有指导的极大似然估计方法(MLE)。对于 HMM 进行序列标记而言，最后为了字节最好的一个标记序列，需要对所有可能的路径寻优，即解码。常用的解码方法是 Viterbi 算法。

2. ME 模型

最大熵(ME)模型是通过求解一个有条件约束的最优化问题来得到概率分布的表达式。假设现有 n 个学习样本$(x_1, y_1), (x_2, y_2), \cdots, (x_n, y_n)$，其中 x_i 是由 k 个属性特征构成的样本向量 $x_i = \{x_{i1}, x_{i2}, \cdots, x_{ik}\}$，$y_i$ 是类别标记 $y_i \in Y$。所要求解的问题是：在给定一个样本 x 的情况下，其最佳的类别标记是什么。

最大熵的目标函数被定义如下：

$$H(p) = -\sum \tilde{p}(x) p(y \mid x) \log p(y \mid x) \tag{3-21}$$

式(3-21)即为条件熵，也就是说最大熵模型要求信息系统的目标状态的条件熵取得最大值，同时要求满足下述两个条件：

$$P = \{p \mid E_p f_i = E_{\tilde{p}} f_i, 1 \leqslant i \leqslant k\} \tag{3-22}$$

$$\sum_y p(y \mid x) = 1 \tag{3-23}$$

式中 f_i 是定义在样本集上的特征函数，$E_p f_i$ 表示特征 f_i 在模型中的期望值，$E_{\tilde{p}} f_i$ 表示特

征 f_i 在训练集上的经验期望值。两种期望分别定义如下：

$$\begin{cases} E_p f_i = \sum_{C,h} \tilde{p}(x) p(y \mid x) f_i(y,x) \\ E_{\tilde{p}} f_i = \sum_{C,h} \tilde{p}(y,x) f_i(y,x) = \frac{1}{N} \sum f_i(y,x) \end{cases} \tag{3-24}$$

$$f_i(y,x) = \begin{cases} 1 & \text{if } y = y' \text{ and } h(x) = \text{TRUE} \\ 0 & \text{else} \end{cases} \tag{3-25}$$

其中 $h(x)$ 为谓词函数，其类型的个数和系统特征模板的类型个数相等。通过对式(3-21)、式(3-22)和式(3-23)进行拉格朗日变换，求出满足条件极值的概率：

$$p(y \mid x) = \frac{1}{z(x)} \exp\Big(\sum_i \lambda_i f_i(y,x)\Big) \tag{3-26}$$

$$z(x) = \sum_c \exp\Big(\sum_i \lambda_i f_i(y,x)\Big) \tag{3-27}$$

λ_i 是特征 f_i 对应的拉格朗日系数，只能通过数值计算方法求得。在最大熵模型中，最多被使用的参数估计是 GIS (Generalize Iterative Scaling)算法，在实践中，为了计算方便，需要把指数形式变换为对数形式，所以最大熵模型也是对数线性模型的一种。

最大熵模型本身是分类模型，在解决序列标注问题时，需要辅以一定的搜索策略。最大的序列标注方法可采用顺序标注，即假设标注序列 $\{t_1, t_2, \cdots, t_n\}$，则在利用分类方法标注 t_1 后，顺序标记 $t_2, t_3, \cdots, t_n$。然而这种标注方法往往没有考虑 t_{i+1} 的变化对于 t_1 的影响。实质上，对于序列标注，若能考虑标注序列内部标记的影响，往往能够获得更好的标注效果。给定一个句子，包含 n 个词，分别为 $\{w_1, w_2, \cdots, w_n\}$，一个对应的标注序列 $\{t_1, t_2, \cdots, t_n\}$ 的条件概率为

$$p(t_1, \cdots, t_n \mid w_1, \cdots, w_n) = \prod_{i=1}^{n} p(t_i \mid h_i) \tag{3-28}$$

其中 h_i 是第 i 个词 w_i 所对应的上下文环境。从式(3-28)可以看出，处理序列标注问题，可以枚举出对应句子的所有标注序列的候选，并且将输出的概率值最大的一个标注序列作为答案。常见的搜索算法主要有 Viterbi 算法，另外就是 Beam Search 算法。Beam Search 算法其实质是一个宽度优先搜索(Breadth First Search)。为了避免搜索过程中的组合爆炸问题，对每一步后续的所有候选中，只有前 K 个最优的候选进行扩展，其他的通过剪枝处理掉。

3. N-gram 模型

N-gram 模型是目前各种统计计算方法中应用最普遍且效果最好的基于离散 Markov 的模型。n 取 2 和 3 时分别叫 Bi-Gram 和 Tri-Gram。N-Gram 统计计算语言模型的思想是：一个单词的出现与其上下文环境(Context)中出现的单词序列密切相关，第 n 个词的出现只与前面 $n-1$ 个词相关，而与其他任何词都不相关，设 $W_1 W_2 \cdots W_n$ 是长度为 n 的字串，则字串 W 的似然度用方程表示如下：

$$p(W) = p(W_i \mid W_{i-n+1} W_{i-n+2} \cdots W_{i-1}) \tag{3-29}$$

式(3-29)表明，在 N-Gram 中，每一个词出现的概率仅仅与前面 $n-1$ 个最近词有关，根据离散 Markov 模型的定义可知，它相当于 $n-1$ 阶 Markov 模型。当 $p(W)$ 的值超过一定的阈值时，表明这 n 个字的结合能力强，可以认为它们是一个词。

根据大数定理,可以通过统计大量训练(学习)样本中字串 $W_{i-n+1}W_{i-n+2}\cdots W_{i-1}W_i$ 的出现次数 $f(W_{i-n+1}W_{i-n+2}\cdots W_{i-1}W_i)$来计算。

$$p(W_i \mid W_{i-n+1}W_{i-n+2}\cdots W_{i-1}) \approx \frac{f(W_{i-n+1}W_{i-n+2}\cdots W_{i-1}W_i)}{\sum_{W_i} f(W_{i-n+1}W_{i-n+2}\cdots W_{i-1}W_i)} \tag{3-30}$$

不难看出,为了预测词 W_n 的出现概率,必须知道它的前面所有词的出现概率。从计算上来看,这种方法太复杂了。如果任一词 W_i 的出现概率只同它前面的两个词有关,问题就可以得到极大的简化。这时的语言模型叫作 Tri-gram 模型。

$$p(W) \approx p(W_1)p(W_2 \mid W_1) \prod_{i=3,\cdots,n} p(W_i \mid W_{i-2}W_{i-1}) \tag{3-31}$$

符号概率 $\prod_{i=3,\cdots,n} p(W_i \mid W_{i-2}W_{i-1})$ 表示连乘。一般来说,N 元模型就是假设当前词的出现概率只与同它前面的 $N-1$ 个词有关。重要的是,这些概率参数都是可以通过大规模语料库来计算的。比如 3 元概率有

$$p(W_i \mid W_{i-2}W_{i-1}) \approx \frac{\text{count}(W_{i-2}W_{i-1}W_i)}{\text{count}(W_{i-2}W_{i-1})} \tag{3-32}$$

式中 count()是词频函数,表示一个特定词在整个语料库中出现的统计次数。

统计语言模型有点像天气预报中使用的概率方法,用来估计概率参数的大规模语料库好比一个地区历年积累起来的气象记录。例如,用 3 元模型来进行天气预报,就如同是根据前两天的天气情况来预测当天的天气情况。天气预报虽然没有做到百分之百准确,但是其高效的预测已经成为实用的生活助手。因此,采用 3 元统计模型实现词频统计是一种常用的方法。

3.6.2 文本语义分析方法

文本语义分析(Text Semantic Analysis)是将句子转化为某种可以表达句子意义的形式化表示,即将人类能够理解的自然语言转化为计算机能够理解的形式语言,做到人与机器相互沟通。语义分析解决的是句中的词、短语直至整个句子的语义的问题,通过语义分析找出语义、结构意义及其结合意义,从而确定语言所表达的真正含义或概念。语义分析方法包括词义消歧、信息抽取和感情倾向性分析内容。

1. 词义消歧

词义消歧(Word Sense Disambiguation)是对多义词根据上下文给出它所对应的语义编码,该编码可以是词典释义文本中该词所对应的某个义项号,也可以是义类词典中相应的义类编码。词义消歧在自然语言处理的许多方面都有很重要的用途。汉语多义词(歧义词)在词典中只占总词语量的 10%左右,大约有 8000 个多义词。目前词义消歧的主要对象是多义实词,主要是名词、动词、形容词三大类,其中,动词在实词词义消歧中占有特殊地位。

利用机器学习理论进行词义消歧的方法可以分为两种:有指导方法和无指导方法。这种划分的依据基于该方法是否利用了手工标注语料。有指导的词义消歧模型需要事先对训练语料进行歧义标注,而无指导的方法没有此要求。在有指导词义消歧方面,刘亚涛等人提出了一种基于义原同现有频率的汉语词义无指导消歧方法。

1）有指导的词义消歧

词义消歧需要根据上下文语境来确定正确的词义，这是一个典型的分类问题。设词条 w 有 n 个词义 $\{S_1, S_2, \cdots, S_n\}$，上下文语境为 C，词义消歧的任务就是根据上下文 C 来确定正确的词义 S'：

$$S' = \text{argmax}\ P(S_i/C) \tag{3-33}$$

因此在现有指导的词义消歧中，很多机器学习方法用于其中，如贝叶斯分类器、决策树和决策表算法、最大熵模型以及支持向量机等。特征选择也是对有指导的词义消歧中的重要步骤，特征选择就是在一定的上下文语境 C 中选择最有效的消歧特征。词义消歧研究中用到的上下文特征主要是以下 4 个层面：话题、词汇、句法和语义。

话题层面的消歧特征主要是用于一定上下文中的词来表示，即词袋（Bag of Words，BOW）。词汇层面的消歧特征主要有局部词（LW）、局部词性（POS）、局部（CON）等。话题层面和词汇层面的消歧特征来自于句子的表层信息，只需要进行基本的词语切分和词性标注即可方便地获得，而且也可以得到较高的消歧准确率，可称为词义消歧的基本特征。有指导词义消歧的研究中一般都要使用这两类特征，只有在具体运用时会稍有变化，例如词袋是否包括虚词等。

句法层面的消歧特征主要是句法结构信息。词义消歧常用的句法信息包括：是否带有主语、主语的中心词；是否带有宾语、宾语的短语类、宾语的中心词；是否带有 VP 类补语；是否在句法关系的基础上加上了语义类信息。有研究表明，将人工标注的语义角色（Semantic Role）用于词义消歧时，消歧准确率在句法特征的基础上又提高了约 3%。句法特征和语义特征确实可以提高词义消歧准确率，但需要付出的前期劳动却是巨大的。句法特征的获取需要一个高效的句法分析器，语义特征的获取需要一个高效的稳定语义角色标注器。另外，高效的句法分析器和语义角色标注器一定程度上又依赖于高效的词义标注器。

2）无指导的词义消歧

为解决消歧知识获取瓶颈的问题，无指导的词义消歧方法需要从无人工标注的资源中挖掘可用于词义消歧的信息。那么，具体需要什么信息？这些信息从哪里来？如何才能得到这些信息？这些都是无指导方法必须要考虑的问题。

从词义消歧任务的实际效果来看，无指导方法的性能较有指导及半指导方法的性能要差。但是由于其无须人工标注的训练语料，在性能提高到一定程度的时候却更有希望能够进行大规模应用。

无指导方法所获得知识的来源大体有：单语料库、双（多）语料库、词典以及 Web 等。目前无指导方法已经逐渐体现出多种知识源合用的趋势，特征是单独利用词典的无指导方法已经不多见。无指导的消歧方法依据所用资源大致可以分为 4 种：自动聚类词义辨析的方法、自动获取标记语料的方法、双语料法及基于 Web 的方法。从各类无指导词义消歧方法的分析中可以发现，由于首要问题是如何从含“隐性知识”的知识源中得到“显性知识”，而后再针对“显性知识”进行利用，因此，该类方法最关键的问题是知识获取及利用方法。

3）词义消歧算法

一般认为，词语的不同意义在句法组合上会显现差异，当今的词汇语义研究主要根据词语的句法分布来分析词义。本小节采用《现代汉语语法信息词典》进行词义消歧，该词典以复杂特征集为形式手段、以词类为纲，描述了词语不同意义的组合特征。例如，动词“保管”

的属性特征描述如表 3-7 所示。

表 3-7 《现代汉语语法信息词典》中"保管"的属性特征描述

词语	同形	释义	体谓准	动趋	动介	着了过	重叠	aabb	备注
保管	①	保藏,管理	体	趋	在	着了过	ABAB		～粮食
保管	②	担保,有把握	谓						～甜

"词语、同形、体谓准……"都是属性名(Attribute),"保管、①、谓……"是相对应的属性值(Value)。表 3-7 清晰地展示出了"保管①"和"保管②"在句法组合上的差异,借此差异可正确分辨出同形。例如下面的句子:

这份资料你先保管着,下午再交。

"保管①"的属性"着了过=着了过","保管②"的属性"着了过=否",由此可判定例句中是保管①。对于一个词条的多个同形条目,同一个属性字段相异的取值即构成同形词之间的区别特征(Distinguish Features)。例如,对于"保管","着了过=着了过"构成"保管①"区别于"保管②"的一个属性特征,"体谓准=谓"构成"保管②"区别"保管①"的一个属性特征。词语 W 可区分为 n 个同形 $S_1,S_2,\cdots,S_n(n>1)$,同形 S_i 用复杂特征集来描述:

$$S_i\begin{bmatrix} f_1 = v_1 \\ f_2 = v_2 \\ \vdots \\ f_m = v_m \end{bmatrix}(m \geqslant 1) \tag{3-34}$$

词语 W 的不同同形 S_i,S_j 存在相同的属性特征 f_k,设 $S_i(f_k=v_{ki})$,$s_j(f_k=v_{kj})$,若$v_{ki}\neq v_{kj}$,则称 $f_k=v_{ki}$是对 S_i 的区别特征,对应的 $f_k=v_{ki}$是 S_j 对 S_i 的区别特征。

基于词条语法属性的词义消歧的基本思路是:检查待消歧的目标多义词所在的上下文是否满足字典中特定同形的属性特征约束,若满足,则确定为该同形的意义。上下文语境是词义消歧的知识来源,语境范围的选取会影响到消歧的效率。本小节以多义词所在句子作为上下文语境范围,词义消歧算法描述如图 3-4 所示。

算法 WSD:词义消歧算法

输入:待消歧的词条

输出:消歧后的词条

① 依据《现代汉语语法信息词典》,对每一个多义词 W,比较不同同形的属性特征进而找出相互之间的肯定性区别特征,对每一个同形 S_i,以 $f_k=v_{ki}$ 的形式列出其肯定区别特征,对每一个多义词 W 生成一个属性特征文件 W_Lex_Rule(如上文"保管.txt");

② 定位目标多义词 W,以句子范围作为上下文语境 C;

③ 对 W 的不同同形赋值 S_i · Score=0;

④ 检索文件 W_Lex_Rule,提取同形 S_i 的肯定性区别特征,判断 W 所在的上下文 C 是否满足约束条件,若满足,则 S_i · Score=S_i · Score+1;

⑤ 若文件 W_Lex_Rule 中属性特征列表非空,则重复④;

⑥ Score 取最大的同形 S_i 为标注结果。

图 3-4　词义消歧算法 WSD

2. 信息抽取

信息抽取(Information Extraction,IE)最早是在 Frump 系统背景下提出的,后来得到了美国政府资助的 MUC(Message Understanding Conference)系列会议的支持。

信息抽取是自然语言处理领域的重要研究方向之一,其研究内容包括实体识别(Named Entity Recognition,NER)、术语自动识别(Term Extraction Automatically,TEA)和关系抽取。命名实体识别包括中国姓名、中国地名、组织机构、英译名的自动辨识,即是通常说的未登录词的自动辨识问题。胡文敏等提出了一种基于卡方检验的汉语术语抽取方法:先从网络上下载语料,然后使用改进的互信息参数抽取结构简单的合串,并在此基础上进一步使用卡方检验结合子串分解方法抽取具有复杂结构的合串。AIRS 2008 会议上介绍了一种上下位关系(hyponymy 或 IS-A)自动获取的方法。该方法基于两个假设:一是相同的术语类型具有相似的上下文;二是两个术语如果具有上下位关系,则可被相似属性的名词和领域动词所描述。

信息抽取有两个特点:一是想获得的知识可以通过相对简单和固定的模板或带有槽的框架来进行描述;二是文本中只有一小部分信息需要填入模板或框架,其他的都可以被忽略。最简单的信息抽取是实体抽取,没有框架,只有实体类型。

图 3-5 给出了信息抽取过程的示意图。其中,信息抽取引擎的输入是一组文本,引擎通过使用一个统计模块、一个规则模块或者两个的混合进行信息抽取。IE 引擎的输出是一组从文本中抽取的标注过的框架,即填好的一张表。目前,从文本中可以抽取到以下 4 种基本类型的元素:

(1) 实体。实体是文本中的基本构成模块,如人、公司、地址等。

(2) 属性。属性是所抽取实体的特征,如人的年龄、头衔、组织的类型。

(3) 关系。实体之间存在的联系即为事实,如公司与员工之间的雇佣关系、两个公司之间的关联关系等。

(4) 事件。事件是实体的行为或实体因为兴趣而参加的活动,如参加一次有组织的旅游、两个公司之间的合并、一次突发意外等。

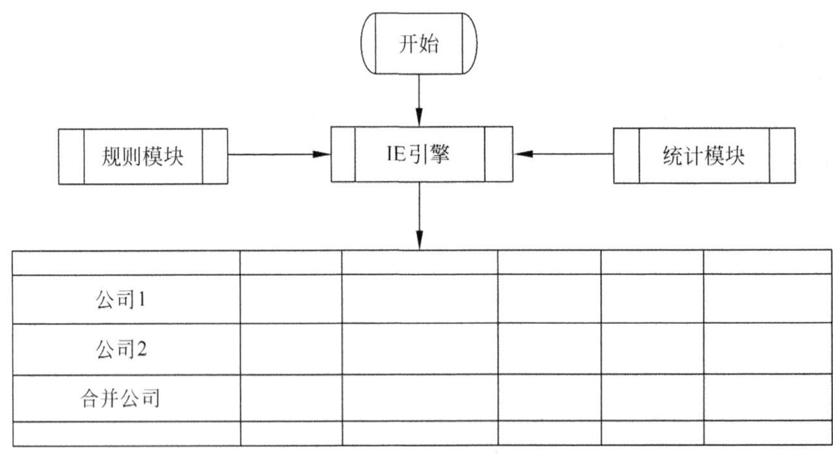

图 3-5 信息抽取过程示意图

3. 情感倾向性分析

文本情感倾向性分析，就是对一篇文章进行情感色彩判断。具体来说，就是对说话人的态度(或称观点、情感)进行分析，即对文本中的主观性信息进行分析。由于立场、出发点、个人状况和偏好的不同，民众对生活中各种对象和事件所表达出的信念、态度、意见和情绪的倾向性必然存在很大的差异。在论坛、博客等网络媒体上，这种差异表现得尤为明显。

文本倾向性分析近年来已经成为自然语言处理中的一个热点问题。文本所蕴含的情感(Emotion)和观点(Opinion)皆是人物主观意愿的反映，情感表达人物自身的情绪起伏，如快乐、悲伤等；观点则表达人物对外界事物的态度，如赞成、反对等。其中，对于文本情感的研究正得到越来越多研究者的关注。在 ACL、SIGIR 等国际会议上，针对这一问题的文章已开始出现；而对于文本观点倾向性的研究，国外早已开展得如火如荼，这类文章在 WWW、CIKM、SIGHAN 等顶级会议上层出不穷；针对倾向性分析的国际评测也已经开展，例如 TREC Blog Track 以及 NTCIR 等。

识别出网页文本中的倾向性语言是正确开展网络舆情倾向性判断、屏蔽不良网页、维护网络安全的关键工作之一。本小节介绍网页情感倾向性分析的具体过程。该方法从中文网络舆情采集入手，借助中科院中文分词软件 ICTCLAS 完成中文分词，充分考虑网络舆情信息表达的复杂性与共享性，把网络舆情倾向性分析模块分解为词语情感倾向性分析、句子情感倾向性分析和篇章情感倾向性研究 3 个子模块，如图 3-6 所示。

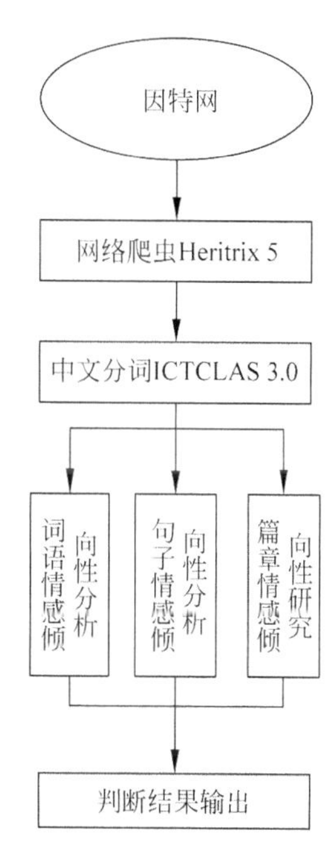

图 3-6 网络舆情情感倾向性分析模块结构

1) 词语情感倾向性分析子模块

词语情感倾向性研究是倾向性研究工作的前提。具有情感倾向的词语以名词、动词、形容词和副词为主，也包括人名、机构名、产品名、事件名等命名实体。其中，除部分词语的褒贬性(或称为极性，通常分为褒义、贬义和中性 3 种)可以通过查词典[①]的方式得到之外，其余词语都无法直接获得。

词语情感倾向性分析包括对词语极性、强度(如"谴责"强度远超过"批评")和上下文本模式的分析，分析甚至可以写入词典中。词语情感计算的方法有关键词测定(Keyword Spotting)、词汇类同(Lexical Affinity)、统计方法(Statistical Methods)、手工制作模式(Hand Craft Models)等。具体实现可归纳为以下三种。

(1) 由已有的电子词典或词语知识库扩展生成情感倾向词典。如英文词语情感倾向词典 WordNet、中文词语情感倾向词典 HowNet。这种方法的种子词数量的依赖比较明显。

(2) 无监督机器学习方法。这种方法以词语在语料库中的词频同现情况判断其联系紧密程度，与第(1)种方法相比，这种方法的噪声比较大。

---

① http://www.keenage.com

(3) 基于人工标注语料库的学习方法。首先对情感倾向分析语料库进行手工标注。标注的级别包括文档集的标注(即只判断文档的情感倾向性)、短语级标注和分句级标注。在这些语料的基础上,利用词语的共现关系、搭配关系或者语义关系,以判断词语的情感倾向性。这种方法需要大量的人工标注语料库。

2) 句子情感倾向性分析子模块

句子情感倾向性分析的处理对象是在特定上下文中出现的语句。其任务是对句子中的各种主观性信息进行分析和提取,包括对句子情感倾向性的判断,以及从中提取出与情感倾向性论述相关联的各个要素,包括情感倾向性论述的持有者、评价对象、倾向极性、强度,甚至是论述本身的重要性等。

通过对网络一些文章的分析提取,得到以下 16 个句子结构作为句子结构分析的模板库,参见表 3-8。

表 3-8　句子结构分析模板库

评价对象/s. +形容词/a. /名词/n.
评价对象/s. +副词/adv. +形容词/a. /动词/v.
评价对象/s. +副词/adv. +动词/v.
评价对象/s. +形容词/a. /动词/v. +转折连词/副词/adv. +形容词/a. /动词/v. 动词/v. +评价对象/s.
副词/adv. +动词/v. +评价对象/s.
评价对象/s. +否定词/d. +形容词/a. /名词/n.
评价对象/s. +否定词/d. +副词/adv. +形容词/a. /名词/n.
评价对象/s. +否定词/d. +副词/adv. +动词/v.
评价对象/s. +形容词/a. /动词/v. +转折连词/c. /副词/adv. +形容词/a. /动词/v.
否定词/d. +动词/v. +评价对象/s.
否定词/d. +副词/adv. +动词/v. +评价对象/s.
评价对象/s. +'是'动词/vs. +形容词/a. /名词/n.
评价对象/s. +副词/adv. +动词/v. +形容词/a. /名词/n.
评价对象/s. +否定词/d. +'是'动词/vs. +形容词/a. /名词/n.
评价对象/s. +否定词/d. +副词/adv. +动词/v. +形容词/a. /名词/n.

依据概率树分析后,为每种句式设置一种算法,并依照情感词进行初步的句子倾向性的判断。句子倾向性分析的步骤如下。

一是通过情感词库(含褒义词词库、贬义词词库)中的情感词定位含有情感词的句子,通过分词结果的词性调用,得到句子的情感程度。

二是初步情感判断完成以后,进行精细的分级程度判断,并依此为结果,得出句子的最终倾向值,具体实现步骤如下。

第一遍扫描序列,找到所有程度副词(类别为 2),将其程度值乘到模板中离其最近的一个 1 类词的程度值上(考虑到副词可能位于其中心词的前面或者后面,所以这里的“最近”是前后双向的查找,同时由于副词在前的情况比较多,所以前向查找的优先级高)。具体的处理是标注程度为 3 的因子为 1.5,程度为 2 的因子为 1,程度为 1 的因子为 0.5。

第二遍扫描序列,找到所有否定词(类别为 3),将其往后碰到的第一个 1 类词的褒贬性取反。

第三遍扫描序列,以转折词为单位将序列分成几个小部分,对每个小部分累加其 1 类词的褒贬倾向值，然后按转折词类型的不同乘以转折词相应的权值(让步型如“虽然”，对位部分要减弱，因子为 0.7；转折型如“但是”，对应部分要加强，因子为 1.3)。

3) 篇章情感倾向性研究子模块

如果说句子是点，篇章则是线。该模块的主要功能就是从整体上判断某个文本的情感倾向性，即褒贬态度。将篇章作为一个整体笼统地进行主观性分析，存在很大的局限性，其本质缺陷在于假设整体文本是针对同一个对象进行评论。而真实文本往往由包含多个对象，不同对象所涉及的观点、态度等主观性信息是有差异的。从另一面看，篇章内的对象总数仍是有限的，不足以支撑对于整体倾向性的处理。因此，本模块研究以篇章内情感倾向性论述的分析以及在大规模数据集上进行整体倾向性分析为主要研究内容。

设定一定的阈值，并对含有情感的句子值综合相加，得出篇章的情感色彩，完成文本倾向性分析。根据得出的网页文本情感阈与设定的阈值相比较的结果，将网页分为 4 级：恶性网页、消极网页、中性网页和积极网页，如图 3-7 所示。篇章情感倾向性分析算法如图 3-8 所示。

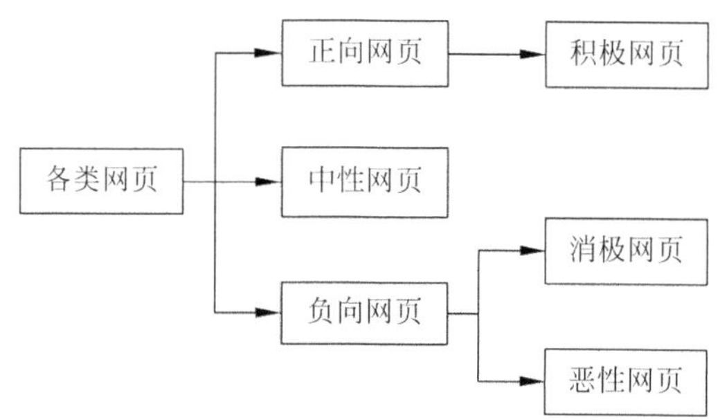

图 3-7 网页情感倾向性分类

```
Input:一篇待计算情感的文本/网页
Output:该文本/网页经计算后的情感结果(积极/消极/恶意)
for (int nc = 0;nc < ncount;nc++)
{
CString getpos (result[nc].sPOS) ;//得到文本全体词的词性
//wj 句号,全角:.半角:. ww 问号,全角:?半角:?
//wt 叹号,全角:!半角:! Ws 省略号,全角:… 半角:…
if ( getpos == "wj"|| getpos == "wt"||getpos == "ww"||getpos == "ws")
    {
        finish = nc;
        CSentence cen ( result,start,finish,readtext) ;
        //调用 CSentence 中的函数
        //寻找句中第(int) ( ends - start ) /2 个词
        float g = cen.getpolarity (( int ) ( ends - start ) /2 );
        showresult = showresult + cen.MessageReturn;
        polaritysum += g;
        start = finish + 1;
        AllSentence.push_back ( cen );
    }
}
```

图 3-8 篇章情感倾向性分析算法

3.6.3　文本语用分析方法

语用学是一门研究如何用语言来达成一定目的的学科，即利用语用学进行文本分析，针对句子群(又称话题，Topic)开展高端分析，获取对文本内涵的掌握。话题是有因果关系的一些句子，它们必须连贯(Coherence)，如例句1；把可独立理解并且是良构的几个句子放到一起的结果，并不能保证获取的是话题，如例句2。

例句1：张玉把车钥匙弄丢了，她喝醉了。

例句2：张玉把车钥匙弄丢了，她喜欢吃菠菜。

为完成文本因果关系提取，出现了话题检测与跟踪方法；为了完成互联网上不同文本信息内容自动分类，提出了文本分类器(也称为信息内容过滤)。话题检测与跟踪方法详见本书第5章；网络信息内容过滤方法详见本书第4章。

3.7　本章小结

本章介绍了网络信息内容的预处理技术，重点从文本预处理技术、文本内容分析方法、文本内容安全应用3方面介绍文本内容安全状态。文本预处理技术涉及中文分词技术、文本表示和文本特征提取，中文分词涉及机械分词法、语法分词法。文本表示介绍布尔模型、向量空间模型和概率模型等内容。文本特征提取给出了停用词过滤、文档频率阈值法、TFIDF方法及信噪比的内容。在文本内容分析小节，分别从文本语法分析、语义分析以及语用分析3方面进行文本内容分析，从而为后续的文本处理提供量化的指标。本章内容重点是文本内容预处理技术，难点是文本语义分析。

习　　题

1. 简述文本信息的语义特征。
2. 如何进行文本特征提取？
3. 词语情感倾向性分析有哪些方法？
4. 如何衡量特征抽取过程与选择过程所造成的信息损失？
5. 为什么要进行特征重构，常用的方法有哪些？

第4章 网络信息内容过滤

4.1 网络信息内容过滤概述

4.1.1 网络信息内容过滤的定义

随着Internet的飞速发展和在世界范围的普及，越来越多的数据库和信息不断加入网络，网络上的各种信息正以指数级的速度增长，Internet已经发展为当今世界上资料最多、门类最全、规模最大的信息库和全球范围内传播信息的主要渠道。Internet主要以超文本的形式呈现给用户各种各样的信息，构成一个异常庞大的具有异构性、动态性和开放性的分布式数据库。然而，在Internet极大丰富用户信息量的同时，用户也面临着信息过载和资源迷向的问题。Internet上的信息过于庞杂，而且具有不稳定和变动快的特点，缺乏一个权威机构对这些信息进行全面的整理和归类。这一方面给用户发现信息、利用信息带来了不便，另一方面，无序、庞大的信息世界和成千上万的超链接，又常常使用户在查找其所需信息时感到力不从心。

早期解决这个矛盾主要采用信息检索技术。所谓信息检索，也就是我们熟知的搜索引擎，是指对有序化知识信息的检索查找，本质上是一种“人找信息”的服务形态，每次检索时要求用户一次性提交一个或几个查询关键词。当时的搜索引擎虽然算法简单，但数据库容量小，其查找信息效率较为有效。从1994年4月Web Crawler搜索引擎在网上正式发布并开始服务以来，搜索引擎已经成为发展最快、最引人注目的网络服务之一。

当前，搜索引擎正经历着从“数量累积阶段”向“质量精练阶段”的变革。随着Internet上的信息数量呈指数级增长，大量信息垃圾也混杂其中。如何向用户提供质量好且数量适当的检索结果，成为搜索引擎技术发展的方向之一。由于大多数搜索引擎的搜集范围是综合性的，它们的机器抓取技术是尽其可能地把各类网页“抓”回来，经过简单的加工后存放到数据库中备检；另外，搜索引擎直接提供给用户的检索途径大都是基于关键词的布尔逻辑匹配，返回给用户的就是所有包括关键词的文献。这样的检索结果在数量上远远超出了用户的吸收和使用能力，让人感到束手无策。这也就是现在经常谈论的“信息过载”“信息超载”现象。其实，这就是这一代搜索引擎的突出缺陷：缺少智力，不能通过“学习”提高自身的检索质量。

针对网络的日益普及和信息量的爆炸增长而导致的信息过载、信息污染等问题，网络信息过滤技术作为筛选信息、满足用户需求的有效方法应运而生。网络信息过滤是根据用户的信息需求，运用一定的标准和工具，从大量的动态网络信息流中选取相关的信息或剔除不相关信息的过程。也就是在设置好过滤条件后，在运行过程中一旦触发条件则将有关的信息拒之门外，而其他信息可以进入。网络信息过滤技术的目的就是让搜索引擎具有更多的

"智力",让搜索引擎能够更加深入、更加细致地参与用户的整个检索过程中。从关键词的选择、检索范围的确定到检索结果的精炼,帮助用户在浩如烟海的信息中找到和需求真正相关的资料。现在,Internet 上已经有很多有关这方面的研究,包括已经部署运行的信息过滤系统。这些都表明了信息过滤技术对于网络发展和应用的重要意义。

相比于信息检索技术,网络信息过滤技术是一种更系统化的方法,用来从动态的信息流中抽取出符合用户个性化需求的信息;而传统的信息检索则是从静态数据库中查找信息。信息过滤系统检查所有的进入信息流并与用户需求进行匹配计算,只将用户需要的文档送给用户。相比于传统的信息检索模式,信息过滤技术具有较高的可扩展性,能适应大规模用户群和海量信息;可以为用户提供及时、个性化的信息服务,具有一定的智能和较高的自动化程度。而如何能够更有效、更准确地找到自己感兴趣的信息,滤除与自己需求无关的信息,真正做到"各取所需",一直是基于 Internet 的网络信息领域的核心问题。网络信息过滤技术正在被越来越多地应用于 Web 空间,并获得了长足的发展,成为研究和工程实践的热点区域。自 20 世纪 90 年代开始,相关主题的国际会议不断举行,有力地推动了网络信息过滤技术的不断完善和进一步深入。

4.1.2 网络信息内容过滤的原理

现有的网络信息内容过滤方法较多,从过滤的手段来看,可以分为基于内容的过滤、基于网址的过滤和混合过滤 3 种。基于内容的过滤是通过文本分析、图像识别等方法阻挡不适宜的信息;基于网址的过滤是对认为有问题的网址进行控制,不允许用户访问其信息;混合过滤是将内容过滤与网址过滤结合起来控制不适宜信息的传播。从是否对网络信息进行预处理来看,信息过滤可以分为主动过滤和被动过滤两种。主动过滤是预先对网络信息进行处理,如对网页或网站预先分级、建立允许或禁止访问的地址列表等,在过滤时可以根据分级或地址列表决定能否访问;被动过滤是不对网络信息进行预处理,过滤时才分析地址、文本或图像等信息,决定是否过滤。无论采用哪种过滤方法,一个最简单的网络信息过滤系统一般包括 4 个基本组成部分:信源(Information Source)、过滤器(Filter)、用户(User)、用户需求模板(Profiles)。图 4-1 是信息过滤系统的一个简单结构图。

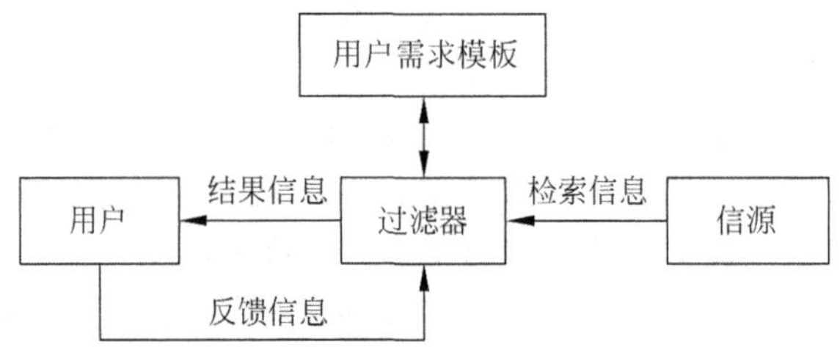

图 4-1 网络信息内容过滤基本原理

信源向过滤器提供信息,信息过滤器处于信源与用户之间,通过用户需求模板获取用户的兴趣信息,并据此检验信源中的信息,将其中与用户兴趣相关的信息递送给用户。反过来,用户也可以向信息过滤器发送反馈信息,以说明哪些信息的确符合他们的信息需求,通过这种交互行为使得过滤器不断进行学习,调整自身的过滤操作,进而能在以后提供更多更好满足用户兴趣的信息。

由于信息过滤的目的是向用户提供需要的信息。因此，网络信息内容过滤系统有以下最常见的特点。

(1) 过滤系统是为无结构化和半结构化的数据而设计的信息系统，它与典型的具有结构化数据的数据库系统不同。一个电子邮件就是半结构化数据的例子，它的头域有明确的定义，而它的正文却是半结构化的。

(2) 信息过滤系统主要用来处理大量的动态信息。非结构化数据这个词常用来作为它的同义词使用。一些多媒体信息系统包含图像、声音和视频信息。对于这些信息，传统的数据库系统没有进行很好的处理和表示。

(3) 过滤系统包含大量的数据。一些典型的应用基本上都要处理 G 字节以上的正文信息，其他媒介比这要大得多。

(4) 典型的过滤系统应用包含输入的数据流或是远程数据源的在线广播(例如新闻组、E-mail)。过滤也用来描述对远程数据库的信息进行检索，可用智能代理来实现。

(5) 过滤是基于对个体或群组的信息偏好的描述，也称为用户趣向。一般来说，这个用户趣向表示的是用户长久的信息偏好。

(6) 过滤是从动态的数据流中收集或去掉某些文本信息。

4.1.3　网络信息内容过滤的意义

网络信息内容过滤具有重要的现实意义和巨大的应用价值，主要体现在如下几个方面。

1. 改善 Internet 信息查询技术的需要

随着用户对信息利用效率要求的提高，以搜索引擎为主的现有网络查询技术受到挑战，网络用户的信息需求与现有的信息查询技术之间的矛盾日益尖锐，其不足主要有如下几方面。

(1) 在使用搜索引擎时，只要使用的关键词相同，所得到的结果就相同，它并不考虑用户的信息偏好和用户的不同，对专家和初学者一视同仁；同时，返回的结果成千上万、参差不齐，使得用户在寻找自己喜欢的信息时犹如大海捞针。

(2) 网络信息是动态变化的，用户时常关心这种变化。而在搜索引擎中，用户只能不断在网络上查询同样的内容，以获得变化的信息，这花费了用户大量的时间。因此，在现有情况下，传统的信息查询技术已经难以满足用户的信息需求，对信息过滤技术的研究日益受到重视，把信息过滤技术用于 Internet 信息查询已成为非常重要的研究方向。

2. 个性化服务的基础

个性化的实质是针对性，即对不同的用户采取不同的服务策略，提供不同的服务内容。个性化服务将使用户以最少的代价获得最好的服务。在信息服务领域，就是实现“信息找人，按需要服务”的目标。既然是“信息找人”，那什么信息找什么人就是关键。每个用户都有自己特定的、长期起作用的信息需求。用这些信息需求组成过滤条件，对资源流进行过滤，就可以把资源流中符合需求的内容提取出来进行服务。这种做法就叫作“信息过滤”，信息过滤是个性化主动服务的基础。利用网络信息内容过滤技术有利于减轻用户的认知压力。它在为用户提供所需要信息的同时，着重剔除与用户不相关的信息，从而提高用户获取信息的效率；它根据用户信息需求的变化提供稳定的信息服务，能够节约用户获取信息的时间，从而极大地减轻用户的认知负担，起到减压阀的作用。网络信息过滤对个性化信息服务起到了巨大的推动作用。在个性化信息服务中,最重要的是收集和分析用户的信息需求。由于信息过滤的反馈机制具有自我学习和自我适应的能力,可以动态地了解用户兴趣的变化,因此可以越来越明确、具体地掌握用户的信息需求,从而为用户提供更有针对性的信息。在协作过滤系统中,还可以根据用户之间的相似性来推荐信息,从而有可能为用户提供新的感兴趣的信息,拓宽用户的视野。通过网络信息过滤,可以减少不必要的信息传递,节约宝贵的信道资源。

3. 维护我国信息安全的迫切需要

网络为信息的传递带来了极大的方便,也为机密信息的流出和对我国政治、经济、文化等有害信息的流入带来了便利。发达国家通过网络进行政治渗透和价值观、生活方式的推销,一些不法分子利用计算机网络复制、传播一些色情的、种族主义的、暴力的封建迷信或有明显意识形态倾向的信息。我国80%的网民在35岁以下,80%的网民具有大专以上文化学历,而这两个80%正是我们国家建设发展的主力军。所以,中国的信息安全问题已迫在眉睫,必须引起高度警惕和重视,而信息过滤是行之有效的防范手段。目前主要通过过滤软件及分级制度对来往信息尤其是越境数据流进行过滤,将不宜出口的保密或宝贵信息资源留在国内,将不符合国情或有害信息挡在网络之外,其中用得较多的为Internet接收控制软件和因特网内容选择平台(Platform for the Internet Content Selection,PICS)。

随着网络不良信息的泛滥,信息过滤作为解决不良信息问题的技术手段,更是受到社会各方面的广泛关注。过滤网络不良信息是信息过滤最重要的应用之一。通过分级类目、关键词、规则等描述用户的信息需求,以分级、URL地址列表、自动文本分析等方法来过滤不良信息,同时运用一些人工干预的方法提高信息过滤的效率,在保护网络用户尤其是未成年用户免受不良信息侵扰方面发挥了很好的作用。

4. 信息中介(信息服务供应商)开展网络增值服务的手段

信息中介行业的发展要经过建立最初的客户资料库、建立标准丰富档案内容和利用客户档案获取价值3个阶段。其中第1阶段和第3阶段的主要服务重点都涉及信息过滤服务。过滤服务过滤掉客户不想要的推销信息,信息中介将建立一个过滤器以检查流入的带有商业性的电子邮件,然后自动剔除与客户的需要和偏好不相符的不受欢迎的信息。客户可提前指定他们想经过过滤服务得到的信息或经过过滤服务排除出去的任何种类的经销商或产品。对于不受欢迎的垃圾信息,信息中介将会在客户得到之前把它们过滤掉。

利用网络信息过滤,可以对网络信息的流量、流向和流速进行合理的配置,使网络更加顺畅。而对于用户来说,信息过滤由于剔除了大量不相关信息的流入,可以避免塞车现象。在网络环境下,尽量减少无效数据的传输对于节省网络资源、提高网络传输效率具有十分重要的意义。通过信息过滤,可减少不必要的信息传输,节省费用,提高经济效益。

4.2 网络信息内容过滤技术的分类

面对纷繁的过滤系统,按照单一的标准是无法准确区分的,下面按照如下3个标准对网络信息内容过滤技术进行分类。

4.2.1　根据过滤方法分类

1. 基于内容的过滤

基于内容的过滤(Content Based Filtering)又叫认知过滤,是利用用户需求模板与信息的相似程度进行的过滤,能够为用户提供其感兴趣的相似的信息,但不能为用户发现新的感兴趣的信息。在反馈机制的作用下,用户的信息需求处于循序渐进的变化过程中。基于内容的过滤首先要将信息的内容和潜在用户的信息需求特征化,然后再使用这些表述,职能化地将用户需求同信息相匹配,按照相关度排序把与用户信息需求相匹配的信息推荐给用户,其关键技术是相似性计算。优点是简单、有效;缺点是难以区分资源内容的品质和风格,而且不能为用户发现新的感兴趣的资源,只能发现和用户已有兴趣相似的资源。

2. 协作过滤

协作过滤(Collaborative Filtering)又叫社会过滤,是利用用户需求之间的相似性或用户对信息的评价进行的过滤。对于价值观念、思想观点、知识水平或需求偏好相同或相似的用户,他们的信息需求往往也具有相似性。基于这一思路,通过比较用户需求模板的相似程度或者根据用户对信息的评价而进行的过滤,既可以为用户提供正感兴趣的信息,又可以提供新的感兴趣的信息。在这种系统中,用户的信息需求有可能呈现跃进式的变化。

协作过滤支持社会上个人间和组织间的相互关系,并将人们之间的推荐过程自动化。一个数据条款被推荐给用户,是基于他同其他有相似兴趣用户的需求相关。协作过滤推荐的核心思想是用户会倾向于利用具有相似意向的用户群的产品,因此,它在预测某个用户的利用倾向时是根据一个用户群的情况而决定的。可见,协作过滤法是找出一群具有共同兴趣的使用者形成社群,也就是有某些相似特性成员的集合,通过分析社群成员共同的兴趣与喜好,再根据这些共同特性推荐相关的项目给同一社群中有需求的成员。其优点是对推荐对象没有特殊要求,能处理非结构化的复杂对象,并且可以为用户发现新的感兴趣的资源,这种过滤类型对那些不是很清楚自己的信息需求或者表达信息需求很困难的用户来说非常重要;缺点是存在两个很难解决的问题:其一是稀疏性问题,即在系统使用初期,由于系统资源还未获得足够多的评价,系统很难利用这些评价来发现相似的用户;其二是可扩展,即随着系统用户和信息资源的逐渐增长,其可行性将会降低。协同过滤方法只考虑了用户评分数据,忽略了项目和用户本身的诸多特征,如电影的导演、演员和发布时间等,用户的地理位置、性别、年龄等,如何充分、合理地利用这些特征,获得更好的推荐效果,是基于内容推荐策略所要解决的主要问题。

这两类过滤方法侧重不同,各有优点,综合使用这两类技术会给网络信息内容过滤带来更好的效果。

4.2.2　根据操作的主动性分类

1. 主动过滤

主动过滤(Active Filtering)系统主动为网络用户寻找他们需要的信息。这类系统可以在一个较大范围或局部范围内帮助用户收集同用户兴趣相关的信息,然后主动从 Web 上为其用户推送相关的信息。因特网上所谓的“推送技术(Pushing Technology)”就是这个范畴内的应用。在有些主动信息过滤系统中，预先对网络信息进行处理，例如，对网页或者网站预先分级、建立允许或禁止访问的地址列表等，在过滤时可以根据分级标记或地址列表决定能否访问。这类系统有 BackWeb。

2. 被动过滤

被动过滤(Passive Filtering)系统不对网络信息进行预处理，当用户访问时才对地址、文本或图像等信息进行分析，以决定是否过滤及如何过滤。这类系统是针对一个相对固定的信息源过滤掉其中用户不感兴趣的信息。例如信息源可以是用户的电子邮件、某些固定看的新闻组等，而主动型系统要主动地在可能的范围内寻找信息源。这类系统一般都是根据用户兴趣将信息源中新到的信息根据相关程度按从大到小的顺序排给用户，或根据某一门限值将系统认为用户不感兴趣的信息提前过滤掉。这类系统有 GHOSTS、CiteSeer。

4.2.3　根据过滤位置分类

1. 上游过滤

用户需求模板存放在网络服务器端或者代理端上。一般说来，为了减小服务器端和客户端的负荷，过滤系统也可能处在信息提供者与用户之间的专门的中间服务器上，这种情况也叫作中间服务器过滤。中间服务器如同一个大型的网络缓存器，Internet 信息内容只有经过它的过滤才能进入本地系统或局域网，而本地信息也要经过它的中转才能传递出去。服务器端采用隐含式方法获取用户信息需求，过滤系统通过记录用户的行为来获得用户的信息需求，如用户在指定页面的停留时间、用户访问页面的频率、是否选择保存数据、是否打印、是否转发数据等对信息项的反应都能作为用户兴趣的标志。一般上游过滤的优点是不仅支持基于内容的过滤，也支持协作过滤；缺点是模板不能用于不同的网络应用中，容易受到干扰的影响，所以这种方法通常用作下游过滤的补充。

2. 下游过滤

用户需求模板存放在客户端上，也称为客户端过滤。采用显式方法获取用户信息需求的过滤系统，通常要求用户填写一个描述他们兴趣领域需求的表或者要求用户根据提供的特征项构造自身对特定领域信息需求的描述模型。用户根据自身需要设置一定的限定条件，将不感兴趣的信息排除在外。优点是模板可用于不同的网络应用，缺点是只能实现基于内容的过滤。系统要求用户提供自身明确的信息，使系统能够把用户与用户原型模型相关联。所谓原型模型，是指一组用户的默认信息，将对用户原型模型上的隐含式推测与用户提供的明确知识相结合，可得到更好的表示用户信息需求的用户模板。

4.2.4　根据过滤的不同应用分类

网络信息内容过滤技术还可以根据过滤的不同应用进行分类，具体可分为如下几种类型。

1. 专门过滤软件

这是为过滤网络信息而专门开发的软件，一般要加载到网络应用程序中，根据预先设定的过滤模板扫描、分析网络信息并阻挡不适宜的信息。专门过滤软件又可以分为专用过滤软件和通用过滤软件两种。前者只能过滤某种网络协议的信息，如网页过滤软件、邮件过滤软件、新闻组过滤软件等；或者只能在某种网络应用中起作用，如儿童浏览器、儿童搜索引擎、广告过滤软件等。后者能对多种网络协议或应用起作用，如 NetNanny 可以过滤网页、电子邮件、网络聊天的信息，除此之外 Norton Internet Security 还可以过滤 ICQ、FTP 和新闻组的信息。目前用得比较多的是通用过滤软件。

2. 网络应用程序

有些网络应用程序如 Web 浏览器、搜索引擎、电子邮件、新闻组等附有过滤功能，可以设置过滤不适宜的信息。如 IE 的内容分级审查功能，用户通过设置黑名单、白名单或组合使用各种支持 PICS 的分级标记进行过滤，具有过滤成本低、使用方便的特点。典型的如浏览器端过滤，这种过滤方式使用存储一些已知的散布不良网站的 IP 地址、URL 地址的数据库，在浏览器进行访问时，将访问地址与数据库中的 IP 地址、URL 地址等信息进行匹配，如果浏览器需要访问的地址在数据库中是处于需要限制的内容，那么在浏览器请求访问的时候，对其进行限制，达到过滤的效果。过滤性能伴随数据库中的 IPP 地址、URL 地址数量以及准确性的提升而提升。

3. 其他过滤工具

其他过滤工具如防火墙、代理服务器等，可以通过对源地址、目标地址或端口号的限制，防止子网的不适宜的信息流出或子网外不适宜的信息流入。使用存储一些已知的散布不良网站的 IP 地址、URL 地址的数据库进行网页过滤是一种比较有效的形式。在已知不良内容网站的 IP 地址或 URL 地址时，这种方式是非常有效的。运用 IP 地址或 URL 地址进行过滤有路由器端过滤方式。这种方式将过滤规则放置在路由器端，在路由器“安全设置”的“IP 地址过滤”中，可以设置 IP 地址、禁止访问的端口和协议等。使用路由器端的 IP 地址过滤，反应速度较快，可以对端口、协议等进行设置，可限制更多网站。但是路由器设置较为复杂，地址等一般不全面，不能普及。根据 IP 地址、URL 地址进行网页过滤是一种非常有效的手段，在 IP 库与 URL 库非常全面的时候，能够准确地识别需要过滤的网址。但是这种方式有一定的局限性，在当今网站层出不穷的情况下，缺少对于未知网址的发现，某些不法分子经常修改网址 IP 及端口设置，使用多级代理变换网址形式，对 IP 过滤造成了影响。

4.3　网络信息内容过滤的一般流程

1. 网络信息过滤的一般流程

为便于理解，首先给出网络信息过滤的一般流程，如图 4-2 所示。

从图 4-2 中可以看出，用户在通过网络进行工作、学习、生活中产生了大量信息。用户的信息需求必须以计算机能够识别的形式揭示出来，这就是用户需求模板(Profile，也叫过滤模板)。对于用户需求模板，可以是正向的，也可以是反向的，也就是说既可以揭示用户希望得到的信息，也可以描述用户希望剔除的信息。在系统中，对动态的网络信息集不作预处理，只是当信息流经过系统时才运用一定的算法把信息揭示出来。匹配算法和用户需求模板的描述方法、信息的揭示方法是相互联系的，常用的匹配模型有布尔模型、向量空间模型、

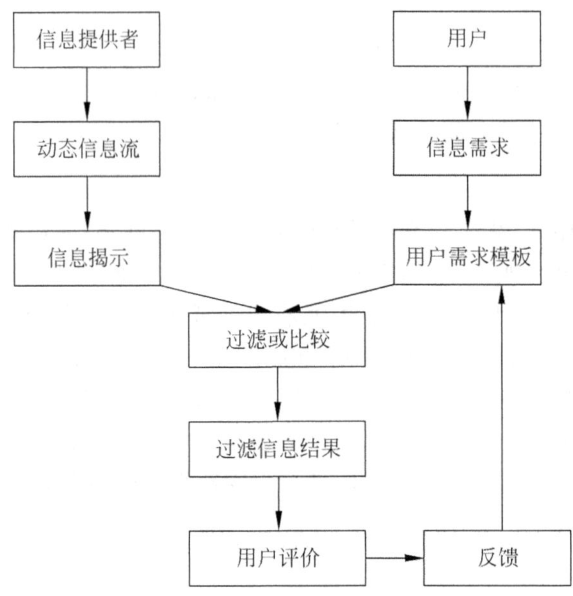

图 4-2　网络信息过滤一般流程

概率模型、聚类模型、基于知识的表示模型以及混合模型等，主要任务是剔除不相关的信息，选取相关的信息并按相关性的大小提供给用户。

为了提高信息过滤的效率，系统还根据用户对过滤结果的反应（即通过反馈机制作用于用户和用户需求模板）使用户逐渐清晰自己的信息需求，使得用户对需求模板的描述也会越来越明确、具体。在整个系统中，用户需求模板的生成、信息的揭示、匹配算法和反馈机制是最为关键的部分。在现有技术条件下，全自动的信息过滤系统还处于试验阶段，为了提高实用性，往往会在这些关键部分进行必要的人工干预，如对动态的信息流先作预处理、人工修改用户需求模板等。

反馈模块主要用于处理用户的反馈信息并依据反馈信息进一步精化用户模型，保存以便下一次用户注册登录时直接读取到精化后的模型。用户对返回的文档集进行评估，由系统根据这些反馈信息进一步修改用户兴趣文件，以利于下一次的过滤。匹配算法和用户需求模板描述方法、信息的揭示方法是相互关联的，常见的匹配算法有布尔模型、向量空间模型、概率模型、聚类模型等，主要任务是过滤不相关的信息，选取相关的信息并按相关性的大小提供给用户。在整个模型中，用户需求模板的生成、信息揭示、匹配算法和反馈机制是最为关键的部分。为了提高实用性，往往会在这些关键部分进行必要的人工干预，如对动态的信息流作预处理、人工修改用户需求模板等。

2. 网络文本信息过滤模型

参考图 4-2 的网络信息过滤的一般模型，可以创建一个基于 Web 的文本信息过滤模型，如图 4-3 所示。

从图 4-3 来看，文本信息过滤模型中主要包含文本表示模块、文本过滤匹配模块、用户（兴趣）模板生成模块、反馈模块等。其中，文本表示模块主要针对采集到的信息提取其中的特征信息，按照一定的格式来描述，然后作为输入信息传递给过滤匹配模块；用户模板生成

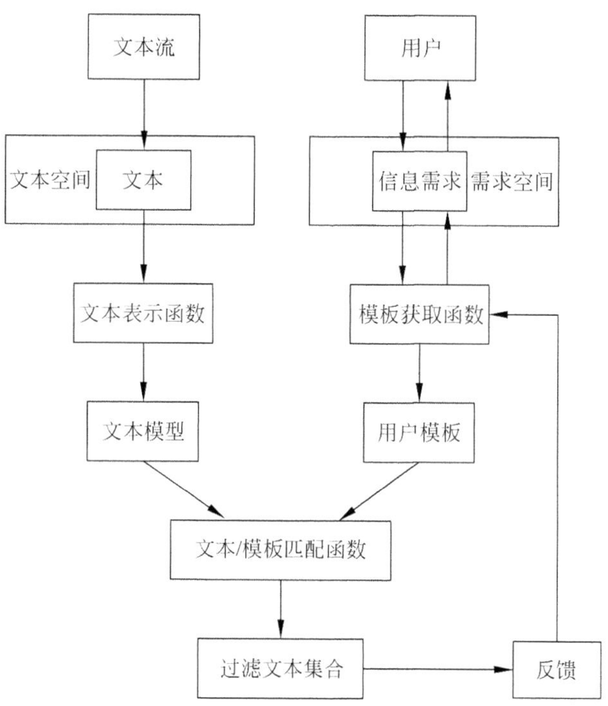

图 4-3　网络文本信息过滤模型

模块是依据用户对信息的需求和喜好来生成，它根据用户提供的学习样本或主动跟踪用户的查询行为建立用户兴趣的初始模板，再根据用户反馈模块不断更新用户模板；文本过滤匹配模块就是将用户兴趣模板与信息表示模块中的信息分析表示的结果按照一定的算法进行匹配，并按照匹配算法决定将要传递给用户的相关信息项；用户得到文本过滤的结果后，对其进行评价并反馈给用户模块，用户模块通过不断跟踪学习用户兴趣的变化及用户反馈来调整甚至更改用户需求表达，以达到不断实现正确过滤无用信息的目的。以下简要介绍模型中各部分的主要技术。

(1) 文本表示。包括将 Web 中的有效文本信息内容提取出来，对于中文文本过滤来说，涉及中文的分词、停用词处理、语法语义分析等过程。常用的方法是建立文本的布尔模型、向量空间模型和概率模型等。

(2) 用户模板的建立。用户模板空间常按照倒排索引的方式存储用户信息，建立用户模板的方式有建立关键字表和示例文本，而常用的技术有建立向量空间模型、预定义关键字、层次概念集和分类目录等。

(3) 用户模板与文本的匹配。最常用的方法有布尔模型、向量空间模型和概率模型。

(4) 用户反馈。用户反馈分为确定性反馈和隐含性反馈。确定性反馈指的是二元(是或否)反馈，另外还有分级打分的方法。利用这些反馈信息，应用机器学习方法，完善用户模板。

综合以上介绍分析，可以将网络文本信息内容过滤的工作概括为两个方面：一是建立用户需求模型，即用户模板，用于描述用户对于信息的具体需求。建立用户需求模型的主要依据是用户提交的关键词、主题词或示例文本；二是匹配技术，即用户模板与文本的匹配技术。简单地讲,文本过滤模型就是根据用户的查询历史创建用户需求模型,将信息源中的文本有效表示出来,然后根据一定的匹配规则,将文本信息源中可以满足用户需求的信息返回给用户,并根据一定的反馈机制,不断地调整改进用户需求模型,以期获得更好的过滤结果。从技术角度来看,文本信息过滤的关键技术是获得用户信息需求(用户模板的建立)和解决信息过滤算法,即信息过滤技术的研究应当集中在解决用户模板的表示及根据模板对文本流进行评价(Ranking)的方法上。为提高信息过滤系统的性能,应加强对过滤匹配算法和用户模型的研究与实践。

3. 实例分析

本小节将以 Websense 为例,介绍网络信息内容过滤的实际应用。Websense 是全球知名的过滤软件开发商。有 18 000 多家公司、学校、图书馆和政府部门在使用 Websense 公司的过滤软件,截至本书出版前其最新版本是定位于"企业员工网络管理方案"的 Websense Enterprise v4. 4. 1MS Proxy Server,主要用于企业网络管理,防止员工滥用网络,经过调整后也可用于网吧、图书馆等部门。软件由主数据库、Enterprise 应用程序、报表及三台用户机组成,如图 4-4 所示。

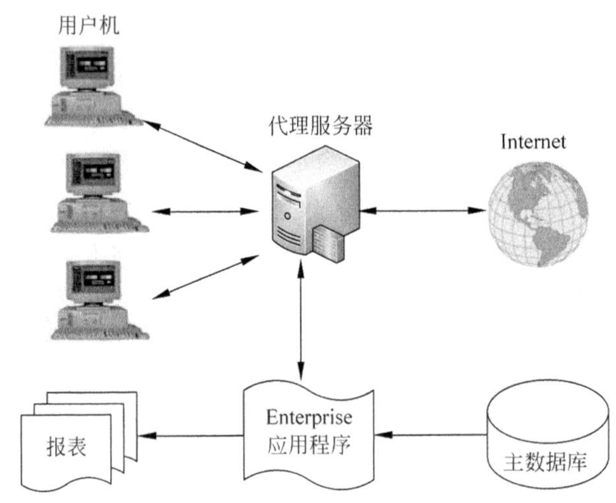

图 4-4 Websense Enterprise 过滤系统示意图

1) Websense 主数据库

Websense 主数据库存储了 400 多万个网站、10 亿个网页。这些网页涉及英、法、德、日、西等 44 种语言,根据不同的内容归入 Websense 分级体系的 31 个一级类目和 50 多个子类目中,号称是世界上最大最精确的采用自动和人工分级相结合的分级网址数据库。主数据库安装在用户的代理服务器上,与 Enterprise 应用程序结合才能过滤网络信息。为了建立和维护这个庞大的数据库,Websense 公司有专门的工具收集网页。网页收集回来后利用自动分类器进行分级。对于分类器无法确定的类目再由人工分级。分级的结果保存在 Websense 的分级数据库中。用户代理服务器上的 Enterprise 应用程序每天都会自动从分级数据库中下载最新的内容,更新主数据库的记录。由于网络信息处于动态变化过程中,为了保证网页分级的有效性,Websense 有专门的工具定期回访网页,对内容有变化的网页进行重新分级。

2）Websense Enterprise 应用程序

Enterprise 应用程序是 Websense 过滤软件直接与用户交互的部分，也是整个系统的核心组成部分。它可以与防火墙、代理服务器整合，在 Windows NT/2000、Sun Solaris、Linux 系统中运行。它能够根据用户定制的过滤模板调用主数据库的数据过滤不适宜的信息，并将处理的结果传递给报表程序。由于 Websense 分级体系的类目众多而且周详，除了不良信息的类目外，还有许多类目是从防止员工滥用网络的角度而设立的，管理人员可以根据不同的用户、组、部门、工作站、IP 地址或网络设置不同的过滤模板，而且还可以为每一类目分别设置以下内容。

（1）时基限额。利用时基限额，允许用户在适当的时间内访问与工作无关的类目。例如，每天允许访问银行及购物站点的时间不超过 20min。

（2）继续，延迟。用户可以选择"继续"浏览不允许的类目，或者选择"延迟"至在工作时间外浏览。

（3）设定时段。按类目设置过滤的时段。例如，每天的工作时间内禁止访问购物网站，而其他时间则可以访问。Websense Enterprise 应用程序可以通过白名单限制用户访问的范围，采用关键词列表阻挡不适当的内容，根据主文件名或扩展名进行过滤，还支持对网络聊天的限制。

4.4　网络信息内容过滤模型

从前面章节中可以看出内容过滤模型是网络信息内容过滤系统中的核心模块。在实际应用中，常用的过滤模型一般包括布尔模型、向量空间模型和神经网络模型。根据过滤系统的应用对象不同，其过滤效率也不同。下面将对这些模型进行简要介绍。

4.4.1　布尔模型

布尔模型是基于特征项的严格匹配模型。首先建立一个二值变量的集合，这些变量对应着信息源的特征项。如果在信息源中出现相应的特征项，则特征变量取 True，否则特征变量取 False。查询是由特征项和逻辑运算符 AND，OR 和 NOT 组成的布尔表达式。信息源与查询的匹配规则遵循布尔运算的法则。根据匹配规则将信息源分为两类：相关类和不相关类。由于匹配结果的二值性，所以无法对结果集进行相关性排序。

布尔模型实现简单，检索速度快，易于理解，在许多商用的过滤系统中得到了应用。但是这种传统的布尔过滤技术也存在一些不足之处。

（1）原始信息表示不精确。布尔模型仅仅以特征项在原始信息中出现与否的布尔特性来表示原始信息，忽略了不同特征项对信息内容贡献的重要程度，容易造成结果的冗余。

（2）基于布尔运算法则的匹配规则过于严格，容易造成漏检。严格且缺乏灵活性的布尔过滤规则往往会导致仅仅因为一个条件未满足的文档被漏检。

（3）布尔模型匹配结果的二值性导致系统无法按结果信息的相关性大小为用户提供信息。

为了克服传统布尔模型的缺陷，人们对其进行了改造，引入权重来表示特征项对文档的贡献程度，形成了所谓的加权布尔模型，即拓展的布尔模型(Extended Boolean Model)。

4.4.2 向量空间模型

向量空间模型已被人们普遍认为是一种非常有效的检索模型。它具有自然语言界面，易于使用。同样，向量空间模型也可以应用到信息过滤系统中来。在以向量空间模型构造的信息过滤系统中，用户模板和原始信息均被表示成 n 维欧氏空间中的向量，用它们之间的夹角余弦作为相似性的度量。运用向量空间模型构造信息过滤系统主要包括 4 个方面的工作。

(1) 给出原始信息的向量表示。

(2) 给出用户模板的向量表示。

(3) 计算原始信息和用户模板之间的相似度。二者的相似度通常用原始信息向量和用户模板向量之间夹角的余弦值来衡量。

(4) 将与用户模板之间相似度大于给定阈值的原始信息提供给用户，并获得用户的反馈。

向量空间模型的优点在于将原始信息和用户模板简化为项及项权重集合的向量表示，从而把过滤操作变成向量空间上的向量运算，通过定量的分析，完成原始信息和用户模板的匹配。

向量空间模型的缺点在于存在信息在向量表示时的项与项之间线性无关的假设，在自然语言中，词或短语之间存在十分密切的联系，即存在“斜交”现象，很难满足假定条件，这对计算结果的可靠性造成一定的影响。此外，将复杂的语义关系归结为简单的向量结构，丢失了许多有价值的线索。因此，有许多改进的技术，以获取深层潜藏的语义结构。如潜在语义索引方法就是对向量空间模型的一种有效改进。

4.4.3 神经网络模型

神经网络模型(Neural Network Model)模拟人脑对信息的处理方式，用该模型过滤信息的基本思想是在其内部存储可行模式的整个集合，这些模式可被外部暗示唤起，即使“外部”提供的资料不足，也可以在其内部进行构造。当给系统输入一个文本的特征向量时，可通过神经网络存储的内部信息对此文本进行主题判断，即神经网络的输入为文本的特征向量，输出为用户给出的评价值。经过训练的网络模型通过将不同文本的特征向量映射为大小不等的评价来实现主题区分的目的。

4.5 网络信息内容过滤的主要方法

分类是一个有指导的学习过程，也是网络信息内容过滤中的一个重要技术方法。其特点是根据已经掌握的每类若干样本(训练数据)的数据信息，总结出分类的规律，建立判别公式和判别规则。然后，当遇到待分类的新样本点(测试数据)时，只需根据总结出的判别公式和判别规则，就能确定该样本所属的类别。

实际上，基于内容的文本过滤在不考虑学习和自适应能力时是一个分类过程，如 TREC

中的 Batch(自动过滤,结果不排序)和 Routing(自动过滤,结果排序)过滤任务。其中,过滤的主题(用户需求)相当于分类的类别,过滤的检出准则相当于分类的判别规则,而判断某文档跟哪些主题相关的过程等价于判别文档所属的类别的过程。对于自适应过滤任务(Adaptive Filtering),其基本框架仍然是一个类似文本分类的判别过程。所不同的主要有两点:一是训练样本很少,几乎没有训练过程;二是在过滤过程中需要根据用户的反馈进行自适应的学习,不断自我调整以实现边学习边提高的目的。后者是自适应过滤研究的重点,但是,作为核心的过滤算法仍然是一个分类算法。

过滤算法的选择是影响文本过滤效果好坏的重要因素。分类技术涉及很多领域,包括统计分析、模式识别、人工智能、神经网络等。由于过滤与分类、检索技术的共通性,上述领域的研究成果同样可以应用到网络信息内容过滤中来。这些方法大致可以分为统计方法和逻辑方法。

4.5.1 统计方法

统计判别方法是统计分析领域的过滤和分类算法的总称,在网络信息内容过滤的实际应用中,常用的方法主要有向量中心法、相关反馈法(Rocchio 法)、K 近邻(K-Nearest Neighbor, KNN)法、贝叶斯法、朴素贝叶斯(Naive Bayes)法和贝叶斯网络(Bayes Nets Work)、多元回归模型(Multivariate Regression Models)、支持向量机(Support Vector Machines)以及概率模型(Probability Model)等。

1. 向量中心法

向量中心法是建立在向量空间模型基础上的。该方法通过计算新到来的文档与表示过滤主题的用户兴趣(向量中心)之间的夹角余弦值:

$$\mathrm{sim} = (D_1, D_2) = \cos\theta = \frac{\sum_{k-1}^{n} w_{1k} w_{2k}}{\sqrt{\left(\sum_{k-1}^{n} w_{1k}^2\right)\left(\sum_{k-1}^{n} w_{2k}^2\right)}} \tag{4-1}$$

或者向量内积

$$\mathrm{sim}(D_1, D_2) = \sum_{k-1}^{n} w_{1k} \cdot w_{2k} \tag{4-2}$$

来判断文档是否跟该主题相关。由于这种方法简单而实用,因而在信息过滤、信息检索、文本分类等多个领域得到了广泛应用。

2. 相关反馈法

Rocchio 法是一个在信息检索中广泛应用于文本处理与过滤等业务中的算法,它是一种基于相关反馈(Relevance Feedback)的、建立在向量空间模型上的方法。它用 TFIDF 方法来描述文本,其中 TF(w_i,d)是词 w_i 在文本 d 中出现的频率,DF(w_i)是出现 w_i 的文本数。该方法中可以选择不同的词加权方法、文本长度归一化方法和相似度测量方法以取得不同的效果。Rocchio 法首先通过训练集求出每一个主题的用户兴趣向量,其公式如下:

$$\vec{C}_j = \alpha \frac{1}{|C_j|} \sum_{\vec{d} \in C_j} \frac{\vec{d}}{\|\vec{d}\|} - \beta \frac{1}{|D - C_j|} \sum_{\vec{d} \in D - C_j} \frac{\vec{d}}{\|\vec{d}\|} \tag{4-3}$$

其中$\vec{C}_j$是主题的用户兴趣，α/β反映正反训练样本对$\vec{C}_j$的影响。$\vec{d}$是文本向量，$\|\vec{d}\|$是该向量的欧氏距离，D是文本总数。

若以余弦计算相似度，则判别文本$\vec{d}$是否跟主题$\vec{C}_j$相关的公式为

$$\begin{aligned} H_{\text{TFIDF}}(d) &= \arg\max \cos(\vec{C}_j, d) \\ &= \operatorname{argmax} \frac{\vec{C}_j}{\|C_j\|} \cdot \frac{\vec{d}}{\|d\|} \\ &= \underset{C_j \in C}{\operatorname{argmax}} \frac{\sum_{i=1}^{n} C_j^{(i)} d^{(i)}}{\sqrt{\sum_{i=1}^{n} (C_j^{(i)})^2 (d^{(i)})^2}} \end{aligned} \tag{4-4}$$

式中，n为每个文档的特征项（词）的个数。式(4-4)中忽略了d的长度，因为它不影响argmax的结果。Rocchio法实现起来较为容易，但是它需要事先知道若干正负样本，受训练集合的影响较大，有时会导致性能下降。

3. K近邻法

K近邻法的原理也很简单。给出未知相关主题的文本，计算它与训练集中每个文本的距离，找出最近的k篇训练文档，然后根据这k篇文档的特性来判断未知文本相关的主题。可以选择出现在这k个邻居中相关的文本与未知文本的相似度，值最大的主题就被判定为未知文本相关的主题，这就是最近邻法。最近邻法不是仅仅比较与各主题类均值的距离，而是计算和所有样本点之间的距离，只要有距离最近者就归入所属主题类。为了克服最近邻法错判率较高的缺陷，K近邻法不是仅选取一个最近邻进行判断，而是选取k个近邻，然后检查它们相关的主题，归入比重最大的那个主题类。

4. 贝叶斯法

(1) 朴素贝叶斯法。朴素贝叶斯算法在机器学习中有着广泛的应用。其基本的思想是在贝叶斯概率公式的基础上，根据主题相关性已知的训练语料提供的信息进行参数估计，训练出过滤器。进行过滤时，分别计算新到文本跟各个主题相关的条件概率，认为文本跟条件概率最大的主题类相关。其计算公式如下：

$$P(C_j \mid d;\hat{\theta}) = \frac{P(C_j \mid \hat{\theta}) P(d_i \mid C_j;\hat{\theta}_j)}{P(d_i \mid \hat{\theta})} \tag{4-5}$$

式(4-5)中，等式右边的概率均可根据训练语料运用参数估计的方法求得。朴素贝叶斯法是在假设各特征项之间相互独立的基本前提下得到的。这种假设使得贝叶斯算法易于实现。尽管这个假设与实际情况不相符，但实际应用证明，这种方法应用于信息过滤中是比较有效的。

(2) 贝叶斯网络。Heckerman和Sahami分别提出了对贝叶斯网络的改进方法。贝叶斯网络的基本思想是取消纯粹贝叶斯方法中关于各特征之间相互独立的假设，而允许它们具有一定的相关性。K-相关贝叶斯网络是指允许每个特征有至多k个父节点f，即至多有k个与之相关的特征项的贝叶斯网络。朴素贝叶斯则是贝叶斯网络的一个特例，也被称为0-相关贝叶斯网络。

5. 多元回归模型

多元回归模型运用了线性最小平方匹配(Linear Least Square Fit)的算法。通过求解输入-输出矩阵的线性最小平方匹配问题,得到一个回归系数矩阵作为过滤器。具体来讲就是求出一个矩阵 $\boldsymbol{X}$ 使得 $\|\boldsymbol{E}\|_F=\left(\sum_{i=1}^{N}\sum_{j=1}^{i}e_{ij}^2\right)^{1/2}$ 最小。其中 $\boldsymbol{E}=\boldsymbol{AX}-\boldsymbol{B}$。在信息过滤中 $\boldsymbol{A}$ 是输入矩阵,是训练集文本的词-文本矩阵(词在文本中的权重),$\boldsymbol{B}$ 是输出矩阵,是训练集文本的文本-相关主题矩阵(主题在文本中的权重)。求得的矩阵 $\boldsymbol{X}$ 是一个关于词和主题的回归系数矩阵,它反映了某个词在某一主题类中的权重。在过滤过程中,用相关主题未知的文本的描述向量 $\vec{a}$ 与回归系数矩阵 $\boldsymbol{X}$ 相乘就得到了反映各个主题与该文本相关度的矩阵 $\vec{b}$。相关度最大的主题就是该文本所相关的主题。

6. 支持向量机

支持向量机算法是 Vapnik 提出的一种统计学习方法,它基于有序风险最小化归纳法(Structural Risk Minimization Inductive Principle),通过在特征空间构建具有最大间隔的最佳超平面,得到两类主题之间的划分准则,使期望风险的上界达到最小。支持向量机在文本分类领域得到了比较成功的应用,成为表现较好的分类技术之一,其主要缺点是训练过程效率不高。N. Cancedda 等人将这种方法用于解决自动信息过滤问题,同样取得了较好的效果。

7. 概率模型

概率模型是 Stephen Roberson 等人提出的信息检索模型,该模型同样可以用于信息过滤。其主要特点是认为文档和用户兴趣(查询)之间按照一定的概率相关,因而在特征加权时融入了概率因素,同时也综合考虑了词频、文档频率、逆文档长度等因素。

4.5.2　逻辑方法

逻辑方法就是研究怎样学习主题过滤规律的方法,该方法认为知识就是过滤。逻辑方法比较适应于具有离散变量的样本。对于连续性的变量,常常采用一些离散化的手段把它们转化成离散值。传统的逻辑方法主要包括基于覆盖的 AQ 家族算法、以信息熵为基础的 ID3 决策树算法以及基于 Rough 集理论的学习算法。

1. ID3 决策树(Decision Tree)算法

ID3 是 Quinlan 于 1986 年提出的一种重要的归纳学习算法,在机器学习中有广泛的应用,它从训练集中自动归纳出决策树。在应用时,决策树算法基于一种信息增益标准来选择具有信息的词,然后根据文本中出现的词的组合判断相关性。决策树有以下 3 个特点。

(1) 使用一棵过滤决策树表示学习结果;

(2) 决策树的每个节点都是样本的某个属性,采用信息熵作为节点的选择依据;

(3) 采用了有效的增量学习策略。

2. AQ11 算法

AQ11 使用了逻辑语言来描述学习结果。整个学习过程就是一个逻辑演算过程:

$$\begin{aligned}E_p\wedge\neg E_N&=(e_1^+\vee e_2^+\cdots e_k^+)\wedge\neg(e_1^-\vee e_2^-\cdots e_m^-)\\&=(e_1^+\wedge\neg e_1^-\wedge\neg e_2^-\cdots\wedge\neg e_m^-)\vee\cdots(e_k^+\wedge\neg e_1^-\wedge\neg e_2^-\cdots e_m^-)\end{aligned}$$

其中 $e_1^+ \in E_p$ 表示正例样本集合中的一个正例样本，$e_1^- \in E_N$ 表示反例样本集合中的一个反例样本，然后使用分配率和吸收率对上式进行简化。

3. 基于 Rough 集理论的逻辑学习算法

Rough 集是波兰数学家 Pawlak 提出的一种不确定性知识的表示方法，后来被人们用作数据约简。数据约简是指去除那些对于过滤不起作用的元素，分为只删除属性值的值约简，以及可以删除整个属性的属性约简。数据约简可以在保持相关主题一致的约束下大大简化样本数据，最终使用很少的几条逻辑规则就能描述过滤规则。

4.6 网络信息内容过滤典型系统

本节针对互联网中信息需求个性化的特点，首先介绍一种多 Agents 信息过滤系统模型。接下来，从中文网页信息内容过滤系统的需求分析出发，讨论基于文本匹配的过滤系统的设计实现。

4.6.1 基于多 Agents 的过滤系统

由于 Internet 信息空间的分布性、异构性，人们对信息的需求体现出个性化的特征。本小节介绍一种采用智能 Agents 技术的多 Agents 信息过滤系统模型，该模型借助上面介绍的过滤算法对系统检索得到的结果进行信息过滤，按照用户需求过滤掉无关信息，重视用户反馈，以用于进一步优化用户的检索；同时，建立个性化知识库，该知识库可使得检索过滤系统能够自学习用户兴趣，为信息过滤自动化过程提供事实依据，增强自动检索功能。

1. 智能 Agents 技术特点

智能 Agents 是一种计算机程序，它在计算机系统中的执行功能类似于现实世界的 Agent。软件 Agent 是一个处于某种环境并作为环境一部分持续自主运行的实体，它感知环境并作用于环境，执行自己的议程或目标序列以影响其将来可以感知到的东西。在充满分布性、异构性的 Web 信息空间中，人工智能方法，特别是智能代理(Agent)技术，为基于 Internet 的信息过滤系统提供了一种智能化的信息获取和访问手段，是实现人机交互学习，信息收集、过滤、聚类以及融合的较好方法，尤其是应用在智能信息方面，以及实现对传统信息检索系统的智能化接口的封装上有较好的效果。智能信息 Agent 具有 5 个特性。

(1) 综合性(Integrated)：Agent 必须支持一个易懂、相容的界面。

(2) 表达性(Experssive)：Agent 必须接受和理解不同形式的查询。

(3) 意图性(Goal-oriented)：Agent 必须知道“什么时候”和“如何完成”一个目标任务。

(4) 合作性(Cooperative)：Agent 必须同用户进行合作。

(5) 用户化(Customized)：Agent 能够适应不同的用户。

正是由于智能 Agents 的这些特性，许多组织和研究采用它来提高网上信息检索的能力。需要说明的是，本书介绍的基于多 Agents 的智能信息过滤系统并不给出各个 Agents 的具体形式定义和实现，对专门 Agents 技术的研究已经超出了本书的范畴。我们的主要目的是在现有 Agents 技术的基础上，利用 Agent 的特性，给出一个个性化的基于多 Agents

技术的智能信息过滤系统模型，以便从智能性、主动性、扩充性、易维护性等方面弥补现有智能信息过滤系统中的不足，提高检索速度和精度，帮助人们最大限度地发现自己感兴趣的问题。

2. 多 Agents 智能过滤系统中知识库的建立

多 Agents 智能过滤系统的核心是知识库的建立，建立过程一般需要 3 个表，分别用来存放学习得到的 3 种知识：①主题词、相关词和过滤词表；②用户个性化文件表；③检索结果数据表（WWW 资源表）。

在基于关键词的检索过程中，通常会遇到关键词的内涵和外延不够明确的问题，为此，我们引入了主题词和关联词的概念。主题词是指关键词，关联词是指与主题词相关的词，是对主题词的补充。关联词分为限制性关联词和近似性关联词，关联词典就是这些关联词的有机结合。在关联词典中存放的就是主题词和与之对应的关联词。例如，对于我们研究的智能 Agent 而言，主题词是 Agent，其相似的关联词是"智能代理"，限制性关联词是"人工智能"。可见，近似性关联词就是与原主题词内涵相同的词汇，限制性关联词就是对原主题词外延加以限制的词汇。而过滤词表示的是用户对与此词相关的信息不感兴趣的词。用户提交主题词和过滤词后，系统会构造包含主题词、关联词和过滤词的布尔表达式。在上例中，用户提交主题词 Agent 和过滤词"硬件"后，系统会给出如下的布尔表达式：

(((Agent ∨智能代理) ∧人工智能) ∧!硬件)

其中∧表示"与"，∨表示"或"，! 表示"非"。

采用关联词典的优点在于：

(1) 用户界面友好。采用关联词典，用户不必适应各种搜索引擎的关键词搜索界面和由此带来的不便，只要输入主题词和过滤词，系统就能给出各个搜索引擎的查询词，供其调用。

(2) 用户可以根据自己的需求生成不同的关联词典，从而满足个性化查询。其结构见表 4-1。

表 4-1　关键词表结构

字段名	说明
keyWordID	关键字 ID
KeyWord	主题词
RelevantWord	关联词
FilterWord	过滤词

WWW 资源表存储从 WWW 上获取的站点信息，包括 Title、URL、文档主题内容、站点更新时间等，这些站点信息大多数是用户感兴趣的信息，这为进一步的信息过滤提供本地资源。其基本结构见表 4-2。

表 4-2　WWW 资源结构表

字段名	说　明
PageID	页面 ID
SiteID	所属站点
Title	页面标题

续表

字段名	说　明
URL	页面地址
StoredPath	存储路径
Description	页面描述
UpdateTime	页面更新时间
AnalysisResult	页面结果分析

用户个性化文件表包含两个内容：一是保存了各个用户感兴趣的主题信息；二是保存了用户经常性的网络行为特征，例如用户经常搜索的关键词信息、经常访问的网站的信息、关键词的访问频率等。

3. 多 Agents 智能过滤系统的总体框图

图 4-5 给出了一种通用的多 Agents 过滤系统结构，按照功能的不同，将系统分成用户界面 Agent、兴趣管理 Agent、过滤查找 Agent、站点操作 Agent、搜索更新 Agent 和系统主控 Agent 六大部分。其中，用户界面 Agent 是用户和过滤系统的中介；过滤查找 Agent 接受用户的特征请求，对 WWW 资源库进行查找和过滤；兴趣管理 Agent 接受来自用户界面的反馈信息，对个性化文件库的信息进行修改；搜索更新 Agent 和站点操作 Agent 是面向网络操作的，搜索更新 Agent 按一定周期自动从 Web 上获取信息补充到 WWW 资源库中，站点操作 Agent 直接面向资源系统或者站点获取信息，并将结果返回到用户界面 Agent；系统主控 Agent 负责多 Agents 之间的通信与协作。

下面将详细介绍系统主要模块的功能及采用的相关技术。

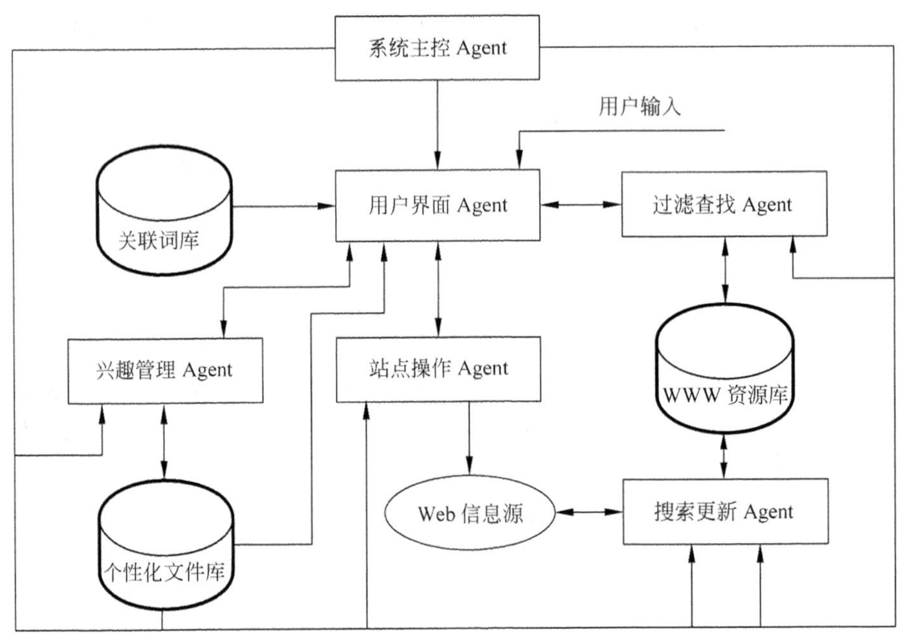

图 4-5　多 Agents 过滤系统的结构

1）用户界面 Agent

用户界面 Agent 是用户和过滤系统的中介，其主要功能包括三方面：一是实现信息导引，帮助用户确定自己需要的信息所在的领域，细化和规范查询要求；二是提供用户相关信息反馈窗口，记录用户对查找结果的满意程度；三是为用户提供注册登录界面，以便存储用户的个性化信息，这是用户兴趣管理的一部分，也是个性化服务的一个特点。

其中，实现信息导引的关键技术是主题信息分类。对此，我们分别在知识库中建立了针对不同用户不同主题的个性化文件库和关联词库，用户界面 Agent 根据知识库对用户提交的查询请求给出最满意的表示方式。对反馈信息的描述一般采用等级化选择的返回方式，由用户对结果匹配的满意程度做出评价。

2）过滤查找 Agent

过滤查找功能是根据用户界面 Agent 的请求实现对 WWW 资源库的查找，并将查找结果反馈给用户界面。这里所涉及的技术是查找方式，单纯的关键词匹配查找是不够的，容易造成返回结果过多或定位不准确。我们这里充分利用布尔模型和向量空间模型的优点，给出一种新的过滤算法，同时计算用户特征文件与检索文档的匹配度和相似度，从而为用户提供最能反映用户特征主题的过滤结果，前文已有详细介绍。过滤查找 Agent 返回的只是用户查找的中间结果，例如，相关站点 IP 地址和站点的主题内容等。由用户界面 Agent 返回中间结果给用户，并由用户人工选定后，再交给站点操作 Agent，由其直接从目标站点获取所需结果。

3）站点操作 Agent

站点操作 Agent 是直接与信息源进行连接获取信息的代理，可以在现有网络通信协议 TCP1/P 的基础上实现。技术关键在于 Agent 与相关系统之间接口关系的确定。我们的方法是在 WWW 资源库中直接存储资源站点的绝对路径，这种方案与当前的网络数据获取方式是一致的，但前提是 WWW 资源库中获取数据的路径必须绝对正确，不能出现链接不上或链接错误的情况。

4）兴趣管理 Agent

兴趣管理 Agent 与用户界面 Agent 以及个性化文件库相连，接受并存储用户界面 Agent 的反馈评价信息表，能对用户反馈意见进行统计分析，按一定的学习规则对个性化文件库 Profile 中特征词条的权重信息进行修改，同时根据用户要求设定兴趣监控站点。建立合理的权重更新修改规则是该 Agent 的技术重点，可以引入相关反馈技术（Relevance Feedback）和 Hopfield 神经网络的联想记忆学习功能进行处理。

5）搜索更新 Agent

搜索更新 Agent 的主要功能是完成网上信息的自动获取，实时扩充和更新 WWW 资源库的内容，保证 WWW 资源库中的站点信息是实时的、正确的和有效的。关键技术有两点：一是多线程机制，提高检索速度；二是借助已有的搜索引擎实现自己的搜索目标。最常见的问题在于常用的搜索引擎用户接口一般为异构的，有其特定和复杂的连接方式和查询语法。针对这种状况，通用的解决方案是在搜索更新 Agent 模块中使用屏蔽接口转换技术，将搜索引擎的位置、接口等细节屏蔽起来，将用户的查询转换成不同的形式连接到不同的搜索引擎，同时将不同搜索引擎的返回结果处理成一致的形式，输入 WWW 资源库。此搜索更新 Agent 具有如下优点。

(1) 将用户的查找请求转换为若干个底层搜索引擎处理格式。

(2) 向各个搜索引擎发送查询请求,并统一返回其检索结果。

(3) 不需要建立庞大的索引数据库,也不需要使用复杂的检索机制,便于维护。

6) 系统管理模块

该模块分为系统初始化和系统设置两个子模块。系统初始化子模块在系统加载时自动启动,该模块处理过程包括连接数据源、打开数据库、启动自动网页监视后台进程、初始化程序界面、调出已写入注册表的系统初始化默认信息、恢复默认搜索引擎、恢复默认代理该置等。系统设置子模块用于重新设置代理和默认的搜索引擎等,所设置的内容写入系统配置表,当再次启动系统时,该配置将作为默认的系统参数配置。

7) 知识库管理模块

对用户长期没有访问的网站信息和主题兴趣,采用一定策略减少其权值,当权值低于预先设定的阈值时,将该网站信息或主题兴趣抛弃,这样可以避免随着时间的增加,数据库的内容无限增大,达到对知识库进行动态管理和维护目的,并且提高程序的运行速度。

4.6.2 基于文本匹配的过滤系统

本小节从中文网页信息内容过滤系统的需求分析出发,讨论基于文本匹配的过滤系统的总体结构设计和模块划分,并对系统各模块的功能进行详细阐述。

1. 总体设计

系统采用后台程序和监控端相结合的结构。监控端负责网页信息的截获,并将其反馈给后台程序,接收后台程序的命令对网页重定向不做处理。后台程序负责网页信息的检测和判定,并将判定结果发送给监控端,同时,维护数据库更新并提供相关管理界面等。系统工作原理如图 4-6 所示。

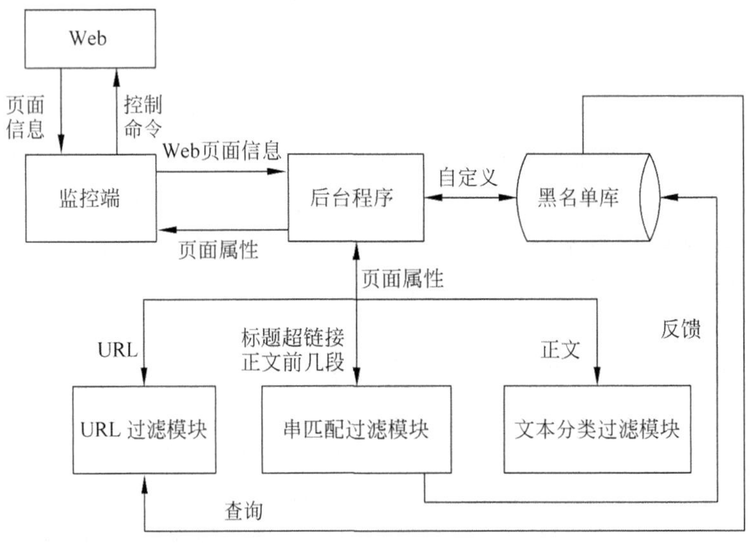

图 4-6 系统工作原理

网页判定流程图如图 4-7 所示。系统对 IE 浏览器实时监控,当监控到用户有新的访问请求时,系统将用户访问的 URL 和对应的网页文本信息发送给后台程序,在没有接收到后台程序指令之前，屏蔽 IE 浏览器的显示。后台程序收到监控端的新数据后进行网页属性判定，根据网页的 URL 和网页文本信息判定网页性质，并发送判定消息到监控端。

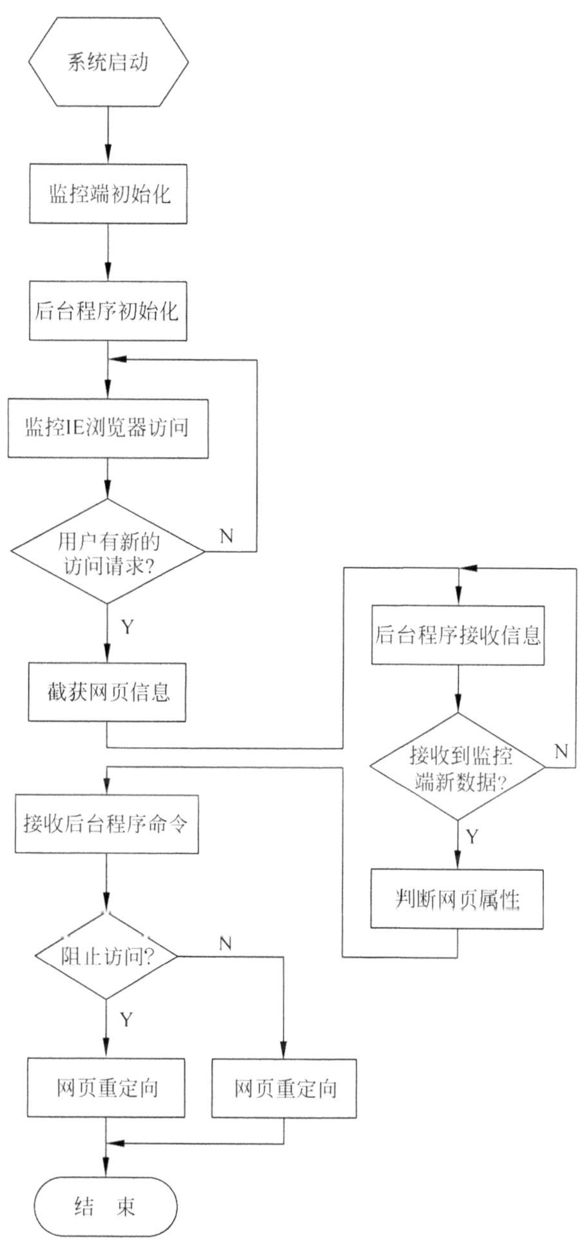

图 4-7　网页判定流程

系统的过滤方法采用 URL/IP 过滤和内容过滤相结合的方法。根据监控端发到后台程序的网页信息，首先，判断该 Web 页面的 URL 是否在黑名单上，若网页在黑名单上，则阻止用户访问；若不在则进入内容过滤模块，对文字图片分别进行处理得到 Web 页面的属性信息；接着，根据属性信息判断是否阻止用户访问，并且反馈给数据库，加入黑名单。由于图片的处理速度要慢于文字的处理速度，且很多情况下文本不良信息和图像不良信息会同时出现，因而采用先文本过滤后图片过滤的过滤策略，这样可以减少图片过滤模块的调用次数，从而提高系统的处理速度。当然，在系统配置允许的情况下，也可以将文本过滤和图片过滤并行处理。

网页文本过滤模块采用字符串匹配过滤和文本分类过滤两种过滤模式相结合的策略。首先依据敏感词库对网页文本信息一些特定的位置进行字符串检索，如果检索出敏感词汇，则判定为网页非法，发送判定消息给监控端，否则继续进入文本分类过滤检测，通过文本分类算法判定网页属性，并发送判定消息给监控端。对于判定非法的网页，须及时反馈 URL(空格)到黑名单库，当再次访问同一个网页时就不需要再进行文本过滤模块处理。由以上分析可知，系统采用三级过滤的策略，分别为 URL 过滤、字符串匹配过滤和文本分类过滤。过滤顺序按照处理速度进行排序：URL 本身长度很短，检测过滤只需要对比黑名单，处理速度最快；字符串匹配过滤在网页的一部分文本中检索敏感词汇，将文本内容和敏感词库进行对比，速度次之；文本分类算法计算复杂，耗时最长。三级处理中任意一级将网页判定为非法网页后，就不需要再进行接下来的判定，只有当网页判定为正常网页的时候才需要进行下一级的处理。这样的设计策略可以用最短的时间检测出不良网页，最大限度提高系统的效率，保证系统的实时响应。

2. 模块设计

中文网页过滤系统最关键的是过滤算法的设计和实现。系统总体设计采用三级过滤系统，将过滤系统分为 3 个主要的模块，分别是基于 IP/URL 的过滤模块、基于字符串模式匹配的过滤模块和基于文本分类技术的过滤模块。下面对各个模块详细设计进行说明。

1) 基于 IP/URL 的过滤模块

基于 IP/URL 的过滤模块是 3 个过滤模块中的最上层，网页信息要首先经过该模块的处理。模块流程图如图 4-8 所示。从网页信息中提取出 URL，然后在黑名单库中进行查询，若查询到该 URL 则表示网页包含不良信息，并予以阻止，否则不进行处理，进入后续模块的处理。基于 IP/URL 的过滤模块的所有操作都是以黑名单库为中心，围绕黑名单库进行的，由此可见模块的关键是黑名单库的设计，且黑名单库的设计好坏直接关系模块处理速度的快慢。黑名单数据库主要包含 2 个查询操作和 3 个更新操作。

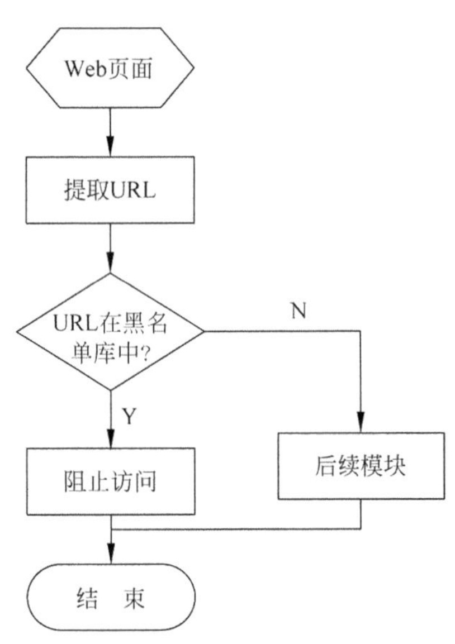

图 4-8 基于 IP/URL 的过滤模块流程图

两个查询操分别是：

(1) 待检测网页 URL 的查询。

(2) 用户自定义黑名单库的查询操作。

黑名单库还要接受 3 个更新操作，分别是：

(1) 接收基于字符串模式匹配的过滤模块反馈信息。

(2) 接收基于文本分类技术的过滤模块反馈信息。

(3) 接收用户自定义操作，对黑名单库进行的添加和删除操作。

2）基于字符串模式匹配的过滤模块

网页文本的信息一般包含在标题、正文和超链接当中。标题通常是网页内容的概括，一般情况下，当人们看到标题就可以知道文章大概讲述的内容，因此，标题中一般包含比较大的信息量，是检索敏感信息的重点。相比于标题，正文内容较长，但是重要的信息一般会在前几段出现，前几段如果不出现不良信息，则后面再出现不良信息的概率就比较小，因此，正文的前几段也是不良信息检索的重点。现在越来越多的网站通过超链接的形式嵌入到其他的网站当中，而超链接中的文字一般会选择比较诱人且信息量大的文字，因此，这也成为检索的重点。由以上可以看出，从标题、正文前几段和超链接中检索出不良信息的概率比较大，应对其进行特殊处理。

基于字符串匹配技术的过滤模块的流程图如图 4-9 所示。首先，模块得到用户将要访问的互联网 Web 页面，对 Web 页面进行分析，提取出标题、正文前几段和超链接；然后，初始化字符串模式匹配算法，通过敏感词库在标题、正文前几段和超链接中进行敏感词汇检索，若没有检测出不良信息，则对用户访问不加限制并进入后续模块的处理，一旦检索出敏感词汇，则阻止用户访问，同时将网页的 URL 信息反馈给黑名单库。

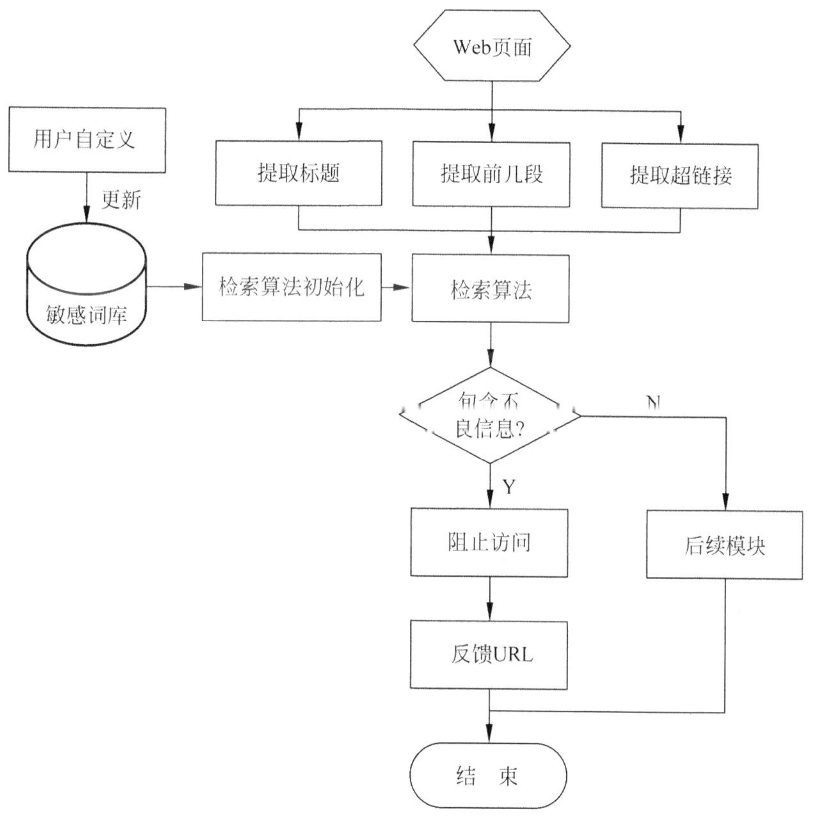

图 4-9　字符串匹配过滤算法流程图

基于字符串匹配的过滤模块采用 AC-BMH 作为其核心算法，这主要是由于基于字符串匹配的文本过滤有两个特点：一是主要针对中文文本过滤；二是敏感词库中的词语一般较短。这两点都使得好后缀规则的应用较少，起主导作用的是坏字符规则。因此，针对这种大字符集上的应用采用 AC-BMH 算法，只使用坏字符规则对算法进行优化，提高效率。敏感词库的建立，是通过对大量文章中词频的统计，选出最能代表敏感文章的词语。高频率词汇通常是文章中的常用语，如“我们”“开始”等，这些词汇在所有文章中出现的频率都很高，因而不能代表文章的类别；低频词包含信息很少，也不能反映文章的类别；最能表达文本属性的一般是文章中的中频率词汇。通过词频统计选出最能体现文本属性的中频词，将这些词加入敏感词库，也可以通过人工手动添加作为补充，同时，也可以为特定用户、特定的过滤添加不同的词库。敏感词库在 AC-BMH 算法初始化时通过 Init_tree 函数读取并添加到模式树中，初始化时对词库顺序没有要求，依次读取敏感词库的每一个词汇。处理过程中没有复杂的处理和其他数据的出现，因而在这里仅采用了普通文本形式来存储敏感词库。

3）基于文本分类技术的过滤模块

基于文本分类技术的过滤模块是 3 层过滤中最后一层，当前两种过滤策略都将网页判定为正常网页的时候才进行该模块的处理。文本分类技术将待检测文本自动分类，具体到中文网页过滤的应用中是一种二文本分类，文本只有合法和非法之分，没有类别的区分。该模块的数据处理对象是网页文本的正文部分，通过分类模型判定文本的分类属性，依据分类属性进行过滤。该模块涉及整个正文部分的检测，数据处理量大，分类模型计算复杂，因而整体速度偏慢。模块首先得到用户将要访问的互联网 Web 页面，提取出正文内容，然后对正文进行预处理，得到分类器可以识别的文本数据，再通过分类计算得到 Web 页面的属性判定，网页归为正常网页则允许访问，若归为不良网页则阻止访问，同时将网页的 URL 信息反馈给黑名单库。

基于文本分类的过滤模块选取支持向量机算法作为模块的核心算法。主要原因有三点：

第一，中文网页过滤的处理对象是单个的 Web 页面，一般来讲页面比较小，而支持向量机算法对小样本分类时速度快、分类准确率高；

第二，训练样本库只包含支持向量的样本，训练出来的分类模型占用空间少；

第三，支持向量机是一种原生的两类分类算法，很适合网页过滤。

支持向量机文本分类算法分为训练过程和识别过程。训练过程是对训练样本库训练得出分类模型的过程。训练样本库中的数据均是已确定分类属性的有代表性的文本，其质量好坏关系到分类模型的质量，进而影响到系统识别过程的准确性。训练样本库中的不良文本要涵盖暴力、色情和反动等多个方面的文本，正常文本要包含政治、经济、科技、生活等全方位的文本。这样的样本库才最有代表性，也最能突出两类文本各自的特点，训练出来的分类模型的准确率和实用性才会更好。由于没有标准库，只能从网络手动搜集一些样本库资源，尽可能做到准确详尽。

4.7 本章小结

网络信息过滤技术能够有效、准确地找到用户感兴趣的信息，为用户提供及时、个性化的信息服务，真正做到“用户所需”。近年来，网络信息过滤技术获得了长足的发展，越来越多地应用于 Web 空间，并成为研究和工程实践的热点。本章对网络信息内容过滤技术展开论述，介绍了网络信息过滤的原理，概述了网络信息过滤系统的主要类型，深入描述了网络信息内容过滤模型，分析比较了不同过滤模型，并对其中的关键技术进行了重点研究。本章的内容是后续章节的理论基础。

习　题

1. 网页内容过滤有哪些应用？目前主要有哪些方法？
2. 简单描述字符串匹配过滤算法。
3. 试描述网络信息内容过滤系统的基本框架。
4. 简要描述网络信息内容过滤的主要方法。
5. 简单比较统计和逻辑方法的异同和优缺点。

第5章　话题检测与跟踪

5.1　话题检测与跟踪概述

5.1.1　话题检测与跟踪的定义

话题检测与跟踪(Topic Detection and Tracking,TDT)是一项旨在依据事件对语言文本信息流进行组织、利用的研究,也是为应对信息过载问题而提出的一项应用研究。与一般的信息检索或者信息过滤不同,话题检测与跟踪所关心的话题不是一个大的领域(如美国的对华政策)或者某一类事件(如恐怖活动),而是一个很具体的"事件(Event)",如法国尼斯恐袭事件、习近平访美等。为了区别于语言学上的概念,话题检测与跟踪评测会议对"话题"进行了定义:所谓话题(Topic),就是一个核心事件或活动以及与之直接相关的事件或活动。而一个事件(Event)通常由某些原因、条件引起,发生在特定时间、地点,涉及某些对象(人或物),并可能伴随某些必然结果。通常情况下,可以简单地认为话题就是若干对某事件相关报道的集合①。"话题检测与跟踪"则定义为"在新闻专线(Newswire)和广播新闻等数据流中自动发现主题并把主题相关的内容联系在一起的技术"。

话题检测与跟踪的概念最早产生于1996年,当时美国国防高级研究计划署(DARPA)根据自己的需求,提出要开发一种新技术,能在没有人工干预的情况下自动判断新闻数据流的主题。1997年,研究者开始对这项技术进行初步研究,并做了一些基础工作(包括建立了一个针对话题检测与跟踪研究的预研语料库)。当时的研究内容包括寻找内在主题一致的片断,即给出一段连续的数据流(文本或语音),让系统判断两个事件之间的分界,而且能自动判断新事件的出现以及旧事件的再现。从1998年开始,在DARPA支持下,美国国家标准技术研究所(NIST)每年都要举办有关话题检测与跟踪的国际会议,并进行相应的系统评测。2002秋季召开了话题检测与跟踪的第五次会议(即TDT 2002)。这个系列的评测会议作为DARPA支持的跨语言信息检测、抽取和总结(Translingual Information Detection, Extraction and Summarization,TIDES)项目下的两个系列会议(另一个是文本检索会议TREC)之一,越来越受到人们的重视。参加该评测的机构包括著名的大学、公司和研究所,如IBM Watson研究中心、BBN公司、卡耐基-梅隆大学、马萨诸塞大学、宾州大学、马里兰大学、龙系统公司等。国内这方面的研究开展得要晚一些,1999年国立台湾大学参加了话题检测与跟踪话题检测任务的评测,香港中文大学参加了TDT 2000的某些子任务的评测。随着该技术应用的普及,北京大学和中科院计算所的研究人员也开始进行这方面的跟踪和

---

① 对这种相关性必须做一个界定,不能任由集合无限扩大。为此,TDT会议组织者在构造TDT语料时,对挑选出来的每个话题都定义了相关性判定规则。

研究。

话题检测与跟踪会议采用的语料是由会议组织者提供并由语言数据联盟(Linguistic Data Consortium,LDC)对外发布的话题检测与跟踪系列语料。目前已公开的训练和测试语料包括话题检测与跟踪预研语料(TDT Pilot Corpus)、TDT2 和 TDT3,这些语料都人工标注了若干话题作为标准答案。TDT2 和 TDT3 收录的报道总量多达 11.6 万篇,从而很大程度上避免了数据稀疏问题的影响,同时也能很好地验证算法的有效性。总的来看,话题检测与跟踪系列评测会议呈现两大趋势:一是努力提高信息来源的广泛性,不仅包括互联网上的文本数据,还包括来自广播、电视的语音数据;二是强调多语言的特性。从 1999 年开始,话题检测与跟踪会议引入了对汉语话题的评测,2002 年又增加了阿拉伯语的测试集。

可以看到,话题检测与跟踪和信息抽取的研究一样,其建立与发展是以评测驱动的方式进行的。这种评测研究的方法具有以下一些特点:明确的形式化的研究任务、公开的训练与测试数据、公开的评测比较方法。它将研究置于公共的研究平台上,使得研究之间的比较更加客观,从而让研究者认清各种技术的优劣,起到正确引导研究发展方向的作用。接下来将对话题检测与跟踪中常见的一些概念进行说明。

1. 话题

话题检测与跟踪技术中,话题(Topic)被定义为与真实世界中不断增长的事件相关的新闻故事的集合。在最初的研究阶段,话题和事件的含义相同。一个话题是指由某些原因、条件引起,发生在特定时间、地点,有一定的参与者或设计者,并可能伴随某些必然结果的一个事件,例如"彻底查清 MH370 客机失联原因"这便是一个话题。目前使用的话题概念要相对宽泛一些,它包括一个核心事件或活动以及所有与之直接相关的事件和活动。如果一篇报道讨论了某个话题的核心事件直接相关的时间或活动,那么也认为该报道与此话题相关。例如,搜索飞机失事的幸存者、安葬死难者都被看作与某次飞机失事这个话题相关。

2. 事件

事件(Event)通常是在特定时间、地点发生的事情。可以简单地认为话题就是若干对事件相关报道的集合。例如"2014 年 3 月 8 日马航 MH370154 客机失联"是一个事件而不是话题,"马航 MH370154 客机失联"是话题而不是事件。一般的,事件是话题的实例,与一定的活动相关。

3. 故事

故事(Story)是对某个事件的相关报道。在话题检测与跟踪领域中,它是指一个与话题紧密相关的、包含两个或多个独立陈述某个事件的子句的新闻片段。

4. 话题检测

话题检测(Topic Detection)旨在发现新的事件并将谈论某一事件的所有新闻报道归入相应的事件簇,所以话题检测本质上是一种特殊的文本聚类技术,它又可分为回溯探测和在线探测。回溯探测是在一个按事件次序累积的新闻报道流中发现以前未经确认的事件并在整个数据集合上进行聚类,它允许系统在开始话题检测任务之前预览要处理的整个新闻报道集,因而可以获得一定的关于待处理文本信息流的先验知识。而在线探测的目的是实时地从新闻媒体流中发现新事件,并以增量的方式对输入的新闻报道进行聚类,在做出最终的决策前只能向前面看有限的新闻报道。

5. 话题跟踪

话题跟踪(Topic Tracking)就是通过监控新闻媒体流以发现与某一已知事件相关的后续新闻报道。通常需要事先给出一个或几个已知的关于该事件的新闻报道。这项研究和信息检索领域中基于示例的检索有许多共同之处。在话题跟踪中已知的训练正例非常少,并且与某个事件相关的报道常常集中出现在某一特定的时间区间。

5.1.2 话题检测与跟踪的特点

目前来看,话题检测与跟踪的研究呈现以下特点。

(1) 大多数已公开系统采用的方法主要还是传统的文本分类、信息过滤和检索的方法,专门针对话题发现与跟踪自身特点的算法还未形成;

(2) 要取得整体上比较满意的效果并不太困难,但对某个用户感兴趣的特定话题,现有系统都无法保证取得满意的效果,例如对于用户关注的"尼斯恐袭事件",系统不能保证取得高于平均值的准确率;

(3) 从长期来看,综合使用多种相对成熟的方法,在实际应用中可能效果最佳,同时这也是将来的一个研究发展方向。

目前话题检测与跟踪的研究现状仍然以传统基于统计策略的信息检索、信息过滤、分类和聚类等技术为主,忽视了新闻语料本身具备的特点,例如话题的突发性与跳跃性、相关报道的延续与继承性、新闻内容的层次性以及时序性等。基于这一问题,当前的研究趋势是将多种方法进行融合,并嵌入新闻语料特性实现话题的识别与追踪,例如结合命名实体的话题模型描述、以时间为参数的权重与阈值估计等。虽然这些方法能够在一定程度上提高话题检测与跟踪系统性能,但其只是对传统统计策略的一种补充与修正,并没有形成独立于话题检测与跟踪领域特有的研究框架与模型。

总而言之,话题检测与跟踪是自然语言处理领域中一个重要的研究课题。通过评测驱动的方式,话题检测与跟踪的研究已经取得了相当大的进展。但当前的研究主要还是基于传统的统计方法,这些方法在文本分类、信息检索、信息过滤等领域得到广泛的应用。将来的发展应主要关注话题本身的特性,并考虑多种方法的综合运用。话题检测与跟踪的发展和实际应用息息相关,它能够弥补信息检索的一些不足,在国家信息安全、企业市场调查、个人信息定制等方面都存在着实际需求。随着现有系统性能的不断提高,话题检测与跟踪在各个领域必将得到越来越广泛的应用。

5.1.3 话题检测与跟踪的意义

随着信息传播手段的进步,尤其是互联网的出现,信息急剧膨胀。网络上的新闻报道是其中最主要的信息类型之一,也是人们最为关注的信息类型之一。这些新闻报道具有数量大、增长快、主题相关、时效性强、动态演化等特性,已成为信息获取的主要来源之一。当前我们采集的大量网页数据中,新闻网页占有很大的比例。在这种情况下,如何快捷、准确地从海量的新闻网页中获取感兴趣的信息,便是我们关注的焦点。

目前在信息获取过程中,针对这种数据的处理是通过传统的关键词检索技术来完成的。由于网络信息量太大,与一个话题相关的信息往往孤立地分散在不同的时间段和地方,这种方法返回的信息冗余度过高,很多不相关的信息仅仅是因为引文含有指定的关键词,就被作为结果返回了。并且其中的相关信息并没有进行有效的组织，只是简单罗列，人们对某些新闻事件难以做到全面的把握，在人员和处理设备有限的情况下，势必造成大量数据不能被完全处理。这样不仅浪费已采集的资源，而且一旦丢掉的数据中包含重要价值的信息，就会造成无法弥补的损失。

话题检测与跟踪技术正是在这种应用背景下产生的，它是一种检测新出现话题并追踪话题发展动态的信息智能获取技术。该技术能把分散的信息有效地汇集并组织起来，从整体上了解一个话题的全部细节以及该话题中事件之间的相关性。就具体的应用而言，该技术主要用于满足现实中的一些信息分析和组织需求。例如，对于政府安全分析人员，他需要关注任何可能给网络上带来巨大波动的事件的发生和发展状况；对于国际关系或社会学研究者，他有时需要通过某种技术将所有关于某一新闻事件的新闻报道自动地收集并整理出来，以便进一步对该事件的前因后果进行深入的调查和研究，甚至需要对该事件的发展趋势做出预测；对于情报分析人员，他需要密切监视国内或国际上发生的重大事件等。

该问题的研究在理论与实践上都具有非常重要的意义，其应用领域已经由信息检索、证券市场分析扩展到决策支持、信息内容安全等领域。将现有的理论成果向应用领域推广作为该研究领域的重要分支，成为未来的一个研究热点。

5.2　话题检测与跟踪的任务

话题检测与跟踪的研究包含了 5 项基础性的研究任务：面向新闻广播类报道的切分任务、对未知话题首次相关报道的检测任务、报道间相关性的检测任务、面向未知话题的检测任务以及面向已知话题的跟踪任务。

5.2.1　报道切分

报道切分（Story Segmentation Task，SST）是将原始数据流切分成具有完整结构和统一主题的报道。由于获得的文本信息流本身就是以单个报道的形式出现的，所以 SST 面向的数据流主要是广播、电视等媒体的音频数据流。切分的方式分为两类：一是直接针对音频信号进行切分；二是将音频信号翻录成文本形式再进行切分。前者的切分对象是未经翻录的广播，根据音频信号的分布规律划分报道边界；而后者是得到文本形式的新闻报道，然后根据主题内容的差异估计报道边界。报道切分是其他 4 项任务的预处理，也就是说，其他任务都是在报道切分的基础上进行的。实际应用中的话题检测与跟踪系统必须保证新闻报道得到有效切分，才能进行后续的有关检测或跟踪研究。有关研究表明，它对各种识别任务影响很大，对跟踪任务影响很小。

5.2.2　首次报道检测

首次报道检测（First-Story Detection Task，FSD）是指从具有时间顺序的新闻报道流中自动检测出未知话题出现的第一篇报道。虽然首次报道检测与话题检测的任务类似，但两者的输出并不相同，前者输出的是一篇报道，而后者输出的则是一个关于某一话题的报道集合。在 TDT 2004 的评测中，将数次报道检测转换成了新话题检测（New Event Detection，

NED)。NED与FSD类似，区别在于检测对象从话题具体化为事件，这是由于某些话题的跳跃式出现，即话题在消失一段时间后重新出现并且起源于一个新的事件。例如"恐怖主义"，这个话题可以包括2013年的美国波士顿马拉松爆炸案和2016年的法国尼斯恐袭事件，这两个话题在不同的时间由不同的事件引发，从而跳跃式出现。NED就是要研究如何区分不同事件引发的相同话题。

5.2.3 关联检测

关联检测(Link Detection Task,UDT)的主要任务是对给定的两篇新闻报道做出判断，即是否讨论同一个话题。因为话题检测与跟踪的本源问题就是检测话题与报道之间以及报道与报道之间的相关性，所以可以说关联检测是承载话题检测与跟踪其他各项任务的基本平台。大部分关联检测研究关注于相关性计算，包括文本描述及特征项选择。常用的关联检测系统使用余弦相似度计算。

5.2.4 话题检测

话题检测(Topic Detection Task, TD)的主要任务是检测和组织系统预先未知的话题。TD要求在所有话题未知的情况下构造话题模型，并且该模型不能独立于某一个特例话题。话题检测系统通常分为两个阶段：①检测出最新话题；②根据已经检测出的话题，收集后续与其相关的报道。话题检测意在将输入的新闻报道归入不同的话题簇，并在需要的时候建立新的话题簇。从本质上看，这项研究等同于无指导的(系统无法预先知道该有多少话题簇、什么时候建立这些话题簇)聚类研究，但只允许有限地向前看。通常的聚类可看作是基于全局信息的聚类，即在整个数据集合上进行聚类，但话题检测中用到的聚类是以增量方式进行的。这意味着在做出最终的决策前，不能或只能向前面看有限数量的文本或报道。话题检测作为一种增量聚类，可以划分为两个阶段：①检测出新事件的出现；②将描写先前遇到的话题的报道归入相应的话题簇。显然，第一个阶段就是对新发生事件的检测。话题检测任务是对新话题检测任务的一个自然扩展。但是，这两项任务的区别也是很明显的：前者关心的是将谈论某个话题的所有新闻报道归入一个话题簇，如果仅仅不能正确检测出对某个话题的首次报道，则问题并不严重；后者则正好相反，它只关心系统能否将引出某个话题的第一篇报道检测出来。

5.2.5 话题跟踪

话题跟踪(Topic Tracking)的任务是监测新闻信息流，找到与某已知话题有关的后续报道。其中，已知话题由一则或者多则报道得到，通常是把1～4篇相关报道作为训练报道，训练得出话题模型。然后，判断后续数据流中的每一篇新闻报道与话题的相关性，从而实现跟踪功能。

5.3 话题检测与跟踪的研究体系

自1996年建立话题检测与跟踪研究雏形以来，历次评测都为话题检测与跟踪研究领域内出现的新问题设立了相应的评测任务，截至TDT 2004，NIST提供的所有评测任务基本上覆盖了话题检测与跟踪领域内的大部分研究课题。

在前面我们了解到话题检测与跟踪的研究方向主要分为 5 项基础性的研究任务，即报道切分、报道关联性检测、话题检测与跟踪以及针对各项任务的跨语言技术。其中每一项研究都不是孤立存在，而是与其他研究相互依存与辅助的。例如，报道切分是一项基础性研究，实际应用中的话题检测与跟踪系统必须首先保证新闻报道流得到有效切分，才能进一步完成后续的检测与跟踪任务。报道关联性检测的目的在于检验两篇报道是否在论述同一话题，而话题检测与跟踪的本源问题恰是检验话题与报道之间或报道与报道之间的相关性，因此关联性检测是承载话题检测与跟踪其他各项任务的基本平台，也是性能保证的前提条件；话题跟踪系统的主要任务是跟踪特定话题后续的相关报道，而话题检测系统则在大规模新闻报道流中识别各种未知的话题，因此话题检测实质上为跟踪系统提供了先验的话题模型，而话题跟踪则辅助检测系统完善对话题整体轮廓的描述。此外，话题检测与跟踪语料以及实际应用中的新闻资源都包含多种语言形式，因此各项话题检测与跟踪研究任务都需要涉及相应的跨语言技术。总而言之，话题检测与跟踪研究框架下的各项任务互相关联并统一为一个有机整体。根据实际应用的需要，话题检测与跟踪各项任务还可以进一步划分成面向不同问题的子课题，相对完整的话题检测与跟踪研究体系如图 5-1 所示。

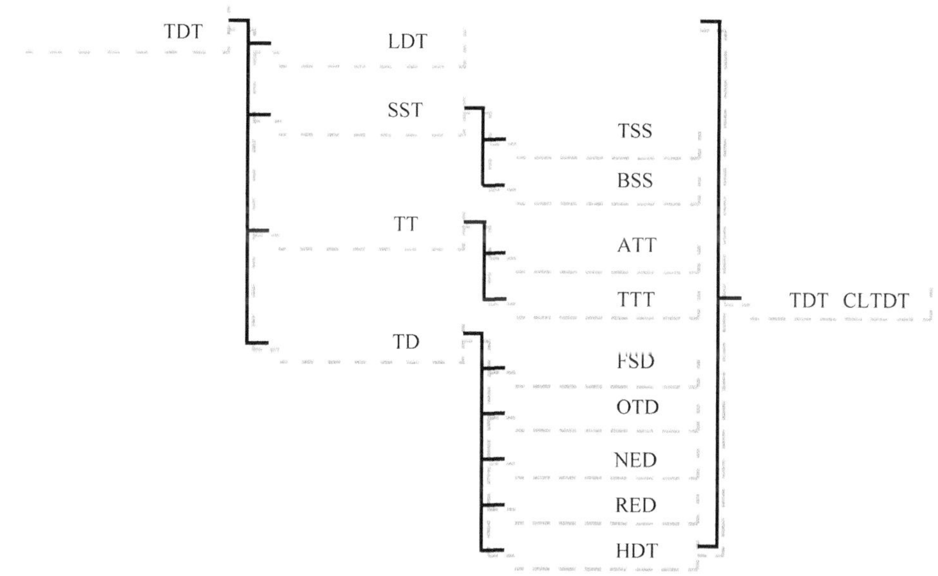

图 5-1　话题检测与跟踪研究体系

一般来说，报道切分总体而言可以划分成两种研究子任务：一种是基于语音识别系统的报道切分，另外一种是基于内容的报道边界识别。前者的识别对象是未经过翻录的广播，根据语音信号的分布规律划分报道边界，后者则将广播转录为文本形式，根据报道之间主题内容的差异估计报道边界。语音识别系统通常可以相对准确地识别边界，但是边界之间包含的信息却不一定准确地指向一个报道，往往其中包含多个报道。而基于内容的切分系统虽然可以根据话题的内涵识别出不同报道，但报道与报道之间边界的划分相对模糊。因此，如何既能公正地区分报道又能准确地定位边界，是 SST 任务不容忽视的两个主要课题。

早期话题检测与跟踪中的话题检测任务(简写为TD)主要包含首次报道检测(简写为FSD)和在线话题检测(简写为OTD)两项子课题。FSD要求检测系统能够准确定位新话题出现的最初报道,OTD则不仅要求系统识别最新话题,同时需要收集该话题的所有相关报道。FSD可以看作OTD的前提:通常,新话题的首次报道构成该话题的最初描述,后续报道相关性的裁决都以该报道为对照标准,即使随着相关报道逐渐增多,话题模型的质心相应发生漂移,但是话题的主线并没有脱离首次报道描述的内涵。相反,OTD是对FSD的补充:新话题不仅包含对其进行报道的第一篇文本,同时也包含后续与之直接相关的外延,只有综合所有相关报道才能完整地勾勒出对应的话题。

近年来,TD研究领域得到进一步拓展。其中,TDT 2004设置了新事件检测(简称为NED)任务,NED要求检测系统能够针对具备时间顺序的新闻语料及时地检测出最新发生的事件。NED与FSD面向的问题非常类似,区别在于检测对象从话题具体化为事件,其原因是某些话题跳跃式出现的特性,即话题在消失一段时间后重现并起源于一个新的事件。例如关于"恐怖袭击"的话题,包括2013年美国波士顿马拉松爆炸案、2015年巴黎恐怖袭击案件和2016年法国尼斯空袭案等。其中,每次恐怖袭击都是一个种子事件并伴随大量相关报道,因此话题在不同时间由不同事件多次引发,从而跳跃式地出现。话题的这一特性引起了关于TD研究的两种思考,即怎样区分不同事件引发的相同话题、是否当前被检测到的话题在历史上从未出现过。NED就是面向第一种思考提出的检测任务,区别于传统的FSD系统,NED更关注特定时间与地点发生的最新事件。此外,Yiming Yang提出一种回顾式话题检测(简称为RED)的研究方向,目的在于回顾历史上的所有报道,检测与话题相关的所有事件。由此,NED与RED补充了TD研究中出现的上述两项课题。

TDT 2004设置的另外一项新任务是层次话题检测(简称为HTD),目的在于区分报道内容在层次上的差异,从而建立结构化的话题模型。总体而言,话题检测研究的发展逐步面向结构化和层次化,TD系统不仅需要善于识别话题和收集相关报道,同时需要有效地分析话题内部的层次结构、区分不同组成部分并挖掘外界的相关历史信息。

区别于未知话题识别的TD系统,话题跟踪(简称为TT)的主要任务在于跟踪已知话题的后续报道。通常,突发事件的产生会引发大量相关报道,随着事件受关注程度的降低,相应报道逐渐衰减直至消失。在这个过程中,话题在不同历史阶段的论述重心将有所漂移。例如,2001年"9·11"事件发生的最初一段时间内,大量报道主要集中于事件本身,包括"客机撞击世贸""世贸大厦损毁"以及伤亡情况统计。随着事态的发展,相关报道的重心逐渐转移到"灾后处理""事件调查"和"美国民众的反应";最后话题集中于"恐怖主义""反恐战争"以及"世界范围内的反恐政策"等。因此,一个完整的话题不仅包括最初事件的相关报道,还涉及后续相对拓展的外延,TT任务就是面向这一问题提出的。TDT 2004设置了有指导的自适应话题跟踪任务(ATT),其与传统TT系统的区别在于嵌入了自学习机制,可以使跟踪系统实时地依据话题的发展自动更新话题模型,从而有效追踪话题的报道趋势。

5.4 相关研究现状

5.4.1 关联检测

关联检测(LDT)的主要任务是检测随机选择的两篇报道是否论述同一话题,并分析它们之间的关联关系。与其他话题检测与跟踪任务不同的是,LDT 研究并没有直接对应的实际应用,但是它对其他话题检测与跟踪研究起到的辅助作用却是无法忽视的。例如,新事件检测任务(NED)中,NED 系统可以通过 LDT 鉴定候选报道与每个先验报道之间的相关性,判断候选报道是否论述了一个新话题,或者相关于先验报道隶属的旧话题。就传统基于概率统计的话题检测与跟踪研究而言,报道与话题或者报道与报道之间的相关性,都是通过检验两者之间共有特征的覆盖比例进行评判的。换言之,两者共有的特征越多,那么它们相关的可能性越大。因此,大部分针对 LDT 的研究都将问题的重心集中于文本描述以及特征选择。James Allan 和 Schultz 采用向量空间模型(简称为 VSM)描述报道的特征空间,根据特征在文本中的概率分布估计权重,利用余弦夹角衡量报道之间的相似性。此外,Leek 和 Yamron 将参与检测的两篇报道分别看作一个话题和一篇报道,采用语言模型(简称为 LM)描述报道产生于某话题的概率,并通过调换两篇报道的角色分别从两个方向估计它们的产生概率,最终的相关性则依据这两种概率分布,采用 Kullback-Leibler Divergence(简称为 KLD)算法综合得出。VSM 和 LM 存在的主要缺陷在于特征空间的数据稀疏性,通常解决这一问题的方法是数据平滑技术,但是平滑得到的特征权重往往被泛化,无法有效描述文本内容上的差异。另一种解决数据稀疏的方法是特征扩展技术。在信息检索中,特征扩展主要应用于 Query 扩展,其核心思想是将 Query 中的特征扩展为同义或直接相关的其他特征,从而降低稀疏性。Ponte 和 Croft 采用向量空间模型,并基于特征上下文的扩展技术执行 LDT 任务,其选择待测报道中权重较大的特征作为扩展对象,通过围绕特征经常出现的上下文信息对其进行扩展,特征空间由原始和扩展的特征项共同组合而成。扩展技术不仅有助于解决数据稀疏问题,而且可以辅助 LDT 系统削弱特征的歧义性。

5.4.2 话题跟踪

1. 传统话题跟踪

传统话题跟踪(Traditional Topic Tracking,TTT)主要包括基于知识和基于统计的两种研究趋势。前者的核心问题是分析报道内容之间的关联与继承关系,通过特定的领域知识将相关报道串联成一体。后者则根据特征的概率分布,采用统计策略裁决报道与话题模型的相关性。

基于统计策略的 TTT 研究则主要借鉴基于内容的信息过滤(简称为 IF)。如前文所述,IF 面向静态需求从动态的信息流中识别和获取相关知识,TTT 则根据先验的话题模型追踪后续相关报道。虽然 TTT 更关注突发事件的识别与跟踪,但任务整体框架的相似性决定了 IF 中的许多相关技术都可以有效地应用于 TTT。其中最有代表性的方法是基于分类策略的话题跟踪研究,例如 CMU 在 TTT 评测中采用了两种分类算法,分别是 K-最近邻

(K-Nearest Neighbor，简写为 KNN)和决策树(Decision Tree，简写为 D-Tree)。其中，KNN 首先根据内容的相关性选择与当前报道最相似的 k 个先验报道作为最近邻，然后根据最近邻所属话题类别综合判定当前报道论述的话题。D-Tree 则根据训练语料预先构造话题的决策树，该树形结构中的每个中间节点代表一种决策属性，即报道相关于话题的条件，节点产生的分支则分别代表一种决策并指向下一层子节点，决策树的叶节点代表话题类别，输入决策树的待测报道经过逐层节点的判断，最终划分于特定话题类别。KNN 与 D-Tree 面临的主要问题是先验相关报道的稀疏性，TTT 任务一般只给定少量相关报道作为训练(1～4 篇)。稀疏性造成 KNN 算法无法使待测报道的最近邻涵盖大量正确的相关报道，从而根据这些近邻得到的判断往往指向错误的话题模型；而 D-Tree 则在训练过程中无法为每个属性节点嵌入准确的决策条件。总体而言，KNN 的性能优于 D-Tree，其原因在于前者可以通过缩减最近邻的规模来保证跟踪的正确率；而后者则受限于多层属性需要同时产生正确的决策，而相关报道稀疏的训练语料使多数属性本身不够准确(例如 Bigram 的概率统计)，因此在没有改进漏检率的情况下加大了误检率。

UMass 采用二元分类方法跟踪话题的相关报道。UMass 借鉴了 ODT 的相关研究，即陆续到来的后续报道或者与已有话题相关，或者论述的是新话题。基于这种假设，二元分类将训练语料划分为相关和不相关两种报道类别，并根据两类报道与话题相关性的概率分布训练线性分类器，后续报道的相关性依据线性判别式进行裁决。二元分类方法的优点在于精确率很高，但必须依赖训练语料和分类器的选择，通常选择相关度指标较高的不相关报道构成反例类别，从而保证分类面的灵敏度。分类器的选择则必须确保线性判别式在训练过程中有解，而整体性能可以通过 Boosting 算法进行提高。与 KNN 和 D-Tree 类似的是，先验相关报道的稀疏性一定程度上影响了二元分类方法的召回率，相应地 UMass 采用 Query 扩展技术完善了这一缺陷。

James Allan 和 Michael 采用 Rocchio 算法实施跟踪。Rocchio 的核心思想是话题模型经验性的构造策略，即假设相关报道中的特征有助于话题的正确描述，因此这些特征在话题模型中的权重被加强，而不相关报道中的特征则趋向于错误地引导话题描述，因此权重被削弱。Rocchio 算法的最大优点是可以利用跟踪到的后续报道不断改进和更新话题模型，从而跟踪话题的后续报道。缺陷在于 Rocchio 算法对阈值的依赖程度很高：如果初始阈值设置过高，则后续相关报道的漏检率加大；如果阈值设置过低，则将引入大量噪声。其中，后者对 TTT 性能造成的损失最大，因为大量噪声直接误导话题模型的更新，从而导致跟踪方向的偏差。

其他面向 TTT 的研究工作还包括话题与报道的相似度匹配算法，例如 Dragon 分别通过基于一元语言模型的文本相似度匹配和基于二项式的相似度匹配衡量话题与报道的相关性。而 Franz 和 Carley 则尝试采用聚类方法将话题检测系统转化成跟踪系统。近期，Yiming Yang 和 Larkey 分别采用小规模的先验报道翻译模型和源语言模型进行跨语言 TTT 研究。上述方法对于传统的话题跟踪任务能够发挥较好的作用，但由于构造话题模型的初始信息相对稀疏，因此无法有效跟踪一段时期以后话题的发展。

2. 自适应话题跟踪

如前文所述，NIST 为话题跟踪任务仅提供 1～4 篇相关报道用于构造话题模型。类似的是，实际应用中的用户对突发性新闻具备的先验知识通常也很少，这就造成初始训练得到的话题模型不够充分和准确。因此,一种具备自学习能力的无指导自适应话题跟踪(Adaptive Topic Tracking,ATT)逐渐成为TT领域新的研究趋势。总体而言,ATT的相关研究主要包括两个方面,即基于内容和基于统计的方法。

在基于内容的ATT相关研究中,GER尝试采用文摘技术跟踪话题的发展趋势。其核心思想是分别提取话题与报道的文摘代替全文描述,话题与报道之间的相关性通过文摘之间的相似度进行计算。通常,话题的相关报道在不同历史时期的侧重点不尽相同,因此话题的发展以初始事件为主线,并以后续直接相关的其他事件和活动为延续。基于这一特点,GER将先验相关报道中的事件主体和相关外延以文摘的形式进行提取与组合,根据这种方法构造的话题模型除了涵盖主题信息以外,更注重话题发展的层次结构,从而使跟踪系统更善于检测话题的后续进展。其缺陷在于,GER的跟踪系统没有嵌入自学习机制,话题模型没有利用检测到的后续相关报道自适应地更新。因此,当跟踪进行到一定阶段后,系统无法识别最新的相关报道。

基于统计策略的ATT研究主要借鉴于自适应信息过滤。核心思想是ATT系统可以根据伪相关反馈对话题模型进行自学习,不仅为话题嵌入新的特征,同时动态调整特征权重。其优点在于削弱先验知识稀疏造成的话题模型不完备性,并通过不断自学习提高ATT系统跟踪话题发展的能力。Dragon和UMass是最早尝试无指导ATT研究的单位之一。其跟踪系统每次检测到相关报道,都将它嵌入话题模型并改进特征的权重分布,后续报道的相关性则以新生成的话题模型为评估对象,从而实现跟踪系统的自学习功能。Dragon与UMass的区别在于,前者把系统认为相关的报道嵌入训练语料,并基于语言模型构造新的话题模型;后者则将所有先验报道的质心作为话题模型,并将先验报道与话题模型相关度的平均值作为阈值,后续跟踪过程中每次检测到相关报道,都将其嵌入训练语料,并根据上述方法重新估计话题模型和阈值。总体而言,这两种方法并没有很大程度地提高话题跟踪系统的性能。其主要原因在于自学习模块对于跟踪反馈不施加任何鉴别地全部用于话题模型的更新,而系统反馈本质上是一种伪反馈,即同时包含相关报道和不相关报道,因此学习过程将大量不相关信息也嵌入话题模型,从而导致话题漂移。基于这一现象,LIMSI在原有自学习过程中嵌入二次阈值截取功能,通过设置一个比阈值更高的过滤指标,截取伪反馈中相关度较高的报道嵌入话题更新模块,从而削弱了话题漂移。通常,ATT自学习过程中的核心问题是特征权重的更新策略,LIMSI比较了基于静态和动态两种方式的权重更新策略:前者对权重的更新指标乘以经过训练的固定参数;后者将报道与话题的相关度映射为线性函数,特征权重根据线性函数动态确定。该方法的特点在于话题每次更新后,特征权重基于话题模型的条件概率都相应得到改进。此外,动态更新机制优于静态更新的另一个原因在于,前者的特征调整融和了报道与话题模型的相似度,并且所有伪反馈都可以参与更新;而后者则独立地根据概率分布估计权重,并且必须依靠经验性的阈值,截取最相关的报道参与更新,因此在没有明显提高精确率的同时,大量损失召回率。

目前,话题跟踪的相应研究已经取得很好的效果,但如何更有效地追踪话题的后续发展,仍然是该领域有待深入研究的课题。近期更多的研究集中于相关报道的概率分布和话题随时间衰减趋势的估计。未来的研究重心在于如何有效利用新闻语料的时间特征,并分析话题发展在时间轴上的分布。

5.4.3 话题检测

1. 在线话题检测

在线话题检测(On-line Topic Detection,OTD)的主要任务是检测新话题并收集后续相关报道。通常,OTD系统的检测原理集中于相关报道的聚类算法,即在线监视后续的报道数据流,如果截获与之前聚类得到的话题不相关的报道,则检测到一个新话题,否则将该报道融合于相关聚类。对于OTD的早期研究主要集中在聚类方法的选择与融合上。例如,参加在线话题检测任务的所有单位都尝试使用单路径聚类算法对新话题进行检测。此外,CMU同时尝试采用凝聚层次聚类算法进行检测,但是取得的效果略差于单路径聚类。而Papka则对比了不同聚类算法在OTD中的效果,并尝试融合各自的优点解决OTD问题。

2. 新事件检测

正如话题检测与跟踪研究体系中所提到的,FSD(First Topic Detection)任务忽视了话题出现的跳跃性,从而使检测到的新话题经常是某些已知话题在不同时期出现的相关事件。因此,新事件检测(New Event Detection,NED)逐渐成为辅助话题检测(TD)的重要组成部分。NED与首次报道检测(First Topic Detection)任务很相似,唯一的区别在于前者提交的最新事件可能相关于历史上的某一话题,后者必须输出话题最早的相关报道。NED中的主流方法来自James Allan和Yiming Yang,他们通过建立一个在线识别系统(OL-SYS)来检验报道流中新出现的事件。其中,陆续进入OL-SYS系统的报道需要与每个已知的事件模型计算相关度,并根据先验阈值裁决报道是否为新事件的首次报道,如果条件成立,则根据该报道建立新的事件模型,否则将其嵌入已知事件模型。后期NED的相关研究以这种统计方法为框架,涉及两个方面的改进,即建立更好的文本表示形式和更充分利用新闻语料的时间特征。

传统的NED研究采用基于统计原理的文本表示形式,其中最常用的表示方法是向量空间模型(VSM),事件模型与报道的相似度计算则相应地采用余弦夹角和Hellinger距离公式。统计模型的缺陷之一在于事件空间中的噪声信息对新事件检测造成的负面影响。基于这一问题,Yiming Yang采用分类技术将先验的报道划分为不同类别,区别于将类别中的所有相关报道作为事件描述,Yiming Yang只选择每个类别中最优的相关报道描述事件模型,基于这种方法的NED系统在性能上获得了显著的提高。

统计模型的最大缺陷在于无法有效区分同一话题下的不同事件。前文曾经提到,话题经常被不同事件触发而重复出现,因此话题描述的是所有相似事件具备的共性,而事件之间的区别则集中于时间、地点和人物等实体之间的异同。仍然以“恐怖袭击”话题为例,其包括2013年美国波士顿马拉松爆炸事件、2015年巴黎恐怖袭击事件和2016年法国尼斯恐怖事件等。从内容上分析,这些事件的相关报道中都会频繁出现“恐怖分子”“自杀式”“袭击”“损毁”和“死亡”等特征,并且这些特征在报道中出现的频率相对最频繁。因此,根据传统基于统计的策略,这些特征往往构成事件模型的主体,从而无法有效区分同一话题框架下的不同事件。与此不同的是,以命名实体为主的特征集合,如“美国”“法国”和“尼斯”等,对于不同事件的区分贡献度更高。由此,Kumaran、James Allan、Yiming Yang和Lam等学者使用自然语言处理(NLP)技术辅助统计策略解决NED问题。其中最常用的NLP技术是命名实体(Named Entities,NE)识别。例如 Kumaran 以 Yiming Yang 的分类方法为统计框架,将报道描述成 3 种向量空间,分别为全集特征向量、仅包含 NE 的特征向量和排除 NE 的特征向量。最终 Kumaran 对比了 3 种向量空间模型对新事件检测的影响,并验证了 NE 能极大地促进事件之间的区分。

NED 研究应用时间特征的方式有两种：一种是基于文档输入的时间顺序,采用 KNN 分类技术；另一种是采用时间为参数的衰减函数改进基于内容的相关度计算方法。这些研究在一定程度上提高了 NED 系统的性能。因此,NED 未来的研究趋势将以区分话题与事件在时间轴上的概率分布为主线,并辅以 NLP 与统计策略相结合的事件与报道描述方法。

3. 事件回顾检测

事件回顾检测(Retrospective News Event Detection,RED)的主要任务是回顾过去所有发生过的新闻报道,并从中检测出未被识别到的相关新闻事件。对于 RED 研究方向的理解必须涉及事件与话题的定义。前文曾经提到事件是发生在特定时间和地点的事情,而话题则不仅包含作为种子的事件或活动,同时也包含与其直接相关的事件与活动。因此,RED 的任务实际上是辅助话题检测系统回顾整个新闻语料,从中检测相关于某一话题却并未被识别到的一类新闻事件。RED 研究的必要性来源于话题波动出现的特性。例如 CNN 关于"圣诞前夜"的话题在每年的圣诞前夕都会成为新闻与广播最关心的事件。因此,同一话题跳跃式地出现于不同时间,并且每次出现都伴随着大量相关报道。基于新闻语料的这种特性,话题检测系统往往只能识别出局限于一个时期的事件,而构成话题的全部事件并没有有机地结合起来,而是独立地作为一个话题被误检。RED 研究就是面向话题检测系统的这种缺陷提出的。

首次提出 RED 研究并给予定义的学者是 Yiming Yang。其采用凝聚式聚类算法与平均聚类算法相结合的策略,将近似于同一话题模型的相关事件综合在一起作为话题检测的结果,从而使 TD 系统具备了回顾相关事件的能力。此外,Li 采用基于内容和时间的联合概率模型构造话题空间,从而有效识别话题在不同历史时期涉及的相关事件。虽然独立于 RED 方向的相关研究较少,但由于 RED 与 NED 中都涉及未知事件的识别与发现,因此许多学者尝试使用 NED 中的相关研究来处理 RED 问题。

4. 层次话题检测

TDT 2004 定义了一项新的话题检测任务：层次话题检测(Hierarchical Topic Detection,HTD)。HTD 是面向话题检测中两种不恰当的假设提出的,其中一个假设是所有报道与相关话题的近似程度都在一个层次上,而另一个假设是每篇报道只可能相关于一个话题。实际上,报道的主题与话题的相关程度往往分布于不同层次,例如"最高法院发布规定明确 P2P 网贷平台责任"和"陆金锁完成 4.85 亿美元融资"两篇报道,虽然它们都相关于同一话题"2015 中国十大金融事件",但是主题侧重点的差异造成它们与话题的对应程度处于不同层次。此外这两篇报道都可以分别划分到"P2P 网贷"类和"融资"类的话题模型当中,因此报道不总是仅仅相关于一个话题,往往不同话题的相关报道存在交集。HTD 通常可以采用基于一个根节点的非循环有向图(Directed Acyclic Graph,DAG)描述话题包含的层次结构。其中,根节点抽象地代表所有话题,沿有向图方向延伸的子节点则描述比父节点更具体的一类话题。因此,HTD 的主要任务是检测经过聚合得到的 DAG 体系中每个话题的聚类效果,以及根节点与该话题之间路径的复杂度。映射为实际应用则是检验 HTD 系统是否能够辅助用户通过最便捷的查询获得最优的一类报道。

一种解决 HTD 的方法是凝聚层次聚类算法(Hierarchical AgglomerativeClustering, HAC)。其核心思想是计算当前聚类集合中每对聚类的相关度,将满足阈值条件的一对聚类融合成新的聚类,通过反复迭代这一过程,系统最终把话题模型构造成具有层次关系的 DAG。HAC 的一个重要缺陷是时间和空间复杂度过高。对 HAC 的一种改进方案是混合聚类算法。HAC 的另一种改进来自 TNO 的增量式层次聚类算法,其首先随机抽取小规模样本,通过层次聚类构造初期的 DAG 体系,然后将不对称的聚类结构通过二次分支进行优化,最后将其余报道根据相关度大小融合于 DAG 体系,其中相关度大于特定阈值的报道被嵌入 DAG 中已有的话题,而相关度小于特定阈值的报道则确定一个新的话题结构。TNO 的增量式策略在不损失聚类性能的同时降低了由根节点检测到话题的复杂度。

5.4.4 跨语言话题检测与跟踪

话题检测与跟踪研究面对的信息是包含多种语言的新闻报道。无论是基于语料本身的语言多样性,还是面向实际应用的需要,话题检测与跟踪的相关课题都需要涉及跨语言领域的相关研究。NIST 为话题检测与跟踪的评测提供了机器翻译(Machine Translation, MT)功能,基于不同语言的语料可以通过 MT 相互转化,从而由源语言和翻译语言共同组成形式统一的多源单一语言(Multiple Language-Specific, MLS),例如英文语料以及翻译成英文形式的中文语料。因此大多数参加 TDT 评测的系统都是基于 MLS 的语言环境,对话题与报道模型进行描述。随着跨语言技术的发展,包括 James Allan、Leek 和 Levow 在内的一些学者尝试采用不同的翻译策略解决话题检测与跟踪研究中的跨语言问题,并比较了机器翻译和其他翻译技术在话题检测与跟踪中的效果。这些研究的主要贡献在于规范化了基于翻译语言模型的相关度计算,从而削弱错译对系统整体性能的影响,但是这些工作仍然是一种面向单一语言符号的统计策略,而每种源语言本身具备的结构和上下文关系,以及特征的实际内涵都不能通过翻译的手段有效识别。

基于上述问题,目前跨语言话题检测与跟踪的核心问题是,在面向多语言信息时如何使系统能够在不脱离任何一种语言的本源环境下运行。针对这一需要,UMASS 的 Larkey 尝试采用源语言模型解决跨语言问题。他首先建立了本地语言假设(Native Language Hypothesis, NLH),其核心内容是:组成两篇报道内容的特征如果来自同一种源语言,那么针对这两篇报道之间的任何匹配算法,都只能在基于源语言的情况下才能获得最优的效果,而不是经过翻译的其他语言。话题检测与跟踪中所有任务都涉及的一个基本问题是信息与信息之间相关性的衡量与评价。因此,NLH 可以广泛地运用于话题检测与跟踪中各项课题的跨语言研究。以话题跟踪(TTT)任务为例,话题只有很少的训练样本作为先验知识,并且这些训练样本都采用同一种语言进行描述,而后续报道流的描述语言则是多样的。这就给基于 NLH 的跨语言跟踪造成了困难,因为 NLH 要求参与匹配的报道对象,必须采用同一种源语言进行描述。Larkey 的解决办法是在系统运行初期采用机器翻译将报道转换成与话题模型相同的语言形式,如果检测到相关报道并且该报道的源语言与话题模型不相同,则将该报道作为话题模型新的训练样本并采用源语言进行描述。基于这种方法,话题模型的结构由不同语言形式的子结构共同组成,后续的报道流可以在满足 NLH 的假设下与话题模型进行匹配。这种方法的缺陷在于,源语言结构的性能对最初通过机器翻译得到的相关报道依赖性很强,如果机器翻译为源语言结构提供了错误的训练样本,那么即使后期的报道流可以在本源特征环境下进行匹配,也会因为话题模型的偏差而被误导。

此外,Jin 采用统计策略解决跨语言问题。其核心思想是:特征空间的上下文本身蕴含了源语言的语义信息,从而可以代替 MT 解决话题检测与跟踪的跨语言问题。该方法中没有涉及文本的机器翻译,而是把文本描述成由独立特征组成的集合,而这些特征都在一种语言形式下进行表示。基于这种语言环境,Jin 采用 Bayesian 算法匹配话题与报道的相关度。Jin 的方法在性能上略优于采用 MT 的匹配算法。其原因在于语言的多义性往往使特征无法得到 MT 的正确翻译,从而误导文本匹配。但是,完全基于统计策略的跨语言方法仍然无法获得更大的提高,因为特征空间的上下文虽然蕴含了语义信息,但也给文本的描述引入了大量不相关的噪声。因此,Leek 采用自然语言信息与统计策略相结合的方式对其进行改进,其利用特征所在的上下文以及词典知识描述特征:对非英文文本提取出现频率最高的若干特征,通过词典查找特征对应的英文含义,并在此基础上通过英文语料背景获取特征的上下文及其权重。因此,每个非英文特征都是通过它在词典中对应的所有英文特征,以及这些英文特征在英文语料中的上下文统计而成。基于这种方法,话题检测与跟踪系统的跨语言性能获得了明显的提高。

5.5　话题检测与跟踪的一般系统模型

构造一个实用化的话题检测与跟踪系统是进行话题检测与跟踪研究的主要目的之一,也是检验现有方法优劣的基础。从参评的数量来看,话题发现和话题跟踪两个子任务最受关注,因此我们介绍的实现方法也以这两个任务为主。总体而言,要实现话题发现与跟踪功能,需要解决以下主要问题:

(1) 话题/报道的模型化;

(2) 话题—报道相似度的计算;

(3) 聚类策略;

(4) 分类策略(阈值选择策略)。

一个典型的话题检测与跟踪系统的流程大致如图 5-2 所示(以话题跟踪为例)。

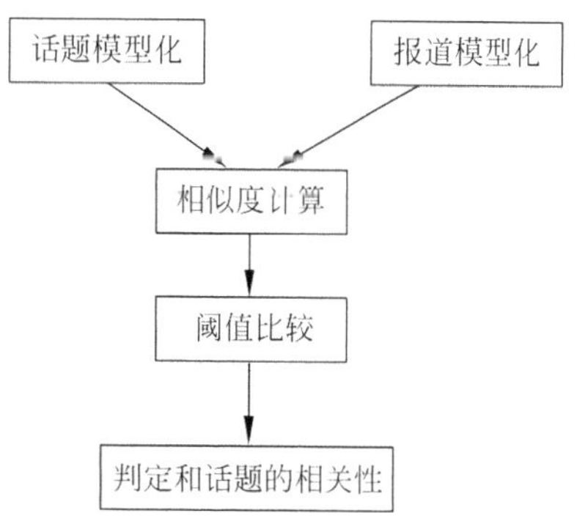

图 5-2　话题跟踪系统流程

针对以上问题,我们将逐一介绍一些已经被广泛采用并得到实际评测验证的方法。

5.5.1　话题/报道模型

要判断某个报道是否和话题相关,首先就需要解决话题和报道如何表示便于计算和比较的问题,也就是话题/报道用什么模型来表示。目前常用的模型主要有语言模型(Language Model,LM)和向量空间模型(Vector Space Model,VSM)。

1. 语言模型

语言模型是一种概率模型。假设报道中出现的词 δ_n 各不相关，则某则报道 S 和话题 C 相关的概率：

$$P(C \mid S)=\frac{P(C) \cdot P(S \mid C)}{P(S)} \approx P\left(C \prod_n \frac{P(\delta_n \mid C)}{P(\delta_n)}\right) \tag{5-1}$$

其中 $P(C)$是任何一则新报道和话题 C 相关的先验概率，$P(\delta_n|C)$是表示词 δ_n 在某话题 C 中的生成概率。$P(\delta_n|C)$可以表示成一个两态的混合模型，如图 5-3 所示。

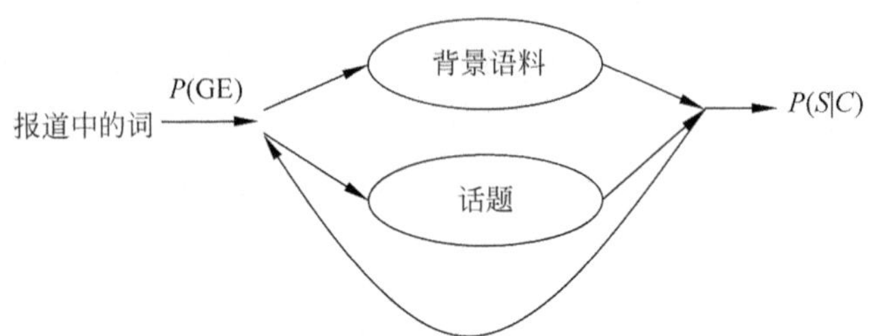

图 5-3 $P(\delta_n|C)$的两态模型

其中一个状态是词在该话题中所有报道的分布，另一个状态是词在整个语料中的分布。这样就构成了一个词的生成模型。计算此模型中的两个状态采用的是最大似然估计(ML)，即该话题的所有报道中 δ_n 出现的次数除以该话题所有报道包含的总词数。因为话题语言模型很稀疏，这里必须解决未见词的 0 概率问题，通常采用线性插值法把背景语言模型加进去：

$$p'(\delta_n \mid C)=\alpha \cdot p(\delta_n \mid C)+(1+\alpha) \cdot p(\delta_n) \tag{5-2}$$

一般英语状态分布和话题状态分布采用期望最大化(EM)算法估算，EM 算法能够对与话题相关的词汇赋予较高概率。

2. 向量空间模型

向量空间模型是目前最简便高效的文本表示模型之一。其基本思想是：给定一自然语言文档 $\boldsymbol{D}=\boldsymbol{D}(t_1,w_1;t_2,w_2;\cdots;t_N,w_N)$，其中 t_i 是从文档 $\boldsymbol{D}$ 中选出的特征项，w_i 是项的权重，$1 \leqslant i \leqslant N$。为了简化分析，通常不考虑 t_i 在文档中的先后顺序，并要求 t_i 互异(即没有重复)。这时可以把 $t_1,t_2,\cdots,t_N$ 看成一个 N 维的坐标系，而 $w_1,w_2,\cdots,w_N$ 为相应的坐标值，因而 $\boldsymbol{D}(w_1,w_2,\cdots,w_N)$被看成是 N 维空间中的一个向量，而两个文档 D_1 和 D_2 之间的(内容)相关程度常常用它们之间的相似度 $\mathrm{sim}(D_1,D_2)$来度量。当文档被表示为文档空间的向量时，就可以借助于向量之间的某种距离来表示文档间的相似度。在实际的参评系统中，基本上都以词作为文本特征项。特征(词)加权采用的是 IR 系统中常用的 $t_f * id_f$ 加权策略。t_f 是词在文档中的出现次数，表示词对描述文档的重要程度，id_f 是包含词的文档数的倒数，用于削弱那些在语料中频繁出现的词的重要程度，因为它们没有什么区分能力。某些系统把词分成命名实体和内容词两类，视其对文档表达的重要度的不同赋予不同的权重。

3. 中心向量模型

中心向量模型实际是向量空间模型的一种变形。每个话题用一个中心向量表示，所谓中心向量，就是在此类中所有报道的向量表示的平均值。输入的报道和每个话题的中心向量相比较，选择最相似的那个话题。如果报道和话题的相似度超过一个阈值 θmatch，则认为该报道"过旧"，如果相似度超过第 2 个阈值 θcertain，则把新报道加入到该话题中并调整类的中心向量。如果相似度不超过 θmatch，则认为该报道为新，并创建一个新的话题，以此报道作为其中心向量。

无论选择哪种模型，一般都需要进行初始化，即消去禁用词，对于英语而言，还需要做词根还原的工作。

5.5.2 相似度计算

对所有的话题 $C_1, C_2, \cdots, C_n$，要判断某一则报道 S 属于哪一个话题，就需要计算报道和各个话题之间的相似程度，最后把最高相似度和阈值进行比较，对于语言模型而言，就是寻找 k 满足

$$k = \underset{i}{\operatorname{argmax}} P(C_i \mid S) \tag{5-3}$$

由前面的语言模型，式(5-3)其实就等于

$$k = \underset{i}{\operatorname{argmax}} \prod_{m} \frac{P(\delta_m \mid C_i)}{P(\delta_m)} \tag{5-4}$$

在实际应用中，常取 log 值，因此，相似度计算公式就表示为

$$D(S,C) = \log \prod_{m} \frac{P(\delta_m \mid C)}{P(\delta_m)} \tag{5-5}$$

通常用语言模型算出的话题与话题之间的相似度不可比较，因为单个语言模型都有各自不同的概率特征。例如，有的话题所用的词很特殊，像"霍根班德在 200 米自由泳中击败索普"；而有的话题用词就很普通，像"奥巴马总统访问中国"。这样测试文档和不同话题之间算出的分数差异很大，不能用单一的阈值进行比较，此时必须进行归一化。一种简单方法是用分数除以文档长度。但考虑到用上面的 $D(S,C)$ 算出的值基本上是一组独立的随机离散变量值，如果值足够多，由中心极限理论，其分布近似为高斯分布。假设 τ 为原来的概率，μ 为所有报道对某话题概率的平均值，σ 是这些概率的标准方差，则新的分值可以归一化为

$$\tau' = (\tau - \mu)/\sigma \tag{5-6}$$

向量空间模型和中心向量模型通常采用余弦相似度公式来计算报道—话题的相似度，即求两者的内积，则相似度计算公式可表示为

$$D(S,C) = \frac{\sum q_i d_i}{\sqrt{\left(\sum q_i^2\right)\left(\sum d_i^2\right)}} \tag{5-7}$$

其中 q_i、d_i 分别是报道和话题中特征项的权值。余弦相似度在比较两个长文档时比较有效，此时如果两个文档的向量维数不进行任何压缩，则系统性能最佳；当其中一个维数降低时，性能就会下降。因为本身已进行了长度归一化，所以 cosine 相似度不依赖于特定的特征加权方法。

近来有些系统开始尝试用 OKAPI 公式来计算报道—话题相似度，其形式为

$$\mathrm{OK}\left(d_1, d_2; c_l = \sum_{w \in d_1 \cap d_2} t_w^1 t_w^2 \left(\mathrm{idf}(w) + 2\lambda \frac{n_{w,d}}{n_w + n_{c_l}}\right)\right. \tag{5-8}$$

所得结果表示文档和文档之间的距离，其中 d_1，d_2 是两个文档，c_l 是 d_1，d_2 中较早出现的那个文档所属的话题。t_w^i 是词 w 在文档 i 中调整后的词频，对其进行归一化处理，使得 $\sum_w t_w^i = 1$ 独立于 d_i 的长度，idf(w)是词 w 的文档频率倒数，n_w 是包含词 w 的文档数目，n_{c_l} 是话题 c_l 中文档的数目，n_{w,c_l} 是话题 c_l 中包含词 w 的文档的数目，λ 是控制词的权值中和话题相关的那部分“动态权值”的可调参数。

文档和话题之间的分数是一个平均值：

$$\mathrm{OK}(d,c_l) = |\, C_l \,|^{-1} \sum_{d^f \in c_l} \mathrm{OK}(d,d^f;c_l) \tag{5-9}$$

在做跟踪训练时，把所有的训练报道分成一个或多个话题，然后对每一则测试报道计算它跟某个话题之间的分数。根据分数进行两个阈值判断。如果分数超过高阈值，则把该报道并入话题(因而通过 n_{c_l} 影响了将来的分数)。如果分数超过了低阈值，则表示此报道与话题相关，但不把它并入聚类。

5.5.3　聚类分析策略

判断某个新报道是属于已有话题还是一个新话题，往往是同时进行的。通常的做法是把新报道和已有话题进行比较，如果相似度高于某个阈值，则把新报道归入相似度最高的话题中，如果对所有话题的相似度都低于阈值，则创建一个新话题。但在具体实现中，还涉及选用哪些聚类、分类方法和根据反馈进行参数调整的策略。

最简单的方法称为增量聚类算法，它顺序处理报道，一次处理一则报道，对每一则报道执行两个步骤。

(1) 选择。选出和报道最相似的聚类；

(2) 比较阈值。把报道和阈值相比较，决定是把报道分到聚类里还是创建一个新的聚类。

这种算法非常直观，便于实现，但它的缺点也很明显：①对一则报道只能进行一次决策，因此早期根据很少的信息所做的错误判断累计到后面可能相当可观；②随着报道的不断处理，计算开销会越来越大。对语料库处理的后期，系统可能需要把每则报道和几千个聚类相比较。

针对这些缺点稍加改进，就形成了增量 k-means 方法，它在当前报道窗口中进行迭代操作，每一次迭代都要进行适当的改变。具体步骤如下。

(1) 使用增量聚类算法处理当前可调整窗口中的全部报道。

(2) 把可调整窗口中的每一则报道和旧的聚类进行比较，判断每则报道是要合并到聚类中去还是用作新聚类的种子。

(3) 根据计算结果立即更新所有的聚类。

(4) 重复步骤(2)、(3)，直到所有的聚类不再变化。

(5) 查看下一批报道，转向(1)。

KNN 算法是一种常用的文本分类算法，它应用在话题跟踪上也有比较好的效果，其基本思想是把新报道和所有的报道逐一比较，计算其相似度，然后选择最相近的 k 个“邻居”(报道)，在这 k 个邻居中，如果某个话题包含的报道数最多，则把新报道也归入该话题，并对话题模型重新训练。

对于参数调整，各个系统也采用不同的策略。有些系统只根据正例（和话题相关）对话题模型进行调整，而有些系统则兼顾正例和反例。对以向量空间表示的话题而言，Rocchio 方法是一种较为有效的参数调整方法，其形式为

$$w'_{jc} = \alpha\omega_{jc} + \beta\frac{\sum_{i\in C} x_{ij}}{n_C} - \gamma\frac{\sum_{i\notin C} x_{ij}}{n - n_C} \tag{5-10}$$

其中 ω'_{jc} 是调整之后的权值，w_{jc} 是原来的权值，i 表示已处理的报道，C 表示某个话题，是 i 中的特征项，n 是已处理报道的总数，n_C 是正例的总数。

除此之外，有些研究机构也在尝试新的算法，例如支持向量机（Support Vector Machine）、最大熵（Maximum Entropy）、文档扩展等，但都还需要在评测中实际验证其效果。

5.6　话题检测与跟踪的效果评价

5.6.1　话题检测与跟踪使用的语料

LDC 为话题检测与跟踪方向的研究提供了 5 期语料，分别是话题检测与跟踪预研语料、TDT2、TDT3、TDT4 和 TDT5。话题检测与跟踪语料是选自大量新闻媒体的多语言新闻报道集合。其中，TDT5 只包含文本形式的新闻报道，而其他语料同时包含文本和广播两种形式的新闻报道。本小节简要介绍各语料的组成、描述及其区别。

1. 语料组成

话题检测与跟踪评测最早使用的语料是话题检测与跟踪预研语料（TDT Pilot Corpus，TDT-Pilot）。TDT-Pilot 收集了 1994 年 7 月 1 日到 1995 年 6 月 30 日之间约 16 000 篇新闻报道，主要来自路透社新闻专线和 CNN 新闻广播的翻录文本。TDT-Pilot 标注过程没有涉及话题的定义，而是由标注人员从所有语料中人工识别涉及各种领域的 25 个事件作为检测与跟踪对象。TDT2 收集了 1998 年前 6 个月的中英文两种语言形式的新闻报道。其中，LDC 人工标注了 200 个英文话题和 20 个中文话题。TDT3 收集了 1998 年 10 月到 12 月间中文、英文和阿拉伯文 3 种语言的新闻报道。其中，LDC 对 120 个中文和英文话题进行了人工标注，并选择部分话题采用阿拉伯文进行标注。TDT4 收集了 2000 年 10 月到 2001 年 1 月间英文、中文和阿拉伯文 3 种语言的新闻报道。其中，LDC 分别采用 3 种语言对 80 个话题进行人工标注。TDT5 收集了 2003 年 4 月到 9 月间的英文、中文和阿拉伯文 3 种语言的新闻报道。LDC 对 250 个话题进行了人工标注，其中 25%的话题同时具有 3 种语言的表示形式，其他话题则以相同的比例均匀地分配给 3 种语言分别进行标注。此外，TDT5 中每种语言的话题来自该语言当地媒体的报道。

LDC 根据报道与话题的相关性对所有语料进行标注。其区别在于 TDT2 与 TDT3 采用三类标注形式，而 TDT4 与 TDT5 采用两种标注形式。前者使用 YES、BRIEF 和 NO 作为报道与话题相关程度的标识。当报道论述的内容与话题绝对相关时标注为 BRIEF，而报道与话题相关的内容低于本身的 10%，则标注为 BRIEF，否则标注为 NO。TDT4 与 TDT5

只采用相关 YES 和不相关 NO 对报道与话题的相关性进行标注。其中,相关报道不仅需要相关于话题的核心内容,同时需要包含话题的部分信息。但是,报道与话题相关的内容并没有 TDT2 和 TDT3 中要求的长短之分,只要存在相关信息都被标注为 YES。

2. 语料描述方式

TDT 语料包含两种媒体形式的数据流:文本和广播。区别于单一表示形式的文本类新闻报道,LDC 为广播类新闻语料提供了三种信息描述方式。

(1) 数据信号的音频采集;

(2) 对音频的人工识别与记录;

(3) 通过自动语音识别系统(Automatic Speech Recognition,ASR)识别和记录音频。

此外,广播类语料不仅包含新闻形式的报道,还包含部分非新闻类报道。其中关于商业贸易的报道以及目录形式的体育比分和财经数据都属于非新闻类语料。因此,LDC 为广播类语料额外提供了三种标注形式:新闻报道(NEWS)、多元报道(MISCELLANEOUS)和未转录报道(UNTRANSCRIBED)。其中,没有经过识别与记录的广播报道被标注为 UNTRANSCRIBED。

如前文所述,话题检测与跟踪语料主要包含三种语言形式:中文、英文和阿拉伯文。对于中文和阿拉伯文,LDC 提供了两种不同的描述方式。

(1) 本地语言描述形式,即报道采用未经过翻译的本地语言。其中包括文本形式(如新闻专线)的描述,也包括采用人工或 ASR 对本地广播的识别与翻录;

(2) 采用机器翻译自动地将中文或阿拉伯文报道翻译成英文形式。

5.6.2 话题检测与跟踪的评测体系

NIST 为话题检测与跟踪建立了完整的评测体系。由于各个研究方向针对的问题不同以及历届评测语料的标注方案存在差异,因此话题检测与跟踪不同任务之间的评测方法、参数以及步骤不尽相同。但总体而言,评测标准都是建立在检验系统漏检率和误检率的基础之上。话题检测与跟踪评测公式定义如下:

$$C_{\text{Det}} = C_{\text{Miss}} P_{\text{Miss}} P_{\text{target}} + C_{\text{FA}} P_{\text{FA}} P_{\text{non-target}} \tag{5-11}$$

其中,C_{Miss}和 C_{FA}分别代表漏检率和错检率的代价系数; P_{Miss}和 P_{FA}分别是系统漏检和错检的条件概率; P_{target}和 $P_{\text{non-target}}$是先验目标概率($P_{\text{non-target}}=1-P_{\text{target}}$); C_{Det}是综合了系统漏检率与误检率得到的性能损耗代价。检验话题检测与跟踪系统性能时,评测体系可以根据阈值或平滑系数的变化绘制检测错误权衡图(Detection Error Tradeoff,DET)。评价话题检测与跟踪系统性能时常采用规范化表示,其定义如下:

$$(C_{\text{Det}})_{\text{Norm}} = \frac{C_{\text{Det}}}{\min(C_{\text{Miss}} P_{\text{target}}, C_{\text{FA}} P_{\text{non-target}})} \tag{5-12}$$

针对话题检测与跟踪涉及的语料及评测体系,本文提供了相应资源、指南及工具的获取方法和地址,其主要来源包括美国国家标准与技术研究院(NIST)和语言数据联盟(LDC)。其中话题检测与跟踪语料可通过光盘邮购和在线 LTP 下载两种方式获取,具体地址如表 5-1 所示。

表 5-1　评测工具、指南及语料获取方式

名　　称	用途	URL	联系人
DETware_v2. 1. tar. gz	评测工具	http://www. nist. gov/speech. tools/index. htm	jonathan. fiscus @ nist. gov
gnu_detware. tar. Z			
TDT3eval_v2. 6	指南		
Dry Run Evaluation-2000	索引列表及正确答案	http://www. nist. gov/speech/tests/tdt/tdt2000/dryun. htm	
Dry Run Evaluation-2001		http://www. nist. gov/speech/tests/tdt/tdt2001/dryun. htm	
Dry Run Evaluation-2002		http://www. nist. gov/speech/tests/tdt/tdt2002/dryun. htm	
Dry Run Evaluation-2003		http://www. nist. gov/speech/tests/tdt/tdt2003/dryun. htm	
Dry Run Evaluation-2004		http://www. nist. gov/speech/tests/tdt/tdt2004/dryun. htm	
LDCTDT2-TDT5	语料	http://www. ldc. upenn. edu/Obtaning/	ldc @ ldc. upenn. edu

5.7　话题检测与跟踪的发展趋势

基于概率模型以及自然语言处理技术(Natural Language Processing,NLP)的信息描述与匹配方法在话题检测与跟踪中得到广泛应用：前者利用特征的概率分布以及特征之间的共现率等统计信息描述文本,后者则利用特征的语言学信息描述文本,例如词性、词义、命名实体和指代关系等。话题检测与跟踪采用最多的概率模型包括向量空间模型(VSM)、语言模型(LM)和相关性模型(RM)。概率模型通过分析特征在信息集中的概率分布建立话题与报道的描述,并采用机器学习(ML)的相应策略匹配特征空间的相关性。这种方法的缺陷在于忽视了特征自身携带的语言信息,同时也遗漏了短语级、句子级和篇章级的结构与层次。此外,概率模型只将特征出现的频率和特征之间的共现率作为评价权重大小的标准,但自然语言中的指代关系、一词多义和名词短语等现象却并不支持这一理论。随着话题检测与跟踪的发展,更加智能化的自适应学习机制成为领域内的研究热点,这就对话题检测与跟踪系统正确理解知识提出了更高的要求,而传统的基于统计策略不能真实地描述其语义空间,因此基于 NLP 技术及其与统计学原理相融合的相应研究将逐步成为话题检测与跟踪领域中的重要方向。

James Allan 是最早使用 NLP 技术解决话题检测与跟踪问题的学者之一。其采用 VSM 描述话题和报道,并对模型中的命名实体赋予更高的权重,以此执行话题检测与跟踪中的新事件检测(NED)任务。但这种方法并没有获得性能上的提高,主要原因在于其采用的命名实体加权方法是一种经验性的策略,而没有遵循语言学的原理进行估计。对于这种方法的一种改进来自 Nallapati,其首先将特征划分到不同的语法类别,例如词性中的名词类和动词类,以及命名实体中的时间类、人名类和地点类。在这个基础上采用语言模型的概

率统计方法，估计特征产生于不同语法类别的概率，并以此标记特征的权重。另一类应用于话题检测与跟踪中的自然语言处理技术是语义链（Lexical Semantic Chaining，LSC）。LSC是基于文本结构的凝聚假设提出的，即构成文本的特征、短语和句子不是孤立存在的，而是趋向于围绕一个中心内涵进行组织与论述。LSC 的含义是一组语义上具有继承性的相关特征。通常，来自一篇文本中的语义链不仅能为特征塑造相关的上下文，同时可以更好地描述文本内涵的继承性。最初，Hasan 使用 LSC 描述词汇的凝聚性，并基于这种模型评价文本之间的相关程度。Morris 和 Hirst 随后设计了基于词汇资源自动构造 LSC 的算法。近期使用 LSC 解决话题检测与跟踪问题的研究主要来自 Stokes 和 Hatch，其结合使用词典信息（WordNet）和文本的上下文信息同时构造 LSC，并基于 LSC 的文本描述形式采用单路径聚类算法解决新事件检测（NED）问题。语义链的使用从语言学的另一种角度解决文本的描述问题，即语义。通常，LSC 有两个优点：一个是语义链具备的上下文信息和词典结构信息可以有效削弱特征的歧义性；另一个优点在于对特征的扩展作用，即使原始文本之间特征的词形迥异，但词典提供的扩展信息仍然可以有效地将其关联在一起。目前，NLP 技术在话题检测与跟踪领域的应用已经逐步开展，并在一定程度上弥补了统计学原理在知识理解问题上的不足。但对于该领域的某些研究课题，NLP 技术却无法取代概率统计策略发挥决定性的作用，例如新闻报道的时序性研究。

利用时序特征解决面向新闻报道的检测和跟踪任务也是话题检测与跟踪领域的重要研究趋势。最早分析时间因素对话检测影响的研究来自于 CMU 的 Yiming Yang 和 UMASS 的 James Allan，他们同时提出了一种基于时空顺序的假设，即相对于产生时间较远的报道，产生时间接近的报道论述同一个话题的可能性更大。其中，CMU 采用 SMART 系统对报道和话题进行描述，并通过聚类解决话题检测问题。与传统 TD 技术的不同之处在于，经过改进的 SMART 系统融合了时间因素对聚类的影响，其聚类相似性是结合基于特征相似度和报道时空举例综合得到的。UMASS 则将时间因素应用于聚类阈值的估计，其中阈值被设计成以时间为参数的函数，阈值可以随时间的变化连续动态地调整，从而适应话题被报道的概率随时间逐渐衰减的趋势。此外，Papka 改进了 UMASS 的 OTD 算法，同时将时间因素嵌入话题跟踪任务，其在 TDT2 语料中进一步验证了时空顺序假设对话题检测与跟踪的影响。而 Paula Hatch 则融合了 CMU 和 UMASS 的算法，其话题检测系统选择距离当前报道最近并且刚刚参与过更新的 n 个聚类进行比较。当报道与聚类的相关度满足阈值要求时，对该聚类进行更新。同时将当前报道与更新后的聚类质心进行相关度计算，并乘以衰减速度因子，作为该话题新的聚类阈值。总之，时间信息是新闻预料的特色，依靠时间信息追踪话题的发展趋势能够辅助 TDT 相关技术获得更好的效果。因此，未来话题检测与跟踪的研究方向中，一方面，概率统计和自然语言的融合与相互辅助对话题理解和报道内容分析将发挥更重要的作用，而另一方面，诸如基于概率统计的报道流时序分析等具备新闻语料特色的课题将成为该领域新的研究热点。

5.8　本章小结

话题检测与跟踪是网络信息内容安全中一个重要的研究课题。当前的研究主要还是基于传统的统计方法，这些方法在文本分类、信息检索、信息过滤等领域已经得到广泛的应用。

本章简要介绍话题检测与跟踪技术的定义及特点，对话题检测与跟踪的任务进行划分，深入分析话题检测与跟踪的研究体系，在此基础上，详细介绍话题检测和跟踪的一般系统模型，并通过分析目前话题检测与跟踪领域的研究现状展望未来的发展趋势。

话题检测和跟踪技术的发展和实际应用息息相关，它能够弥补信息检索技术的一些不足，在国家信息内容安全、企业市场调查、个人信息定制等方面都存在着实际需求。随着现有系统性能的不断提高，话题检测和跟踪技术在各个领域必将得到越来越广泛地应用。

习　　题

1. 话题检测与跟踪可以分为哪些子任务？
2. 简要描述话题检测与跟踪的研究体系。
3. 话题检测与跟踪技术中，如何进行相似度计算？
4. 话题检测与跟踪的模型中，进行聚类分类时策略原则一般是什么？
5. 如何评价话题检测与跟踪的效果？常用评测体系有哪些？

第 6 章　社会网络分析

6.1　社会网络分析概述

6.1.1　社会网络的定义

在互联网这个虚拟社会中，同现实社会一样，也是各种社会关系的总和，这些社会关系组成了一个虚拟社会网络。利用技术手段，分析挖掘网络中各个社会网络的关系，对于保障网络及现实社会的安全具有重要意义。接下来首先给出社会网络在本书中的定义。

社会网络指的是社会行动者(Social Actor)及其间关系的集合。换句话说，一个社会网络是由多个点(社会行动者)和各点之间的连线(行动者之间的关系)组成的集合。用点和线来表达网络，这是社会网络的形式化界定。

社会网络这个概念强调每个行动者都与其他行动者有或多或少的关系。社会网络分析者建立这些关系的模型，力图描述群体关系的结构，研究这种结构对群体功能或者群体内部个体的影响。

下面对社会网络这个概念进一步说明。

节点：社会网络中的节点(Nodes)是各个社会行动者，边是行动者之间的各种社会关系。具体地说，在社会网络研究领域，任何一个社会单位或者社会实体之间都可以看成是点或者行动者(Actor)。例如，行动者可以是个体或集体性的社会单位，也可以是一个教研室、系、学院、学校，更可以是一个村落、组织、社区、超市、国家等，当然也包括网上每一个虚拟社群的成员或社群本身。

关系：每个行动者是通过各种关系联系在一起的。在社会网络分析中，一些得到广泛研究的关系如下。

(1) 个人之间的评价关系：喜欢、尊重等；

(2) 物质资本的传递：商业往来、物资交流；

(3) 非物质资源的转换关系：行动者之间的交往、信息的交换；

(4) 隶属关系：属于某一个组织；

(5) 行为上的互动关系：行动者之间的自然交往，如谈话、拜访等；

(6) 正式关系(权威关系)：正式角色也是有关系性的，如教师/学生、医生/病人、老板/职员关系等；

(7) 生物意义上的关系：遗传关系、亲属关系以及继承关系等。

社会网络分析者还重点关注行动者之间的“多元关系”，也就是联系。例如，两个学生之间可能同时存在同学关系、友谊关系、恋爱关系等。按联系的强弱可分为强联系和弱联系。行动者与其较为紧密、经常联络的社会关系之间形成的是强联系；与之相对应，个人与其不紧密联络或是间接联络的社会关系之间形成的是弱联系。但在传递资源、信息、知识的过程中，Granovetter 认为弱联系更具重要性。强联系之间由于彼此很了解，知识结构、经验、背景等相似之处颇多，并不能带来更进一步的新的资源信息和知识，所增加的部分大多是冗余的；而弱联系所提供的资源信息或知识会比较差异化，如果在弱联系之间搭起某种形式的桥梁，就可以传递多种多样的资源信息和知识。网络虚拟社群就起到了这样的桥梁作用。

6.1.2　社会网络分析的含义及主要内容

1. 社会网络分析的含义

社会网络分析主要是研究社会实体的关系连接以及这些连接关系的模式、结构和功能。社会网络分析同时也可用来探讨社群众个体之间的关系以及由个体关系所形成的结构及其内涵。换句话说，社会网络分析的主要目标是从社会网络的潜在结构（Latent Structure）中分析发掘其中次团体之间的关系动态。社会网络分析研究行动者彼此之间的关系，而通过对行动者之间关系与联系的连接情况进行研究与分析，将能显露出行动者的社会网络信息，甚至进一步观察并了解行动者的社会网络特征。而通过社会网络，除了能显示个人社会网络特征外，还能够了解许多社会现象，因为社会网络在组织中扮演着相当重要的无形角色，当人们在解决问题或是寻找合作伙伴时，通常都是依循所拥有的社会网络来寻找最可能帮忙协助的对象。

社会网络分析是社会科学中的一个独特视角，它是建立在如下假设基础上的：在互动的单位之间存在的关系非常重要。社会网络理论、模型以及应用都是建立在数据基础上的，关系是网络分析理论的基础。

除了利用关系概念之外，我们认为，以下几个“元认识论”观点很重要。

(1) 行动者以及行动是相互依赖的，而不是独立的、自主性的单位；

(2) 行动者之间的关系是资源（物质的或者非物质的）传递或者流动的“渠道”；

(3) 个体网络模型认为，网络结构环境可以为个体的行动提供机会，也可能限制其行动；

(4) 网络模型把结构（社会结构、经济结构等）概念化为各个行动者之间的关系模型。

2. 社会网络分析的主要内容

社会网络分析被应用于描述和测量行动者之间的关系或者通过这些关系流动的各种有形或无形的东西，如信息、资源等。自人类学家 Barnes 首次使用“社会网络”的概念来分析挪威某渔村的社会结构以来，社会网络分析被视为是研究社会结构的最简单明朗、最具有说服力的研究视角之一。20 世纪 70 年代以来，除了纯粹方法论及方法本身的讨论外，社会网络分析还探讨了小群体（Clique）、同为群（Block）、社会圈（Social Circle）以及组织内部的网络、市场网络等特殊的网络形式。这些讨论逐渐形成了网络分析的主要内容。

根据分析的着眼点不同，社会网络分析可以分为两种基本视角：关系取向（Relation Approach）和位置取向（Positional Approach）。关系取向关注行动者之间的社会黏着关系，通过社会连接（Social Connectivity）本身（如密度、强度、对称性、规模等）来说明特定的行为和过程。按照这种观点，那些强联系的且相对孤立的社会网络可以促进机体认同和亚文化的形成。

与此同时，位置取向则关注存在于行动者之间且在结构上处于相等地位的社会关系的模式化(Patterning)。它讨论的是两个或两个以上的行动者和第三方之间的关系所折射出来的社会结构，强调用“结构等效”(Structural Equivalence)来理解人类行为。

1）关系取向中的主要分析内容

由于社会网络分析是以网络中的关系或通过关系流动的信息、资源等为主要研究对象的，这种取向中的主要分析内容大多集中在网络“关系”上也就不足为奇了。几项重要研究内容如下。

(1) 规模(Range)。社会网络中的行动者都与其他行动者有着或多或少、或强或弱的关系，规模测量的是行动者与其他行动者之间关系的数量。当把研究的焦点集中于某一特定行动者(节点)上时，对关系数量的考查就变成了对网络集中性(Centrality)的考查。所谓的“集中性”，是指特定行动者身上凝聚的关系的数量。一般说来，特定行动者凝聚的关系数量越多，他(她)在网络中就越重要。不过，关系的数量多少并不是行动者重要性的唯一指标，有时候行动者在网络中所处的位置就比集中性更为重要。特别地，当行动者的位置处于网络边缘时，数量的多少就远不如桥梁性位置来得重要。

(2) 强度(Strength)。格兰诺维特认为测量关系强度的变量包括关系的时间量(包括频度和持续时间)、情感紧密性、熟识程度(相互信任)以及互惠服务。如果花在关系上的时间越多、情感越紧密、相互间的信任和服务越多，这种关系就越强，反之则越弱。

(3) 密度(Density)。网络中一组行动者之间关系的实际数量和其最大可能数量之间的比率(Ratio)称为密度。实际的关系数量越接近于网络中的所有可能关系的总量，网络的整体密度就越大，反之则越小。与格兰诺维特的“情感密度”不同的是，网络密度只用来表示网络中关系的稠密程度，测量的是联系(Ties)，而“情感密度”则是指联系的特定内容——情感上的亲密程度。

(4) 内容(Content)。即使在相同的网络中，行动者之间的关系也会具有不同的内容。所谓网络关系的内容，主要是指网络中各行为者之间联系的特定性质或类型。任何可能将行动者联系(Tie)起来的东西都能使行动者之间产生关系(Relation)，因此内容的表现形式也是多种多样的，交换关系、亲属关系、信息交流(Communicative)关系、感情关系、工具关系、权力关系等都可以成为具体的内容。

(5) 不对称关系(Asymmetric Relation)与对称关系(Symmetric Relation)。在不对称关系中，相关行动者的关系在规模、强度、密度和内容方面是不同的；而在对称关系中，行动者的关系在这些方面的表现是相同的。例如，当信息只从行动者 A 流向行动者 B，而行动者 B 不向行动者 A 提供信息时，两者之间的关系就是不对称关系。

(6) 直接性(Direct)与间接性(Indirect)。网络关系的另一个内容就是直接性或间接性，前者指行动者之间直接发生的关系，后者则指必须通过第三者才能发生的关系。一般说来，直接关系连接的往往是相同或相似的行动者，他们往往彼此认同，具有相同的价值观，因此其关系通常为强联系；而间接关系中由于有中间人的存在，相互联系的行动者之间关系的强度受距离(中间人的数量)的影响很大，经历的中间人越多，关系越弱，反之则可能(但不必然)越强。

2）位置取向中的主要分析内容

与关系取向不同的是，位置取向强调的是网络中位置的结构性特征。如果说关系取向是以社会黏着(Social Cohesion)为研究基点,以关系的各种特征为表现,那么,位置取向则以结构上的相似为基点,以关系的相似性为基本特征。从位置取向来看,位置所反映出来的结构性特征更加稳定和持久,更具有普遍性,因而对现实也更具有解释力,且需要分析的内容也更为简单明了。其基本内容如下。

(1) 结构等效(Structural Equivalence)。当两组或两组以上的行动者(他们之间不一定具有关系)与第三个行动者具有相同的关系时,即为结构等效。这里强调的是在同一社会网络中所谓的等效点必须与同一个点保持相同的关系。网络中等效点的数量和质量将对网络的驱动力产生很大的影响。

(2) 位置(Position)。作为位置取向的核心概念,位置在这里指的是在结构上处于相同地位的一组行动者或节点,是被剥落了行动者而剩下的结构性特征,哪个行动者处在这个位置上并不重要,重要的是这个位置在网络本身中的处境。

(3) 角色(Role)。与位置密切相关的另一项内容是角色,它是结构上处于相同地位的行动者在面对其他行动者时表现出来的相对固定的行为模式。反过来说,具有相同社会角色的往往在社会网络结构或地位网络结构中处于相同的位置。因此,角色在某种程度上是位置的行为规范。

6.1.3　网络信息中的社会网络分析

在互联网这个巨大的信息载体中,人们可以获得社会网络的信息源有很多,例如,电子邮件存档、FOAF 文档以及网络中其他类型的各种文档。本书侧重于研究网络信息内容中的社会网络抽取。这是因为对网络信息内容的分析具有更好的现实意义。从文本挖掘的角度来看,网络新闻在网络信息内容中占据了很大一部分比重,而命名实体又是新闻文档中的核心组成部分。因此网络信息内容的五要素基本上都属于命名实体的范畴,只要了解了实体间的关系,就对新闻的核心内容有了大概的了解,对新闻的探测、跟踪、自动摘要以及新闻自动推荐方面都有帮助。另外,从信息内容安全角度来看,准确识别新闻文档中的社会网络关系,特别是人与人之间、组织与组织之间的关系,对于了解整篇文档的主要观点和社会舆论的动向是很有帮助的。

6.1.4　社会网络分析的意义

人们利用互联网络相互沟通,通过互动形成虚拟社群,它是人际关系、共享经验的累积与凝聚。由互联网络构架出来的虚拟社群,不仅提供了信息流通的通道,同时也累积了这些信息中所蕴含的知识,形成一种巨大的知识仓库。随着信息技术的发展,互联网络上的虚拟社群已成为一种重要的知识共享平台。互联网络技术发展的同时使得人与人之间知识和情感的来源和表现形式更加多样化。计算机和网络技术的结合创造了虚拟沟通的可能性,从而扩大了人们在互联网络上建构社会网络的形式和空间。当互联网络连接起一台又一台计算机时,同时也联系了这一台又一台计算机的使用者,这样计算机的使用者通过互联网络架构了一个社会关系网络。这个完全通过互联网络所构建的社会网络是虚拟社区的重要基础。虚拟社区中的社会网络与真实社区中的一样,也存在人际关系中的强联系和弱联系等人际网络关系特性,从而能够在虚拟社区中提供信息交换、知识共享和社会支持。简单地说,互联网络的发展突破了人们建构人际关系与社会网络必须通过有限节点的先天限制,使得人们都能轻易地通过互联网络自由地建构起个人的社会联系。互联网络发展之初,使用者便互相分享资料、解答问题、交换意见,共享的精神一直是网络的特色,网络使用者也是从知识的共享开始逐渐发展出情感的联系。

社会网络能清楚表现出个体或组织之间的关系,在人们日常生活中发挥着重要的作用。人们无时无刻不在通过社会网络与外界的人、组织或其他实体进行交流。另外,随着网络的普及,社会网络在网络信息内容安全研究系统中的作用也日益凸显,例如邮件过滤、利益关系分析、人的可信度分析以及信息共享和推荐等,都是以社会网络分析为基础进行的。另外,作为社会组织关系分析基础的群组发现与分析,也是社会网络的一个重要应用。准确判断实体之间的关系网络,对研究人类的行为及其他方面都有很重要的作用。因而如何自动抽取并分析各种信息源中的社会网络,越来越受到人们的关注。

6.2 社会网络分析的研究体系

社会网络分析法可以从多个不同角度对社会网络进行分析,包括中心性分析、凝聚子群分析和核心-边缘结构分析等,本节将对这三种分析方式进行简要介绍。

6.2.1 中心性分析

"中心性"是社会网络分析的重点之一。个人或组织在其社会网络中具有怎样的权力,或者说居于怎样的中心地位,这一思想是社会网络分析者最早探讨的内容之一。个体的中心度(Centrality)测量个体处于网络中心的程度,反映了该点在网络中的重要性程度。因此一个网络中有多少个行动者/节点,就有多少个个体的中心度。除了计算网络中个体的中心度外,还可以计算整个网络的集中趋势(可简称为中心势)(Centralization)。与个体中心度刻画的个体特性不同,网络中心势刻画的是整个网络中各个点的差异性程度,因此一个网络只有一个中心势。根据计算方法的不同,中心度和中心势都可以分为 3 种：点度中心度/点度中心势、中间中心度/中间中心势、接近中心度/接近中心势。

点度中心性在一个社会网络中,如果一个行动者与其他行动者之间存在直接联系,那么该行动者就居于中心地位,在该网络中拥有较大的"权利"。在这种思路的指导下,网络中一个点的点度中心度就可以用网络中与该点之间有联系的点的数目来衡量,这就是点度中心度。网络中心势指的是网络中点的集中趋势,它是根据以下思想进行计算的：首先找到网络图中的最大中心度数值；然后计算该值与任何其他点的中心度的差,从而得出多个"差值"；再计算这些"差值"的总和；最后用这个总和除以各个"差值"总和的最大可能值。

中间中心性在网络中,如果一个行动者处于许多其他两点之间的路径上,可以认为该行动者居于重要地位,因为他/她具有控制其他两个行动者之间的交往能力。根据这种思想来刻画行动者个体中心度的指标是中间中心度,它测量的是行动者对资源控制的程度。一个行动者在网络中占据这样的位置越多,就越代表它具有很高的中间中心性,就有越多的行动者需要通过它才能发生联系。中间中心势也是分析网络整体结构的一个指数,其含义是网络中中间中心性最高的节点的中间中心性与其他节点的中间中心性的差距。该节点与其他节点的差距越大,则网络的中间中心势越高,表示该网络中的节点可能分为多个小团体而且过于依赖某一个节点传递关系，该节点在网络中处于极其重要的地位。

接近中心性点度中心度刻画的是局部的中心指数，衡量的是网络中行动者与他人联系的多少，没有考虑到行动者能否控制他人。而中间中心度测量的是一个行动者"控制"他人行动的能力。有时还要研究网络中的行动者不受他人"控制"的能力，这种能力就用接近中心性来描述。在计算接近中心度的时候，我们关注的是捷径，而不是直接关系。如果一个点通过比较短的路径与许多其他点相连，我们就说该点具有较高的接近中心性。对一个社会网络来说，接近中心势越高，表明网络中节点的差异性越大；反之，则表明网络中节点间的差异越小。

6.2.2　凝聚子群分析

当网络中某些行动者之间的关系特别紧密，以至于结合成一个次级团体时，这样的团体在社会网络分析中被称为凝聚子群。分析网络中存在多少个这样的子群、子群内部成员之间关系的特点、子群之间的关系特点、一个子群的成员与另一个子群成员之间的关系特点等就是凝聚子群分析。由于凝聚子群成员之间的关系十分紧密，因此有的学者也将凝聚子群分析形象地称为"小团体分析"。

凝聚子群根据理论思想和计算方法的不同，存在不同类型的凝聚子群定义及分析方法。

1. 派系

在一个无向网络图中，"派系(Cliques)"指的是至少包含 3 个点的最大完备子图。这个概念包含 3 层含义：①一个派系至少包含 3 个点；②派系是完备的，根据完备图的定义，派系中任何两点之间都存在直接联系；③派系是"最大"的，即向这个子图中增加任何一点，将改变其"完备"的性质。

2. *n*-派系

对于一个总图来说，如果其中的一个子图满足如下条件，就称之为 n-派系(n-Cliques)：在该子图中，任何两点之间在总图中的距离(即捷径的长度)最大不超过 n。从形式化角度说，令 $d(i,j)$代表两点与 n 在总图中的距离，那么一个 n-派系的形式化定义就是一个满足如下条件的拥有点集的子图：$d(i,j)\leqslant n$，对于所有的 $n_i, n_j \in \mathbf{N}$ 来说，在总图中不存在与子图中任何点的距离不超过 n 的点。

3. *n*-宗派

所谓 n-宗派(n-Clan)是指满足以下条件的 n-派系：其中任何两点之间的捷径的距离都不超过 n。可见，所有的 n-宗派都是 n-派系。

4. *k*-丛

一个 k-丛(k-Plex)就是满足下列条件的一个凝聚子群：在这样一个子群中，每个点都至少与除了 k 个点之外的其他点直接相连。也就是说，当这个凝聚子群的规模为 n 时，其中每个点至少都与该凝聚子群中 $n-k$ 个点有直接联系，即每个点的度数都至少为 $n-k$。

凝聚子群的密度(External-Internal Index，E-I Index)主要用来衡量一个大的网络中小团体现象是否十分严重。这在分析组织管理等实际应用问题时十分有用。最糟糕的情形是大团体很散漫，核心小团体却有高度内聚力。另外一种情况就是大团体中有许多内聚力很高的小团体，很可能就会出现小团体间相互斗争的现象。凝聚子群密度的取值范围为[−1,

+1]。该值越向 1 靠近，意味着派系林立的程度越大；该值越接近 −1，意味着派系林立的程度越小；该值越接近 0，表明关系越趋向于随机分布，看不出派系林立的情形。

E-I Index 可以说是企业管理者一个重要的危机指数。当一个企业的 E-I Index 过高时，就表示该企业中的小团体有可能结合紧密而开始图谋小团体私利，从而伤害到整个企业的利益。其实 E-I Index 不仅仅可以应用到企业管理领域，也可以应用到其他领域，例如用来研究某一学科领域学者之间的关系。如果该网络存在凝聚子群，并且凝聚子群的密度较高，说明处于这个凝聚子群内部的这部分学者之间联系紧密，在信息分享和科研合作方面交往频繁，而处于子群外部的成员则不能得到足够的信息和科研合作机会。从一定程度上来说，这种情况也是不利于该学科领域发展的。

6.2.3 核心-边缘结构分析

核心-边缘(Core-Periphery)结构分析的目的是研究社会网络中哪些节点处于核心地位，哪些节点处于边缘地位。核心-边缘结构分析具有较广的应用性，可用于分析精英网络、科学引文关系网络以及组织关系网络等多种社会现象中的核心-边缘结构。

根据关系数据的类型(定类数据和定比数据)，核心-边缘结构有不同的形式。定类数据和定比数据是统计学中的基本概念，一般来说，定类数据是用类别来表示的，通常用数字表示这些类别，但是这些数值不能用来进行数学计算；而定比数据是用数值来表示的，可以用来进行数学计算。如果数据是定类数据，则可以构建离散的核心-边缘模型；如果数据是定比数据，则可以构建连续的核心-边缘模型。而离散的核心-边缘模型根据核心成员和边缘成员之间关系的有无及关系的紧密程度，又可分为以下 3 种。

(1) 核心-边缘全关联模型；

(2) 核心-边缘局部关联模型；

(3) 核心-边缘关系缺失模型。

如果把核心和边缘之间的关系看成是缺失值，就构成了核心-边缘关系缺失模型。这里介绍适用于定类数据的 4 种离散的核心-边缘模型。

(1) 核心-边缘全关联模型。网络中的所有节点分为两组，其中一组的成员之间联系紧密，可以看成是一个凝聚子群(核心)，另外一组的成员之间没有联系，但是该组成员与核心组的所有成员之间都存在关系。

(2) 核心-边缘无关模型。网络中的所有节点分为两组，其中一组的成员之间联系紧密，可以看成是一个凝聚子群(核心)，而另外一组成员之间则没有任何联系，并且同核心组成员之间也没有联系。

(3) 核心-边缘局部关联模型。网络中的所有节点分为两组，其中一组的成员之间联系紧密，可以看成是一个凝聚子群(核心)，而另外一组成员之间则没有任何联系，但是它们同核心组的部分成员之间存在联系。

(4) 核心-边缘关系缺失模型。网络中的所有节点分为两组，其中一组的成员之间的密度达到最大值，可以看成是一个凝聚子群(核心)，另外一组成员之间的密度达到最小值，但是并不考虑这两组成员之间关系密度，而是把它看作缺失值。

6.3　社会网络分析的一般模型

6.3.1　社会网络的构建

1. 具有社团结构的无权网络模型

在具有社团结构的无权网络模型中最有名的一个模型就是 BA 模型。该模型是网络建模中的一个经典模型。BA 模型很好地解释了幂律度分布的产生机理，在复杂网络的文献中受到了极大的关注。但与真实网络相比，BA 模型还有一定的缺陷。下面大部分的模型都是在 BA 模型上进行了各种扩展和变形，以改变模型的行为或使其更能表现发生在实际网络中的过程。

2. 基于分离者模型的社团结构模型

为了分析社会经济网络中社团的形成，Gronlund 和 Holme 基于社会学中原始的分离者模型提出了一种具有社团结构的网络模型。

在原始的社会网络分离者模型中，定义了 N 个节点，每个节点 i 表示社会网络中的一个个体，用 $s(i)$表示该个体的一个特征值（该特征值根据需要可以赋予不同的定义）。在演化的过程中，每一步从这 N 个个体中选择 3 个个体 i_1，i_2 和 i_3。然后，从这 3 个个体中选择与它们的平均值相差最大的节点$\hat{i}$，并从网络中随机选择另一个节点 j，重设 j 的特征值 $s(j)=s(\hat{i})+\eta$，其中 η 是一个(0,1)之间的随机数。该模型最终会演化为一个具有群结构的网络，每个群都包含自己的生命周期，包括该群的诞生、吞并其他的群以及消逝。

基于原始的分离者模型，Gronlund 和 Holme 又提出了两个新的参数，$d(i,j)$和 e_i。其中 $d(i,j)$定义为节点 i 和节点 j 之间的最短路径长度，而 e_i 则表示节点 i 到其他任意节点的最大距离。在此基础上，他们重新构建了分离者模型。初始网络为 N 个节点和 M 条边。在演化过程中，每一步从 N 个节点中随机选取 i_1、i_2 和 i_3 三个节点，并从中选择最“非中心”的节点$\hat{i}$（当网络连通时，$\hat{i}$为网络中具有最大 e_i 的节点；若网络不连通，则为最小连通子图中 e_i 最大的节点；若这个节点不止一个，则从中随机选择一个）。然后，从网络中随机选择一个节点 $j(j\neq\hat{i})$，并比较这两个节点的度。若 $k(j)<k(\hat{i})+1$，则将节点 j 的边重连到节点$\hat{i}$以及它的邻居（其中节点$\hat{i}$的邻居随机选择）；若 $k(j)>k(\hat{i})+1$，则重连 j 的边到$\hat{i}$，$\hat{i}$的所有邻居以及其他 $k(j)-k(\hat{i})+1$ 个节点。之后，遍历节点 j 的所有边，以概率 p 将它重连到网络中的任意一个节点。该模型与原始的分离者模型基本上是一致的，只是引入了概率 p 的随机重连，因此网络中有长程边的出现，从而使网络具有“小世界”的特性。

Gronlund 和 Holme 利用 GN 算法分析了利用该模型得到的网络，证明该模型具有比较明显的社团结构，而且随着网络规模 N 的增大，该模型最后演化得到的社团数目以及社团的平均大小都呈现幂律上升的规律。另外，社团内部和不同社团之间的节点的平均距离也随着网络规模的增大呈现指数上升的趋势；而利用该模型得到的网络中，社团内部节点间的平均距离与社团间节点的平均距离的差值比随机图中的差值大得多，这也进一步证明了该模型得到的网络具有比较明显的社团结构。此外，该模型得到的网络聚类系数比较大，而且表现出同配性，即度大的节点趋向于与度大的节点相连，而度小的节点趋向于与度小的节点相连，这也体现了社会网络的特点。

6.3.2 社会网络的发现

社会网络一般指节点众多、连接关系复杂的网络。由于其灵活普适的描述能力，能够广泛应用于各科学领域对复杂系统进行建模、分析，近年来吸引了越来越多的人对其进行研究。随着研究的深入，人们发现许多实际网络均具有社团结构，即整个网络由若干个社团组成，社团之间的连接相对稀疏，社团内部的连接相对稠密。社团发现则是利用图拓扑结构中所蕴藏的信息从复杂网络中解析出其模块化的社团结构，该问题的深入研究有助于以一种分而治之的方式研究整个网络的模块、功能及其演化，更准确地理解复杂系统的组织原则、拓扑结构与动力学特性，具有十分重要的意义。

自 2002 年 Girvan 和 Newman 基于边介数提出 GN 算法以来，国际上掀起一股社团发现的研究热潮，来自生物、物理、计算机等各学科领域的研究者们带来了许多新颖的思想和算法，并广泛应用于各个学科领域的具体问题中。本节在归纳总结的基础上，从非重叠社团发现和重叠社团发现两个方面综述当前社团发现算法的新进展，并展望该领域未来的一些研究方向。

1. 非重叠社团算法

非重叠社团发现是指识别出的社团之间互不重叠，每个节点有且仅属于一个社团。社团发现早期的研究工作大部分都围绕非重叠社团发现展开。近年来，基于对社团结构的不同理解，研究者们在对节点集划分时采用的标准和策略不同，衍生出许多风格迥异的新算法，典型算法有模块度优化算法、谱分析法、信息论方法、标号传播方法等。

1）基于模块度优化的社团发现算法

基于模块度优化的社团发现算法是目前研究最多的一类算法，其思想是将社团发现问题定义为优化问题，然后搜索目标值最优的社团结构。由 Newman 等首先提出的模块度 Q 值是目前使用最广泛的优化目标，该指标通过比较真实网络中各社团的边密度和随机网络中对应子图的边密度之间的差异来度量社团结构的显著性。模块度优化算法根据社团发现时的计算顺序大致可分为 3 类。

第一类算法采用聚合思想，自底向上进行，典型代表算法有 Newman 快速算法、CNM 算法和 MSG MV 算法等。Newman 快速算法将每个节点看作是一个社团，每次迭代选择产生最大 Q 值的两个社团合并，直至整个网络融合成一个社团。整个过程可表示成一个树状图，从中选择 Q 值最大的层次划分得到最终的社团结构。该算法的总体时间复杂度为 $O(m(m+n))$。在 Newman 快速算法的基础上，CNM 算法采用堆数据结构来计算和更新网络的模块度，大大提高了计算速度；MSG MV 算法则引入多步扩展，迭代过程中每次可合并多对社团，以避免过早地收缩到少数较大的社团中。

第二类算法主要采用分裂的思想，自顶向下进行。例如，Newman 最早提出的 GN 算法就属于这类算法，算法通过依次删去网络中边介数（即网络中经过每条边的最短路径数）最大的边，直至每个节点单独退化为社团，然后从整个删边过程中选取对应最大 Q 值时的结果。该算法时间复杂度较高，为 $O(n^3)$。随后，Newman 等人通过定义模块度矩阵，将模块度用矩阵的特征向量表示，提出一种用于划分网络社团结构的谱方法。该算法通过求解模块度矩阵的最大正特征值以及对应的特征向量，依据特征向量中元素的符号将网络不断递归二分，直至子网络再细分已不能增大 Q 值。整个算法的平均时间复杂度比 GN 算法在计算速度和准确度上均有较大提高。

第三类算法则是直接寻优法，如 Duch 等提出的 EO 算法以及 Agatwal 等提出的整数规划方法。EO 算法的思想是将每个节点对模块度 Q 值的贡献大小定义为局部变量，然后在随机初始划分的基础上，通过贪婪策略调整局部变量（具有最小贡献度的变量）来提高全局目标函数 Q 值。整数规划方法则通过求解对应的松弛线性规划问题给出最大模块度的一个上界，这是以前的方法所不具备的。此外，还有一些基于遗传算法、蚁群算法等智能算法的社团发现算法也可归为此类。

近年来越来越多的研究发现：模块度优化方法无法发现小于一定粒度的社团。在实际网络中，尤其是大规模网络中，社团的大小不一，该问题尤为突出。为此，研究者们提出一些局部调整策略。如 Ruan 等结合谱平分法和局部搜索方法提出的 HQCut 算法，在分裂网络前增加统计测试来判断是否须进一步细分。此外，部分研究者提出新的模块度来避免 Q 值存在的粒度问题。如李珍萍等提出的模块度 D 值，在衡量社团内外连接度的差异时，引入了社团大小作为分母进行平均，从理论和数值试验上证明了作为模块度 D 值要优于 Q 值。总地来说，模块度优化算法是目前应用最为广泛的一类算法，但是在具体分析中，很难确定一种合理的优化目标，使得分析结果难以反映真实的社团结构，尤其是分析大规模复杂网络时，搜索空间非常大，使得许多模块度近似优化算法的结果变得更不可靠。

2）基于谱分析的社团发现算法

谱分析法建立在谱图理论基础上，其主要思想是根据特定图矩阵的特征向量导出对象的特征，利用导出特征来推断对象之间的结构关系。通常选用的特定图矩阵有拉普拉斯矩阵和随机矩阵两类。图的拉普拉斯矩阵定义为 $\boldsymbol{L}=\boldsymbol{D}-\boldsymbol{W}$，其中 $\boldsymbol{D}$ 为以每个节点的度为对角元的对角矩阵，$\boldsymbol{W}$ 为图的邻接矩阵；随机矩阵则是根据邻接矩阵导出的概率转移矩阵 $\boldsymbol{P}=\boldsymbol{D}^{-1}\boldsymbol{W}$。这两类矩阵有一个共同性质：同一社团节点对应的特征分量近似相等，这成为目前谱分析方法实现社团发现的理论基础。基于谱分析的社团发现算法的普遍做法是将节点对应的矩阵特征分量看作空间坐标，将网络节点映射到多维特征向量空间中，运用传统的聚类方法将节点聚成社团。例如，Donetti 等基于节点之间的距离度量，在不同维度的特征空间中建立聚类树图，从中选择全局模块度最大的划分作为社团发现结果。Capocci 等则基于同一社团的节点对应的随机矩阵特征分量强相关这一性质，提出计算特征向量的 Pearson 相关系数来度量节点之间的相似度。应用谱分析法不可避免地要计算矩阵特征值，计算开销大，但由于能够通过特征谱将节点映射至欧拉空间，并能够直接应用传统向量聚类的众多研究成果，灵活性较大。

3）基于信息论的社团发现算法

从信息论的角度出发，Rosvall 等把网络的模块化描述看作对网络拓扑结构的一种有损压缩，从而将社团发现问题转换为信息论中的一个基础问题：寻找拓扑结构的有效压缩方式。如图 6-1 所示，原拓扑结构 X 通过编码器产生模块描述 Y，解码器对 Y 进行解码，推测出原结构 Z，那么何种模块描述 Y 是最优的？以信息论的观点来看，互信息 $I(X,Y)$ 最大

时，即最能反映原始结构 X 的 Y 是最优的。在该框架下，互信息 $I(X,Y)$ 最大等价于求条件信息 $H(X|Y)$ 最小，Rosvall 等给出了条件信息的量化表示，并运用模拟退火优化算法进行求解，可实现上千个节点的网络社团发现。测试表明，对于社团大小及边密度不一的社团发现问题，该发现算法要明显优于基于模块度优化的社团发现算法。后来，Rosvall 等进一步以描述图中信息的扩散过程为目标，将问题转换为寻找描述网络上随机游走的有效编码方式，使该方法更适合于捕捉社团内部节点之间的长程相关性，已有文献测试表明，该方法是目前非重叠社团发现算法里准确度最高的一类方法。

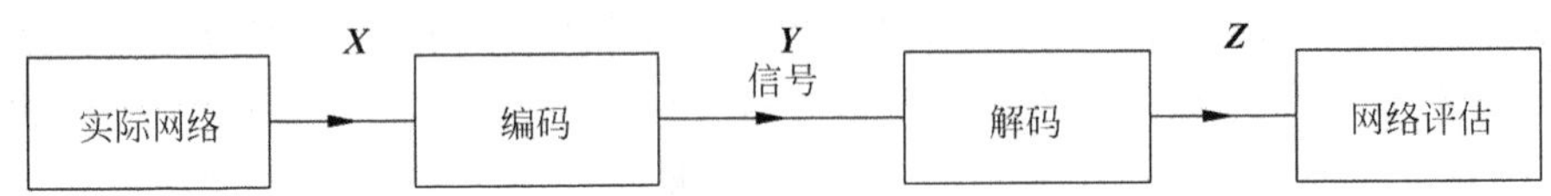

图 6-1　从信息论的角度看社团发现

2. 重叠社团算法

前面所介绍的非重叠社团发现方法把每个节点严格地划分到某个社团中，而真实世界中这种硬划分并不能真正反映节点和社团的实际关系，例如蛋白质相互作用网络中，由于蛋白质功能的多样性，单个蛋白质在不同的时空条件下参与不同的功能模块中。同样的现象普遍存在于各种真实网络之中，如社会网络中的人属于多个集体、网络中的网页属于多个主题等。因此，重叠社团发现更符合真实世界的社团组织规律，成为近年来社团发现研究的新热点，涌现出许多新颖的算法。

1）基于团渗透改进的重叠社团发现算法

由 Palla 等提出的团渗透算法是首个能够发现重叠社团的算法。该类算法认为社团是由一系列相互可达的 k-团(即大小为 k 的完全子图)组成的，即 k-社团。算法通过合并相邻的 k-团来实现社团发现，而那些处于多个 k-社团中的节点即是社团的“重叠”部分。Kumplula 等在前人工作基础上进一步提出一种快速团渗透算法(SCP 算法)。该算法分两阶段进行：第一阶段将网络的边按顺序(如加权网络按权值大小顺序)插入到网络中，并同时检测出现的 k-团；第二阶段将检测的 k-团根据是否与已有 k-社团相邻，并入 k-社团或形成新的 k-社团。由于边插入的顺序性，在第二阶段检测时 SCP 算法只须依次对 k-团进行局部判断；而 SCP 算法能够在一遍运行中检测不同权重阈值下的 k-社团，较大地提高了团渗透算法的计算速度。基于团渗透思想的算法需要以团为基本单元来发现重叠，这对于很多真实网络，尤其是稀疏网络而言，限制条件过于严格，只能发现少量的重叠社团。

2）基于模糊聚类的重叠社团发现算法

另一观点认为可将重叠社团发现归于传统模糊聚类问题加以解决，通过计算节点到社团的模糊隶属度来揭示节点的社团关系。这类算法通常从构建节点距离出发，再结合传统模糊聚类求解隶属度矩阵。张世华等人首先应用这一思想，他们结合谱分析方法将网络中的节点近似映射到欧拉空间中的数据点，进而利用 FCM 算法对空间中的数据点进行聚类，从而得到节点与社团之间的隶属度矩阵。由于模糊聚类算法 FCM 本身要求预先知道社团数目，该算法在模块度 Q 值的基础上引入新的模块度指标模糊模块度 Q，选取使得 Q 值最大的模糊聚类结果作为最终的社团划分结果。上述方法在判断社团数上需要预先给定或花费大量计算以确定合理的社团数目。有研究者提出基于通信-时间核构建距离矩阵，输入到模糊相似性传播聚类来实现重叠社团发现，在考虑节点长程相关性的同时，可以自适应地确定社团数目。值得一提的是，此类算法的关键在于所构建的距离矩阵，采用何种节点距离更符合实际情况在具体应用中是一个值得探索的问题。

6.3.3 节点地位评估

如何用定量分析的方法识别超大规模社会网络中哪些节点最重要，或者评价某个节点相对于其他一个或多个节点的重要程度，这是复杂网络研究中亟待解决的重要问题之一。近年来有不少学者已从新的视角研究网络节点重要性排序，例如 Kitsak 等人于 2010 年首次提出了节点重要性依赖于其在整个网络中的位置的思想，并且利用 k-核分解获得了比度、介数更为准确的节点重要性排序指标。在短短两年半内 Kitsak 等人发表该思想的文献其 Google Scholar 的引用次数已高达 170 余次。在本小节中首先介绍基于网络结构的节点重要性排序度量指标，这类指标主要从网络的局部属性、全局属性、网络的位置和随机游走 4 个方面展开，同时对这些方法的优缺点及适用范围进行了分析。

1. 问题描述

假设网络 $\boldsymbol{G}=(\boldsymbol{V},\boldsymbol{E})$ 是由 $|\boldsymbol{V}| = N$ 个节点和 $|\boldsymbol{E}| = M$ 条边连接所组成的一个无向网络。网络的 $A=\{a_{ij}\}$，$a_{ij}=1$ 表示节点 i 与节点 $j(i\neq j)$ 之间直接连接，否则 $a_{ij}=0$。网络中节点重要性排序方法的准确性常用传播动力学进行度量，一般以网络节点为传播源，利用传播动力学模型仿真，通过计算网络中目标节点的影响范围来度量节点在传播过程中的影响力。另一种方法是考虑节点删除前后图的连通状况的变化情况，将节点的重要性等价为该节点被删除后对网络的破坏性。假设在一个网络中，某个节点被删除，则同时移走了与该节点相连的所有边，从而可能使得网络的连通性变差。节点被删去后网络连通性变得越差，则表明该节点越重要。经过网络抗毁性实验得出的节点重要性排序与先前的节点重要性排序方法的结果越相似，则认为该排序方法越准确。

2. 基于网络结构的节点重要性排序方法

复杂网络中节点重要性可以是节点的影响力、地位或者其他因素的综合。从网络拓扑结构入手是研究这一问题常用的方法之一。最早对这一问题进行研究的是社会学家，随后其他领域的学者们也开始研究这一问题，提出了一系列的评估指标。下面从网络的局部属性、全局属性、网络的位置以及随机游走 4 个角度出发，介绍了基于网络结构节点重要性排序的不同指标。

1）基于网络局部属性的指标

基于网络局部属性的节点重要性排序指标主要考虑节点自身信息和其邻居信息，这些指标计算简单，时间复杂度低，可以用于大型网络。节点 i 的度(Degree)定义为该节点的邻居数目，具体表示为

$$k(i) = \sum_{j\in G} a_{ij} \tag{6-1}$$

度指标直接反映的是一个节点对于网络其他节点的直接影响力。例如在一个社交网络中，有大量的邻居数目的节点可能有更大的影响力、更多的途径获取信息，或有更高的声望；又如在引文网络中，利用文章的引用次数来评价科学论文的影响力。王建伟等人认为，网络中节点的重要性不但与自身的信息具有一定的关系，而且与该节点邻居节点的度也存在一

定的关联，即节点的度及其邻居节点的度越大，节点就越重要。

Chen 等人考虑节点最近邻居和次近邻居的度信息，定义了一个多级邻居信息指标(Local Centrality)来对网络中节点的重要性排序，其具体定义如下：

$$L_C(i)=\sum_{j\in\Gamma(i)}\sum_{u\in\Gamma(j)}N(u) \tag{6-2}$$

其中 $\Gamma(i)$为节点 i 最近邻居集合，$\Gamma(j)$为节点 j 最近邻居集合，$N(u)$为节点 u 最近邻居数和次近邻居数之和。任卓明等人综合考虑节点的邻居个数，以及其邻居之间的连接紧密程度，提出了一种基于邻居信息与集聚系数的节点重要性评价方法。具体表示为

$$p(i)=\frac{f_i}{\sqrt{\sum_{j=1}^{N}f_j^2}}+\frac{g_i}{\sqrt{\sum_{j=1}^{N}g_j^2}} \tag{6-3}$$

其中 f_i 为节点 i 自身度与其邻居度之和，即

$$f_i=k(i)+\sum_{u\in\Gamma(i)}k(u) \tag{6-4}$$

其中 $k(u)$表示节点 u 的度，$u\in\Gamma(i)$表示节点 i 的邻居节点集合。g_i 表示为

$$g_i=\frac{\max\limits_{j=1}^{N}\left\{\frac{C_j}{f_j}\right\}-\frac{c_i}{f_i}}{\max\limits_{j=1}^{N}\left\{\frac{C_j}{f_j}\right\}-\max\limits_{j=1}^{N}\left\{\frac{C_j}{f_j}\right\}} \tag{6-5}$$

其中 c_i 为节点 i 的集聚系数。该方法只需要考虑网络局部信息，适合于对大规模网络的节点重要性进行有效分析。Centol 研究在线社会网络的行为传播，发现传播行为在高集聚类网络传播得更快，节点的传播重要性与该节点的集聚性有关。Goel 等人通过研究 Facebook 系统中朋友关系演化特性发现，邻居节点的绝对数目不是影响节点重要性的决定性因素，起决定作用的是邻居节点之间形成的联通子图的数目。

2）基于网络全局属性的指标

基于网络全局属性的节点重要性排序指标主要考虑网络全局信息，这些指标一般准确性比较高，但时间复杂度高，不适用于大型网络。特征向量(Eigenvector Centrality)是评估网络节点重要性的一个重要指标。度指标把周围相邻节点视为同等重要，而实际上节点之间是不平等的，必须考虑到邻居对该节点的重要性有一定的影响。如果一个节点的邻居很重要，这个节点重要性很可能高；如果邻居重要性不是很高，那么即使该节点的邻居众多，也不一定很重要。通常称这种情况为邻居节点的重要性反馈。特征向量指标是网络邻接矩阵对应的最大特征值的特征向量。具体定义如下：

$$C_e(i)=\lambda^{-1}\sum_{j=1}^{N}a_{ij}e_j \tag{6-6}$$

其中 λ 为邻接矩阵 $\boldsymbol{A}$ 的最大特征值；$\boldsymbol{e}=(e_1,e_2,\cdots,e_n)^{\mathrm{T}}$ 为邻接矩阵 $\boldsymbol{A}$ 对应最大特征值 λ 对应的特征向量。特征向量指标是从网络中节点的地位或声望角度考虑，将单个节点的声望看成是所有其他节点声望的线性组合，从而得到一个线性方程组。该方程组的最大特征值所对应的特征向量就是各个节点的重要性。Poulin 等人在求解特征向量映射迭代方法的基础上提出累计提名(Cumulated Nomination Centrality)的方法，该方法计算网络中的其他节点对目标节点的提名值总和。累计提名值越高的节点其重要性就越高。累计提名方法计算量较少，收敛速度较快，而且适用于大型和多分支网络。Katz 指标同特征向量一样，可以区

分不同的邻居对节点的不同影响力。不同的是 Katz 指标给邻居赋予不同的权重,对于短路径赋予较大的权重,而长路径赋予较小的权重。具体定义为

$$\boldsymbol{S} = \beta\boldsymbol{A} + \beta^2\boldsymbol{A}^2 + \beta^3\boldsymbol{A}^3 + \cdots = (\boldsymbol{I} - \beta\boldsymbol{A})^{-1} - \boldsymbol{I} \tag{6-7}$$

其中 $\boldsymbol{I}$ 为单位矩阵,$\boldsymbol{A}$ 为网络的邻接矩阵,β 为权重衰减因子。为了保证数列的收敛性,β 的取值须小于邻接矩阵 $\boldsymbol{A}$ 最大特征值的倒数,然而该方法权重衰减因子的最优值只能通过大量的实验验证获得,因此具有一定的局限性。紧密度(Closeness Centrality)用来度量网络中的节点通过网络对其他节点施加影响的能力。节点的紧密度越大,表明该节点跃居于网络的中心,在网络中就越重要。紧密度具体定义如下:

$$C_c(i) = \frac{N-1}{\sum_{j=1}^{N} d_{ij}} \tag{6-8}$$

其中 d_{ij} 表示节点 i 到节点 j 的最短距离。紧密度依赖于网络的拓扑结构,对类似于星形结构的网络,它可以准确地发现中心节点,但是对于随机网络则不适合,而且该方法的计算时间复杂度为 $O(N^3)$。Zhang 等人考虑节点的影响范围,定义了 Kernel 函数法,具体定义如下:

$$U(i) = \sum_{j=1}^{N} \mathrm{e}^{-\frac{d_{ij}^2}{2h^2}} \tag{6-9}$$

其中 d_{ij} 表示节点 i 到节点 j 的最短距离,h 表示 Kernel 函数的宽度,h 越大此函数越平滑,节点影响范围越大,反之亦然。考虑到非最短路径的信息,Kernel 函数法的另一表述为

$$U(i) = \sum_{j=1}^{N} \mathrm{e}^{-\frac{d_{ij}^2}{2h^2}} + \sum_{j=1}^{N} \mathrm{e}^{-\frac{L(p)^2}{2h^2}} \tag{6-10}$$

其中 p 表示节点 i 到其他所有节点的非最短距离路线,$L(p)$ 表示这些非最短路线的长度。虽然 Kernel 函数法较紧密度更准确,但时间复杂度依然没有降低,不适用于大型网络。Huang 等分析了美国 1996—2006 年公司董事网络结构,该网络中节点是由公司中的董事构成,两位董事在同一个公司任职则表示他们有连接关系。Huang 等人认为公司董事的影响力取决于该董事手中掌握多少获取公司信息的渠道,提出一种识别公司董事影响力的方法。其方法记为

$$I(i) = \frac{\sum_{j=1}^{N} w_j r_{j1} r_{j2} \cdots r_{jd_j}}{\sum_{j=1}^{N} w_j} \tag{6-11}$$

其中 w_j 表示董事 j 所在公司拥有的信息量,即该公司的市值。d_j 表示董事 i 与董事 j 之间的最短路径,r_j 是信息在传递过程中的衰减率。Freeman 于 1977 年在研究社会网络时提出介数指标(Betweenness Centrality),该指标用于衡量个体社会地位的参数。节点 i 的介数含义为网络中所有的最短路径之中经过节点 i 的数量,记为

$$C_c(i) = \sum_{s<t} \frac{n_{st}^i}{g_{st}} \tag{6-12}$$

其中 g_{st} 表示节点 s 到节点 t 之间的最短路径数; n_{st}^i 表示节点 s 和节点 t 之间经过节点 i 的最短路径数。节点的介数值越高,这个节点就越有影响力,即这个节点也就越重要。例如判断社交网络中某人的重要程度,某个人在关系网络中类似于“交际花”,长袖善舞,能够与各

色人群打交道,拥有人脉越广泛,则其影响范围越大,其他人与此人也就越密切相关,因此该人也就越重要。Travencolo 等人提出了节点可达性指标(Accessibility)。可达性指标是描述节点在自避随机游走的前提下,行驶 h 步长之后该节点能够访问多少不同目标节点的可能性,具体定义为

$$E(\Omega,i)=-\sum_{j=1}^{N}\begin{cases}0, p_h(j,i)=0\\ p_h(j,i)\log(p_h(j,i)), p_h(j,i)\neq 0\end{cases} \tag{6-13}$$

$$E(i,\Omega)=-\sum_{j=1}^{N}\begin{cases}0, p_h(j,i)=0\\ \left(\dfrac{p_h(j,i)}{N-1}\right)\left(\log\dfrac{p_h(j,i)}{N-1}\right), p_h(j,i)\neq 0\end{cases} \tag{6-14}$$

其中 $p_h(j,i)$表示从 i 点出发到 j 点的可能性,h 表示步长,$p_h(j,i)$即从 i 点到 j 点行驶 h 步的不同路径数与总的得到的不同路径数之比。这里 Ω 是指除 i 以外的所有节点。除此之外,当随机游走遇到以下三种情况时将会停止:①游走达到所定义的最大步长 H;②游走达到一个点,而该点的度数为 1,即无法再行走下去;③游走无法再进行下去,因为所有与该点相邻的点都已经被访问过了。Travencolo 等人为了完善多样性的概念,提出了对外可达性和对内可达性两个指标,分别记为

$$\mathrm{OA}_h(i)=\frac{\exp(E(\Omega,i))}{N-1} \tag{6-15}$$

$$\mathrm{IA}_h(i)=\frac{\exp(E(i,\Omega))}{N-1} \tag{6-16}$$

前者指在行走 h 步之后,起始点 i 达到所有剩下点的可能性,后者指从每个点出发行走 h 步后,能够到达点 i 的可能性,也可理解为到达频率。Travencolo 等人的实验结果显示,处于中心区域的节点有较高的对外可达性,可以被近似看成是现实中的"交流区",而处于网络边缘的节点对外可达性较低。

6.4 社会网络分析常用方法

利用社会网络进行相关处理的前提是构建一个合理的社会网络。虽然以关系作为基本分析单位的社会网络分析(Social Network Analysis)已经在社会学、教育学、心理学与经济学等诸多学科领域得到了广泛研究。但是在统计学和计算科学领域,对如何自动抽取文本中社会网络的研究并不是很多。而现在采用的方法大多是基于两个实体名字在网络上的共现特征,判断两个实体之间是否存在关系则是通过分析二者在网络中共现特征的值是否达到了某个预设的阈值。Harada 等人采用这种方法开发了一个系统来从网络上获取人与人之间的两两关系;Faloutsos 等人则是基于人们之间的共现特征从 50 亿网页中抽取了一个由 1.5 亿人组成的社会网络。A. McCallum 和他的研究小组则提出了一个自动抽取用户间社会网络的系统。这个系统从电子邮件信息中识别出不同的人并找到他们的主页,然后把相关信息记录在一个通讯簿中,最后再通过他们的主页信息发现一些其他人的信息,这样在主页的主人与在此人主页中发现的人名之间建立链接并放入社会网络。正在开发中的这个系统的新版本其目标是要发现整个网络中的共现信息。

还有一些研究是应用搜索引擎来发现社会网络。20 世纪中期,H. Kautz 和 B. Selman 开发了一个社会网络抽取系统 Referral Web,这个系统用搜索引擎作为工具来发现社会网络。P. Mika 开发的 Flink 系统实现了语义网群落中社会网络的在线抽取与可视化。其实 Flink 和 Referral Web 进行网络挖掘的机制都是相同的,主要还是通过共现特征来识别实体间存在的关系,只不过这些共现信息是通过搜索引擎来得到的。他们都是首先把两个人的名字 X 和 Y 作为查询词输入到搜索引擎中,输入形式是 X AND Y,如果 X 和 Y 之间存在比较强的关系,我们往往能够得到更多能实现他们之间关系的信息,例如他们主页之间的互相引用,或者两者之间名字并列出现的次数等。另外,通过搜索引擎来度量名字间共现特征的系统还有 Matsuo 等人开发的 POLYPHONET。本节我们着重介绍两种社会网络抽取方法。

6.4.1 基于命名实体检索结果的社会网络构建

此方法主要利用待检索的中文人名在搜索引擎上返回的 Snippet 进行社会网络构建。这里的 Snippet 包括检索结果的标题以及紧随的片段文本。社会关系建立在至少两个人物的基础上,所以本方法中定义有效 Snippet 为包含至少两个不同人名的 Snippet。系统最后的聚类对象就是这些有效的 Snippet。

以检索人名 A 为例,初始检索返回一组 Snippet,抽取每个 Snippet 中的人名。假设任何两个人名共同出现在某个 Snippet 中就认为两人具有社会关系,共现的次数作为这种关系的度量。从而可以对出现在所有 Snippet 中的人名构建关系矩阵 $\boldsymbol{M}$、矩阵元素 $M_{i,j}$ 表示人名 i 和人名 j 的共现次数。由于是利用人名 A 的社会网络来对人名 A 检索得到的有效 Snippet 进行重名消解,因此关系矩阵 $\boldsymbol{M}$ 中不包含人名 A。

限于检索一个人物获得的有效 Snippet 数量有限,这样得到的关系矩阵往往会比较稀疏,形成的社会网络图中有很多的孤立子图,事实上有些子图之间在真实的网络环境中又是有关系的。例如图 6-2 中的人名 A 初始关系图。本方法希望能借助更多的网络信息,对孤立子图进一步扩展,来丰富初始的社会关系网络。

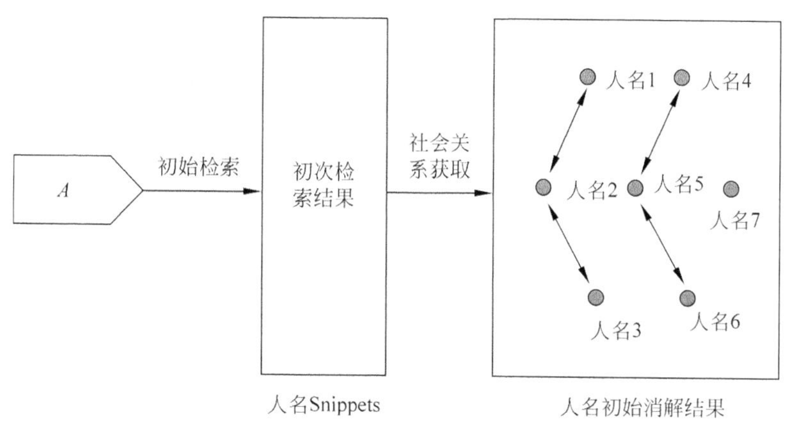

图 6-2 人名 A 初始关系图

拓展方法是在初始关系图中找出所有连通子图,然后依次在每个子图中选取最能够代表该子图的节点来进行拓展检索,在此引入带权度(Weighted Degree)来衡量扩展节点的重要程度。带权度即为与该节点相连接的所有边的权值之和。这是基于以下两种假设：

(1) 与节点相连的边越多，说明该节点在这个网络中交际的范围越广，影响力越大。

(2) 边上的权值越大，说明该节点与相连节点共现的频率越大，二者的关系越紧密。

利用带权度将以上两点结合起来，可以采用两种以下不同的拓展方式。

(1) 单点拓展：选取子图带权度最大的一个节点；

(2) 两点拓展：选取子图中带权度最大的两个节点。

假设子图 X 中带权度最大的节点名为人名 B。为了拓展出来的人物尽量都和初始检索的人名 A 有关，每次拓展检索时 Query 都包含人名 A，例如对子图 X 扩展时，检索 Query 为["人名 B 人名 A"]。拓展检索时，选取除人名 A 和人名 B 外至少包含一个人名的 Snippet。将拓展得到的所有 Snippet 直接加入初始检索到的 Snippet 集合中，采用构建关系矩阵 $\boldsymbol{M}$ 的方法重新构建新的包含更多人名的关系矩阵 $\boldsymbol{M}'$。显然，$\boldsymbol{M}'$ 比 $\boldsymbol{M}$ 包含更多的人名和社会关系，使得 $\boldsymbol{M}$ 的社会关系网络进一步丰富与完善。

对于初始社会网络的拓展有如下两种处理方法。

(1) 平均拓展。矩阵 $\boldsymbol{M}'$ 中会引入很多初始检索中不包含的人名，剔除这些新引入的人名得到矩阵 $\boldsymbol{M}''$。在 $\boldsymbol{M}''$ 中，如果两个人物不认识(对应关系数为 0)，但同时 $\boldsymbol{M}'$ 中有很多人同时认识他们，则可以利用两个人物之间的中间人来求取两个人物的关系数。平均拓展采用 $\boldsymbol{M}'$ 中两个人物的中间人的关系数平均值来进行更新。例如，$\boldsymbol{M}''$ 中，对于任意两个人名 a，$b(a\neq b)$，如果 $M''_{a,b}=0$，但 $\boldsymbol{M}'$ 中存在人名 $n_1,n_2,\cdots,n_m$ 同时满足 $M'_{a,n_i}\neq 0$ 且 $M'_{b,n_i}\neq 0$，则更新 $M''_{a,b}$ 为

$$M''_{a,b}=\frac{\sum_{i=1}^{m}(M'_{a,n_i}+M'_{b,n_i})}{2m} \tag{6-17}$$

这样更新得到的新矩阵 $\boldsymbol{M}''$ 将拓展 $\boldsymbol{M}$ 中人名之间的关系，并且将原来没有直接相邻的节点之间的关系数进行更新，可将初始图中不连接的若干子图连接起来。

(2) 最大拓展。考虑现实世界中的两个人物，如果有一位中间人与他们的关系都非常密切，这两个人的关系就应该很密切；如果此时还有一位和这两个人虽然认识但是关系很不密切的中间人，也不应该使得这两个人的关系数减少。事实上，方法(1)中取平均的方法可能存在这样的问题，这里利用两个人物之间关系最为密切的两个人来进行关系数更新。更新方法类似于方法(1)，只是更新公式变为

$$M''_{a,b}=\max_{i=1,2,\cdots,m}\frac{M'_{a,n_i}+M'_{b,n_i}}{2} \tag{6-18}$$

6.4.2 基于内容分析的社会网络构建

现在构建社会网络所采用的方法大多是基于两个实体名字在网络上的共现特征。但是共现状态只能说明两者可能存在关系，不能确定二者是否有直接关系，更不能给出具体的关系描述，因而有学者提出了基于内容的关系抽取方法，很好地弥补了这一点。此方法在对输入文章进行分词标注、共指消解等预处理之后，通过名词合并及主动词识别，得到存在关系的实体之间的关系指向和关系描述，最后通过有向图把存在关系的实体进行链接，最终形成

有向关系网络。这样不仅能够通过对一个新闻事件的分析得到对事件中实体之间的关系指向，更能根据关系图中每个点的出度、入度确定各个实体在事件中的重要程度，而且可以确定点与点之间的相对关系紧密程度，并给出比较合理的点与点之间关系的描述。本方法的主要贡献如下：

首先，本方法是基于文本内容分析的，不仅仅依靠实体的共现信息，而且得到的社会网络更加可靠。

其次，本方法不仅局限于对人与人之间的关系进行抽取，而且对所有不同实体之间的关系进行抽取。

最后，本方法中采用有向图对社会网络进行可视化表现，对实体之间关系的描述更加详细。有向图中不仅仅标注出实体之间是否有关系，而且标注出实体之间的关系指向，并给出了实体之间相互作用关系的描述词。

1. 方法框架

本节描述的方法的整体框架如下：对于输入的单个文档或者一个主题的相关文档集合，首先进行文档预处理，主要是进行分词、标注以及命名实体的指代消解。然后把经过预处理的文档根据句义完整性进行语篇划分，对划分之后的各个话语片段再进行主动词及其施事论元和受事论元的识别，然后把施事论元和受事论元之间进行有向连接，并进行关系动词的标注，这个关系动词即此话语片段的主动词。最后把处理得到的所有实体关系进行合并得到整个事件中实体间的关系网络。

2. 预处理

为了进行关系抽取，首先应该对输入的文档进行预处理，这包括分词、标注以及实体的指代消解。在分词、标注过程中，使用中科院计算所研制的基于多层隐马尔科夫模型的汉语词法分析系统(ICTCLAS)对输入文档进行分词及标注。而在指代消解部分，为了保证社会网络抽取的准确性和系统实现的简洁性，使用了两种方法对文中出现的普通代词和零代词进行了有针对性的消解。

1) 命名实体识别(Named Entity Recognition)及指代消解技术

新闻信息处理第一个重要的方面就是要对新闻进行命名实体识别以及指代词的消解。因为在网络新闻 5 大要素中有 3 个要素属于命名实体的范围。

命名实体识别是最基础的信息抽取技术，也是机器翻译、信息检索、问答系统等自然语言处理应用领域的重要基础工具。一般来说，常规命名实体识别的任务就是识别出文本中的人名、地名、机构名、事件、数字 5 类命名实体。汉语命名实体识别最初是从单一类型的命名实体开始研究的。孙茂松等人最早进行了我国人名的识别研究，主要采用了统计方法；郑家恒和 Tan Hongye 等人也以统计为主的方法进行了人名、地名的识别；2001 年，张艳丽等人开始采用统计与规则相结合的策略进行汉语机构名称的识别。在 5 类命名实体中，事件和数量表达式相对比较容易，基本采用规则的方法，汉语命名实体的研究主要集中在人名、地名和机构名上。第六届和第七届 MUC 评测会议上，H. H. Chen 和新加坡肯特岗数字实验室(Kent Ridge Digital Labs)参加了 MUC-7 汉语命名实体识别任务的评测。

现在对命名实体识别的准确度已经很高，也有不少开源的命名实体识别算法，所以本节不再研究命名实体识别，而是把重点放在与实体有关的指代消解方面。

指代消解是自然语言处理的重要内容，在信息抽取过程中，指代消解就是一个关键的问题。同样，信息检索、文本摘要中也存在大量需要消解的指代问题。近20年来，指代消解受到了格外的关注，大多数计算模型和实现技术都是这一时期出现的。1997年的EACL和1999年的ACL年会都设立了指代消解的专题会议，2001年的*Computational Linguistics*学报还出了指代消解的专辑。但在汉语处理方面，指代问题的研究相对较少。

指代一般分成两种情况：回指和共指。所谓回指，是指当前的指示语与上文出现的词、短语或句子(句群)存在密切的语义关联性；共指则主要是指两个名词(包括代名词、名词短语)指向真实世界中的同一参照物。回指和共指的消解，所需的知识和消解步骤是基本一致的，但在处理上不完全相同：回指消解是要根据上下文判断指示语与先行语之间是否有关系，这种关系可以是上下位关系，部分整体关系和近义关系，当然，也包括等价关系。共指消解则主要考虑等价关系。

指代消解首先要构造先行语候选集，然后再从候选中进行多选一选择。早期比较著名的方法有1997年的朴素Hobbs算法和1983年前后提出的中心理论。但是无论是朴素Hobbs算法还是中心理论，主要都是作为理论模型提出的，在实际系统上很少直接使用，现已实现的典型的技术主要有基于句法的方法和基于语料库的方法。

基于句法的指代消解是较早采用的方法，这种方法试图充分利用句法层面的知识，并以启发式的方式运用到指代消解中。比较典型的系统是1994年由Lappin和Leass提出的RAP算法，该算法用于识别第三人称代词和具有反身特征与互指特征的先行语，算法主要使用了句法知识。它先通过槽文法分析，再通过句法知识消解指代。Lappin和Leass提出的算法，指代消解准确度达到了86%。但他们事先通过人工方式对句子进行过简化处理，同时，也只考虑了第三人称形式。1998年Mitkov提出了一种"有限知识"的指代消解方法，该方法只需要进行词性标注，然后利用一些指示符计算先行语候选的突显性，再经过性、数的一致性检验后，选取较高值的先行语作为最后的先行语。测试结果表明，成功率为89.7%。

另一种指代消解的方法是基于语料库的方法。随着语料库语言学的发展。基于语料库的指代消解方法也相继出现，主要有统计方法、统计机器学习方法等。

Soon等采用该统计框架，选用决策树算法进行共指消解，在MUC评测结果首次超过了基于知识工程的共指消解方法，随后许多研究者均以此为基础进行了多方面的研究。VincentNg等人在这个框架下对训练实例抽取和链接算法进行了改进，Strube和Yang等人提出了不同的两个实体以及匹配特征的表示方法，Florian等人选用了最大熵方法用于统计共指消解。

汉语指代/共指消解研究起步较晚，研究主要集中在人称代词的消解，主流方法为基于句法语义结构分析的规则方法。王厚峰等人利用聚类基本知识根据人称代词及其先行语在语义块中可能的语义角色，并结合局部焦点法，给出了汉语人称代词消解的基本规则和优先性规则。为了克服知识获取瓶颈问题，他又提出了一种弱化语言知识的鲁棒性人称代词消解方法，仅仅用到了单复数特征、性别特征和语法角色特征，取得了满意效果。王晓斌提出了一种以语篇表达理论为指导的汉语人称代词的指代消解方法，在语篇表述结构的构造过程中实现了人称代词消解。此外，曹军、张威分别对汉语零指代消解和元指代消解进行了研究。郎君尝试采用决策树算法用于汉语名词短语共指消解；孔祥勇采用了规则消解和统计因子消解相结合的策略，用于汉语共指消解；Zhou运用基于转换的自动学习方法，用于

ACE 中汉语实体之间的共指分析，取得了满意的效果。

指代消解是一项重要的研究，同时也是一项非常困难的研究。到目前为止，还没有较好的全自动的指代消解技术和方法。而且目前指代消解研究主要依赖于基于句法语义结构分析的规则方法，不适合实现针对非受限大规模文本的信息抽取任务。因此，基于统计学习方法的实体指代消解方法有待深入研究。

2) 零指代消解

(1) 零指代的定义。

话语中提及某个事物，当再次论及这个事物的时候会采用各种方式来进行上下文的照应，这就是回指(Anaphor)。当回指在语流上没有任何的形式体现时，就是零指代(Zeroanaphor)。像一般的共指一样，零指代也可以分为两种：一种是先行语出现在零指代之前，称为回指(Anaphoric)；另一种是先行语出现在零指代之后，称为后指(Cataphoric)。

下面是零指代的几个例子。

① 中国从前的监狱，墙上大抵画着一只虎头，所以叫作“虎头牢”，狱门就建筑在虎口里，这是说，□1 一进去，□2 是很难再出来的。(《释放四题》)

② (廖医生在我腿上敷了草药，拿纱布缠了。又拿出两服中药，对母亲说：“这种药，每天煎三次，两天后再来换药。”)母亲颤声问：“廖医生，□多少钱?”(《洁白的木槿花》)

③ 母亲高兴地答应了，□1 拿了篮子，□2 把木槿花全摘下来了。廖大夫拿秤一称□3，□4 竟有一斤。(《洁白的木槿花》)

其中带□的地方都是空形式，但却有语义内容。以汉语为母语的人能够很容易地确定：①中□1、□2 指称的是“犯人”，②中□指的是“诊治和拿药的费用”，③中□1、□2 指的是“母亲”，□3、□4 指的是“木槿花”。

说到零指代，人们往往会想到一连串相似的概念：省略、隐含、空语类，因为它们有共同的特点，在句子的表层结构中没有语音形式而有语义内容，但它们的所指各有不同。按沈阳的解释，空语类包括 3 种类型：移位型、隐含型和省略型。所以它的外延最宽，涵盖了省略和隐含。隐含指的是句子中由于句法作用而出现的“空”形式，人们可以根据语言知识理解它的语义内容，但决不能在句子的表层形式中补出它，它是“真空”，因此，隐含是语言系统中的问题；省略与它不同，它是话语中由于语境作用而出现的“空”形式，人们往往要依赖句子以外的因素(语篇、情景等)才能将该空形式的语义内容找回，需要的话，它可以在句子的表层结构中补出来，它是“伪空”。省略离不开语境，因此它是言语中的问题。和零指代直接相关的是省略。

(2) 零指代的类型。

① 就零指代本身在句中的位置及职能可以分为两类：作主语的、作宾语的。其中主语占多数。零指代作主语的大约占 93.4%，而作宾语仅占 6.6%。

② 就零指代本身的属性可以分为两类：有生命的(即表人或动物的)、无生命的。其中有生命的零指代占多数。据统计，有生命的零指代大约占 88.3%。无生命的零指代则占 11.7%。

③ 就零指代的先行词的位置可以分为 3 类：先行词作主语的、作宾语的、作其他成分的。其中也是先行词作主语的占多数，大约占 91.4%；先行词为宾语的次之，占 5.3%；先行词为其他成分(如定语或状语的一部分等)的最少，仅占 3.2%。

④ 就零指代与先行词的距离可以分为 3 类：相邻的、隔句的、远距离的。其中相邻的包括一个先行词带有多个同指的零指代，但相应位置中间不被别的指称成分隔开的情况。如：

有一次父亲停下来，□1 转到我面前，□2 作出抱我的姿势，□3 又做个抛的动作，然后□4 捻手指表示在点钱，原来他要把我当豆腐卖喽！(《我和我的哑巴父亲》)

□1、□2、□3、□4 是处于主语位置的零指代，它们的先行词都是“父亲”，因为中间没有出现别的主语，所以都算是相邻的。远距离的是零指代和先行词相隔两句或两句以上的。在这 3 种类型中，相邻的零指代占绝大多数，约占 95%，隔句的和远距离的都不多，两者结合起来才占 5%，所以我们选取 6 个小句(当前句及其前 3 个小句、后 2 个小句)作为信息处理的句组长度。

(3) 零指代消解的相关工作。

零指代的频繁使用，给汉语共指消解提出了一个挑战。虽然性、数等属性可以为普通的指代消解提供思路，但是由于零指代没有提供这些相关信息，同时识别零指代也是一个相当困难的工作。另外，即使识别出来零指代，它也有可能不是共指。所有这些使得汉语零指代消解极其困难。

零指代在语言学中曾经研究过，但是计算语言学中只有一小部分工作涉及零指代的识别和消解。Yeh 和 Chen 提出了一种基于中心理论的零指代消解方法。这种方法是使用一系列的手工编写规则来实现零指代的识别，同样，在消解时也是使用人工编写规则。Converse 假设零指代和标准的解析树给定的情况下，使用 Hobbs 算法进行零指代消解。此系统不能自动识别零指代。作为指代消解的一个主要问题，对汉语零指代消解的研究并不是太多。而且以前大部分汉语零指代消解方法，在识别和消解过程中大多使用规则和启发式。针对汉语零指代的特点，有学者分析了零指代在语义结构中与其他语言成分的相互关系，并提出在这种关系的宏观控制下，利用谓词语义进行零指代消解的策略。Shanheng Zhao 和 Hwee Tou 提出了一种基于机器学习的识别和消解汉语零指代的方法。他们自称，通过两组可计算的特征识别和消解过程都能自动进行，是至今为止完全使用机器学习的方法实现零指代消解的方法。

3) 基于浅层分析与机器学习的汉语零指代消解

下面着重介绍本节使用的零指代消解方法。为了解释该方法，先对文中使用的几个定义进行解释。

话语片段(Discoursesegment)：根据零形代词所在句与先行词所在句之间的间隔不能太远，选取 6 个小句(当前句及其前 3 个小句、后 2 个小句)作为信息处理的句组长度，这样的一个句组称之为一个话语片段。

主动词：是指句子的核心动词。

逻辑论元：逻辑论元是指动词的逻辑配价中的配价成分，它相当于谓词逻辑中的论元(Argument)，即动词动作所涉及的客体。例如看到一个动词“吃”，必然要问“吃”的主体是谁，“吃”的客体又是什么，此时“吃”的主体就称为施事论元，而“吃”的客体则为受事论元。

逻辑配价：所谓逻辑配价，是指从逻辑语义的角度来考查动词的配价问题，也就是指动词的逻辑语义配价。它研究动词在逻辑语义层面所必须联系的语义论元，换句话说，就是我们在理解一个句子的语义时必不可少的成分。在逻辑配价中不存在所谓的三价四价甚至六价七价动词，动词应该最多只能是二价，即动词动作不涉及客体是一价，只有施事论元。其他动词动作涉及客体是二价，除了施事论元还有受事论元。这样处理会有以下 4 方面的好处：首先突出了施事和受事的特殊地位。可以这么说，典型的动作动词带典型原型的施事和受事；施事和受事的典型程度与动词的典型程度正相关。也正是从这个角度看，与其把论元划分得很细，不如根据动词动作性来划分动词，这样动词的类也就是论元（施事和受事）的类。其次，把动词的逻辑论元限制在施事和受事，便于确定动词的逻辑配价成分。我们只须考虑最简单的情况，即如果一个动词只带一个论元，就表达了一个相对完整的命题，那么这个论元必定是施事。如果一个动词带了两个论元才能表达一个相对完整的命题，那么这两个论元必定是施事和受事。再次，把动词的逻辑单元限制在施事和受事，可以简化动词逻辑配价的框架结构。便于操作，易于计算。最后，把动词的逻辑论元限制在施事和受事，既可以避免确定许多名词短语语义角色时的困难，又可以做到句法和语义的同构对应，使动词配价研究能够真正为自然语言理解服务。

下面来看基于浅层分析与机器学习的汉语零指代消解的具体步骤。

(1) 基于主动词识别，对话语片段进行层次分析。主动词是句子的核心，如何判断句子的核心动词，是正确分析句子结构和层次的重要步骤。但是，在汉语文本中，一个句子中有一个以上的动词很普通，而且汉语动词没有数、性、格和时态的变化，用语法来确定哪个是主动词非常困难。因此本文采用基于动宾语义搭配的方法进行汉语主题词识别。该方法将句子中的动词按其分布情况分成了 3 类。第一类，是在介词框架外的右邻不为“的”的动词（WD）；第二类，是在介词框架外的右邻为“的”的动词以及落选的左邻不为“的”的动词（W2）；第三类，是在介词框架内的动词（WJ）。只有右邻不为“的”的动词可以是候选主动词。所以确定主动词有两个步骤：首先是对动词进行分类，将情况简化，然后根据规则确定出主动词。在进行动词自动分类以前，首先要将词（主要是名词）进行合并，达到同一语法块中相邻词的词性是互异的。两个名词是否能合并，主要由结合关系语义场决定。在名词合并方面，主要考虑以下几种常见语法形式的分析规则，见表 6-1。

表 6-1　名词合并规则

规则序号	规则描述
1	名词＋和＋名词(N＋HE＋N)
2	名词＋以及＋名词(N＋以及＋N)
3	名词＋的＋名词(N＋DE＋N)
4	名词＋和＋名词＋的＋名词(N＋HE＋N＋DE＋N)
5	名词＋和＋名词＋和＋名词＋的(N＋HE＋N＋HE＋N＋DE)
6	名词＋的＋名词＋和＋名词(N＋DE＋N＋HE＋N)
7	名词＋的＋名词＋和＋名词＋的(N＋DE＋N＋HE＋N＋DE)
8	动词＋名词＋的＋名词(V＋N＋DE＋N)
9	动词＋名词＋名词(V＋N＋N)
10	动词＋的＋名词＋名词(V＋DE＋N＋N)
11	名词＋名词(N＋N)
12	介词＋名词＋名词(P＋N＋N)
13	介词＋名词＋的＋名词(P＋N＋DE＋N)
14	介词＋动词＋的＋名词＋名词(P＋V＋DE＋N＋N)
15	介词＋动词＋名词＋名词(P＋V＋N＋N)

名词合并完成之后，进行基于规则的动词自动分类，实现流程如下(自左向右扫描 I→待定动词指针 K=I)。

算法输入：V-RESET

1. IF 句尾，结束.
2. IF 当前动词为介词，记录介词框架左边指针 PFLG，返回 V-RESET.
3. IF 当前词为搭配词，取消框架右边指针，置 PFLG = 0，返回 V-RESET.

注. 介词框架外的动词的处理(包括没有左边界的 PP).

4. IF 右邻不为 DE，同时右右邻也不为 DE，查右侧有无 PT，执行 PT1-R 模块.
5. IF 右邻为 DE 或右邻为 TA，同时右右邻为 DE，查右侧有无 PT，执行 PT-R 模块.
   IFFLG 标记为 1，同时当前词为 PT，待定动词取 WJ，置介词框架为真 PFLG = I，ELSE
   IF 待定动词为"上"字类，执行 V-SX-RESET，返回 V-RESET，ELSE
   待定动词取 W2，返回 V-RESET.
   注：介词框架内的动词的处理(确定 P + N + V + N 中的动词类).

FLG = 1 表示有 PT 或 N + N 结构，FLG = 2 表示句尾为形容词.

6. IF 左邻为介词或左侧有介词嵌套结构，取 WJ，返回 V-RESET.
7. IF 左侧为"把"类介词
   IF 右邻为 DE，取 WJ，置 FLG，PFLG = 0；返回 V-RESET，ELSE
   查待定动词与左邻名词的主谓关系.
   IF 成功，取 WJ，置 FLG，PFLG = 0，返回 V-RESET，ELSE
   失败 取 WD，置 FLG，PFLG = 0，返回 V-RESET.
8. 查右侧有无 PT 执行 PT-R 模块.
9. IFFLG = 1，取 WJ，返回 V-RESET.
10. IFFLG = 2，IF 左侧介词为"对"或"用"字类，IF 形容词的左邻为名词
    取 W2，返回 V-RESET，ELSE
    取 WD，返回 V-RESET，ELSE
    取 WJ，返回 V-RESET.
11. IF 左邻为名词，左左邻为介词，查待定动词与左邻名词的主谓关系.
    IF 成功，取 WJ，置 PFLG = 0，返回 V-RESET，ELSE
    IF 待定动词为"上"字类，执行 V-SX-RESET，返回 V-RESET.
12. IF 右邻为 DE 或右邻为 DE，取 W2，置 FLG，PFLG = 0，返回 V-RESET，ELSE
    取 WD，置 FLG，PFLG = 0，返回 V-RESET，ELSE
    V-END-RESET
13. PT − R.
14. k 指针加 1.
15. IF 句尾表示右侧无 PT 或 N + N 结构，结束.
16. IF 当前词尾动词，结束.
17. IF 当前词为 PT，置 FLG = 1，结束.
18. IF 当前词为名词，右邻也为名词，置 FLG = 1，结束.
19. IF 句尾为 AJ，置 FLG = 2，结束.
    PT = END − R
    PT1 − R
20. IF 句尾
    IF 句尾不为形容词且右邻不为 DE
    取 WD，结束，ELSE
    取 W2，结束.
21. IF 当前词为动词，其右邻不为 DE 或介词，取 WD，结束.
22. IF 当前词为搭配词，取 WJ，置 PFLG = K，结束.
    返回 PT1 − R
    PT1 − END − R

```
    V-SX-RESET
23. IF 右邻为 DE,右右邻为名词且为句尾,取 WD,置右邻 DE 为 TA,结束.
24. IF 右邻为 DE 或(右邻为 DE 且右右邻为名词),取 W2,置 FLG,PFLG=0,结束.
25. 取 WD,置 FLG,PFLG=0,结束.
    V-SX-END-RESET
```

在名词分类后,对每个话语片段进行主动词的识别。首先按照动词分类的规则进行主动词候选过滤,过滤得到的动词集合作为主动词候选集合。然后根据主动词识别规则进行识别。主动词识别规则见表 6-2。

在得到主动词之后,可以对每个话语片段进行层次分析。因为一个片段一般由一系列小句组成,小句和小句之间一般为惩戒或者并列关系,一般不共享主动词。所以,主动词识别主要针对小句进行,然后再通过小句之间的关系,得到长句的主动词及层次结构。当然也存在特殊情况。

表 6-2　主动词识别规则

规则序号	规则表述
小句中有两个候补主动词的情况(P1,P2 代表主动词候选)	
1	IFP1 为不可带从句的动词,P1 取 W2,P1 取 WD
2	IFP1 为“是”,P2 为“有”,P1 取 WD,P2 取 W2
3	IFP1 为“有”,P2 为“是”,P2 取 WD,P1 取 W2
4	IFP1 右邻为 TA 或其左邻为 MA,P1 取 WD,P2 取 W2
5	IFP2 右邻为 TA 或其左邻为 MA,P2 取 WD,P2 取 W2
6	IFP1 为“是”或可带从句的动词,P1 取 WD,P2 取 W2；否则 P2 取 WD,P1 取 W2
7	IFP1 为可带从句的动词且对宾语无选择,P1 取 WD,P2 取 W2
8	查 P2 与宾语名词的搭配关系,成功,P2 取 WD,P1 取 W2；失败,P1 取 WD,P2 取 W2
小句中有 3 个候补主动词的情况(P1,P2,P3 代表主动词候选,AA 为标志位)	
9	如果 P1 为不可带从句的动词,P1 取 W2,置 AA 为 1；IFP2 为不可带从句的动词,P2 取 W2,置 AA=AA+1,IFAA=1,按两个候补主动词处理；如果 AA=2,则 P1P2 取 W2,P3 取 WD
10	IFP1 为可带从句的动词且对宾语无选择,P1 取 WD,P2P3 取 W2
11	IFP2 为可带从句的动词且对宾语无选择,P2 取 WD,P1P3 取 W2
12	查 P1 与宾语名词的搭配关系,IF 失败,P1 取 W2,AA=1；查 P2 与宾语名词的搭配关系,IF 失败,P2 取 W2,AA=AA+1；查 P3 与宾语名词的搭配关系,IF 失败,P3 取 W2,AA=AA+1；如果 AA=1,则按两个候补动词处理；如果 AA=2,取 3 个候补动词中没有被置成 W2 的动词是主动词

例如:“老妇人见[阿弟瞪着细眼凝想,同时搔着头皮],知道有下文……”

一般情况下表示“动作+感知”的动词(如看见、发现、听见等)的管辖区域可以是跨小句的,分析层次时应该单独处理。从动词与后续小句的语义关联可以确定它们的层次关系,例如当动词是表示“动作+感知”的动词,如果后续小句描写心理动作或有“于是”“不禁”“忍不住”等词承接上句,则很可能是感知动作主题作出的反应,因此该小句不属于前句动词的管辖,而是与其层次相同；当后续小句的动词也是表示“动作+感知”的动词时,则该小句也不属于前面动词的管辖,而是与其所在的句子并列；其他情况,尤其是描写事物性状的小句,属于前面动词的管辖的倾向性很大。本书对这种情况通过考查动词的辖区内小句的结构是否一致,作为判断主动词的一个依据。

因为一个片段一般是由一系列小句组成，小句和小句之间一般为承接或者并列关系，一般不共享主动词，所以，主动词识别主要针对小句进行，然后再通过小句之间的关系，得到长句的主动词及层次结构。

例如："老妇人见阿弟瞪着细眼凝想，同时搔着头皮，知道有下文……"

分析第1个小句，有3个候选主动词"见""瞪着""凝想"，根据主动词识别规则，"见"可以带从句，而"瞪着"和"凝想"都不可以，我们取"见"为主动词，且"见"后面组成主谓结构，为其从句，从层次关系上从句属于"见"的子层。主句的结构可以表示为N+WD+OP(OP代表宾语部分)。分析完主句之后分析从句的结构，阿弟瞪着细眼凝想，"瞪着细眼"合并之后作为状语成分，从句表示为N+AC+WD(AC代表状语部分)。

分析第2个小句，只有1个候选词"搔"，取作主动词，但是此句的结构不同于前句的主句，与子句相似，所以与子句处于同一层次，属于"见"的宾语部分。结构为PT+V+N(PT为时助词)。

分析第3个小句，有2个候选主动词"知道"和"有"，根据主动词识别规则，"知道"可以带从句，而"有"不可以，我们取"知道"为主动词，且"知道"后面为谓宾结构，可以看作是其从句，从层次关系上从句属于"知道"的子层。主句结构为(V+OP)，从句结构为(V+N)。

根据上面的分析得到整个句子的层次结构如下(见图6-3)：

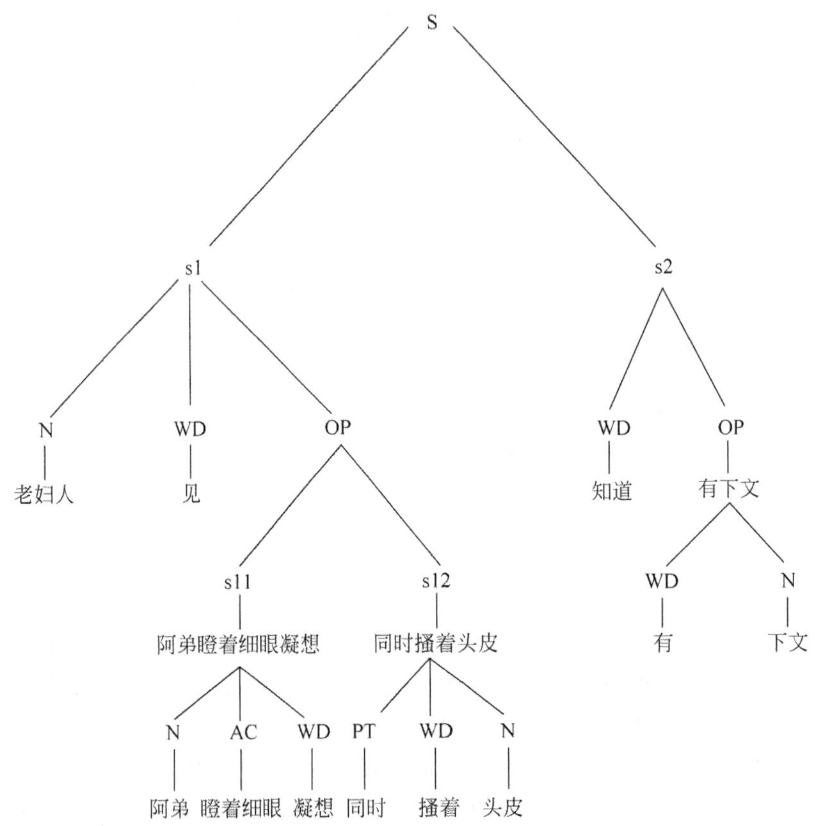

图6-3 话语片段层次分析结果示例

[老妇人见][1][阿弟瞪着细眼凝想，同时搔着头皮，][2][知道][1][有下文……][2]

(2) 基于动词逻辑配价及逻辑论元识别进行零指代识别。这里所谓提取逻辑论元指的是两个方面：一方面是该动词能否带受事论元，另一方面是该动词能带什么样的受事论元和施事论元。

首先判断动词的逻辑配价。现在研究动词配价的机构很多，例如北京大学的基于配价的汉语语义词典。但是现在还没有公开发表的配价词典，所以我们配价是通过《现代汉语词典》中对动词释义和应用举例来判断动词的价。同时，我们认为存在受事论元的动词一般是有施事论元的，所以只考虑动词是否能带受事论元，如果可以，那么我们就把动词定义为二价动词。

例如，安排—有条理、分先后地处理(事物)、安置(人员)～工作、～生活、～他当统计员。"安排"这个词可以带有受事论元，定义其价为 2。

论元识别：经过前面提到的名词合并，基本上所有的小句都成为一个简单句，使得论元的识别变得非常容易。

规则 1：如果动词前为名词(包括合并后的名词短语)或者代词，则把此词作为动词的施事论元。

规则 2：如果动词后为名词(包括合并后的名词短语)或者代词，则把此词作为动词的受事论元。

根据上面的分析，零指代识别可以看作是动词的逻辑论元识别。给每个必须带论元的动词找到相应的施事和受事论元，如果默认，则认为此处为零指代。

仍以上例中的句子为例，分析过程如下：

第 1 小句中，"见"为二价动词，在此片断中，存在主语"老妇人"，并且有宾语从句"阿弟瞪着细眼凝想，同时搔着头皮"作为其受事论元，所以不缺少论元，从句中"凝想"为一价动词，存在主语"阿弟"，所以不缺少论元。第 2 小句中，"搔"为二价动词，存在受事论元"头皮"，缺少施事论元。第 3 小句中，"知道"为二价动词，存在受事论元"有下文"，缺少施事论元。从句中"有"为二价，存在受事论元"下文"，缺少施事论元。所以得到所有的缺少论元。我们也得到了句子中的零形代词如下：老妇人见阿弟瞪着细眼凝想，同时 $\phi1$ 搔着头皮，$\phi2$ 知道 $\phi3$ 有下文……其中 $\phi1$，$\phi2$，$\phi3$ 即表示零形代词。

(3) 用机器学习的方法进行零指代的消解。

在零指代消解方面，采用决策树(C4.5)的方法训练分类器进行零形代词消解。所使用的特征见表 6-3。在表 6-3 的特征描述中，ZP 代表零形代词，NP 代表候选先行代词。在进行零指代消解之前，我们从话语片断中获得所有的候选先行词，通过过滤规则进行初步过滤，去除不可能的候选先行词。候选先行词的过滤规则如下：

① ZP 和 NP 在句子中处于并列的位置，它们之间不存在共指关系。

例如：[公司][1] 决定 $\phi1$ 和[清华大学][2] 一起在多媒体应用技术领域 $\phi2$ 展开多方面合作。

在这个句子中，短语 2 和 ZP$\phi1$ 处于并列的位置，因而它们之间不存在共指关系。

② P 的出现位置在 N 首次出现的位置之前。

公司开会决定将50%的股份转让给ST中川。

[公司][1] 开会决定 $\phi1$ 将50%的股份转让给[ST中川][2]。

在这个句子中,ZP$\phi1$ 的出现位置在NP2首次出现位置之前,因而它们之间不存在共指关系。

经过简单的先行词过滤之后,我们得到了每个零形代词的比较合理的候选代词集合。我们用机器学习的方法判断每个候选先行词与零形代词之间的关系,把每个NP候选和ZP看作一个候选对,通过分类器判断它们之间存在共指关系,如果存在,则把NP看作ZP的先行词,如果不存在,则把后面的NP与ZP看作候选对,直至找到一个ZP的先行词,或者没有NP候选存在时停止。零指代消解系统的具体特征定义见表6-3。

表6-3 汉语零指代消解特征定义

序号	特 征	特征描述	特征定义
1	ZP_Position	零形代词所在的小句在话语片段中的位置	0~5(前面我们定义6个小句为一个片段)
2	NP_Position	候选先行代词所在的小句在话语片段中的位置	0~5(前面我们定义6个小句为一个片段)
3	ZP_Pdistance	零指代和候选先行代词所在小句之间跨小句数	0~4
4	ZP_s_clause	ZP所在的小句是否为复合句	如果NP所在小句为复合句,取1,否则取0
5	NP_s_clause	NP所在的小句是否为复合句	如果NP所在小句为复合句,取1,否则取0
6	Same_Frame	两句中动词配价框架相同	相同为1,不相同为−1,无法判断为0
7	ZP_Sex	零指代的性别	男性为Male,女性为Female,无法判断为null
8	NP_Sex	候选先行代词的性别	男性为Male,女性为Female,无法判断为null
9	Same_Sex	性别一致	零指代和候选先行代词的性别,一致为1,不一致为−1,无法判断为0
10	ZP_Role	零指代的角色	零指代的角色,施事为1,受事为−1,无法判断为0
11	NP_Role	候选先行代词的角色	候选先行代词的角色,施事为1,受事为−1,无法判断为0
12	Same_Role	角色一致	零指代和候选先行代词的角色,一致为1,不一致为−1,无法判断为0
13	ZP_S_PL	零指代的单复数	单数为Single,复数为Plus,无法判断为null
14	NP_S_PL	候选先行代词的单复数	单数为Single,复数为Plus,无法判断为null
15	Same_S_PL	单复数一致	零指代和候选先行代词的单复数,一致为1,不一致为−1,无法判断为0

4) 其他指代消解

对于其他类型的指代词,利用一种简单的基于规则的方法进行指代消解。其使用的规则主要包括过滤集合和优选集合两个部分。前者将不存在共指关系的指代词 P 和指代实体 N 组成的 $P-N$ 对过滤掉,后者对可能存在共指关系的 $P-N$ 对进行打分。具体规则见表6-4。

表 6-4　指代消解规则

过滤规则	
规则序号	规则描述
1	P 和 N 在句子中处于并列位置
2	P 的出现位置在 N 首次出现的位置之前
3	P 和 N 同时出现在一个小句中
优选规则	
规则序号	规则描述
1	若 $N1$ 出现频率高于 $N2$，则 $P-N1$ 得分高于 $P-N2$
2	若 $N1$ 和 P 的距离小于 $N2$ 和 P 的距离，则 $P-N1$ 得分高于 $P-N2$
3	当出现"宣布""说"等动词时，该动词的主语 N 往往是本句中 P 的指代实体
4	当 P 和 N 都在句中作主语或宾语时，共指的可能性更大

利用上述规则进行过滤打分之后，使用一个消解度公式计算每个 $P-N$ 对的消解度：

$$S(P,N) = \sum_i \lambda_{i1} R_{p_i}(P,N) \times \prod_j R_{f_j}(P,N) \tag{6-19}$$

在式(6-19)中，P 代表代词；N 代表实体(先行词)；R_f 表示过滤规则；R_p 表示优选规则；λ 表示第 i 条优选规则的权值；S 表示 $P-N$ 对的消解度。R_f 值为 0 或 1，即表示该共指关系是否应该被过滤掉。S 值越大说明 $P-N$ 对越有可能存在共指关系。

(1) 语篇划分。话语片断的划分，决定了文本自然语言处理过程的准确性。在划分之前，对话语片断都要给定一个合适的量，它既要保证语言分析需要的足够信息，又要适合计算机的操作及存储空间的开销。通过分析，本书使用了基于语文完整性划分语篇的方法：因为一个语义完整的话语片断必然存在主动词及其必要论元，所以最初以每个小句为单位进行分析；如果小句中存在主动词和相应的论元，则把此小句作为一个单独的话语片断进行后续处理；如果此小句中缺少任何元素，那么考虑加入其后紧邻的小句，并进行同样的主动词及相应论元的分析，直到这个处理句组中存在主动词及必要论元为止，然后把这个句组当作一个话语片段进行后续处理。

(2) 关系抽取。对于每个话语片断，进行主动词及其逻辑论元识别，方法与零指代消解中相同。在识别主动词及其论元之后，即完成了对这个话语片断中存在关系的判断，接下来主要是看这些关系涉及的是否为命名实体，这主要是看主动词的论元是否都为命名实体或者都包含命名实体的成分。如果是，则在关系图中把二者进行有向连接，箭头由施事论元指向受事论元，同时把该主动词作为此关系的描述标注于连线的上方。整篇文档中所有的话语片断分析完成之后进行合并去重，即生成整篇文档中所有实体间的有向关系网络。下面举例说明，对于一篇新闻文档，新闻内容如下：

题目：穆巴拉克称允许加沙居民进入埃及购买必需品。

内容：2008 年 1 月 23 日，上万巴勒斯坦民众通过被推断的边境墙进入埃及境内。

* 以色列称埃及应负责解决加沙地带边境民众骚乱。

* 巴勒斯坦民众涌入埃及抢购生活用品。

* 联合国安理会召开紧急会议讨论加沙局势。

据法新社报道，埃及总统穆巴拉克今日称，他允许巴勒斯坦人离开加沙，前往埃及境内寻找生活必需品，前提是他们不得携带武器。

穆巴拉克对开罗媒体说:“我告诉安全部队对前往我国境内的加沙居民予以放行,并允许他们返回加沙,只要他们不携带武器或其他非法物品。”

我们进行社会网络分析得到的关系图如图6-4所示。

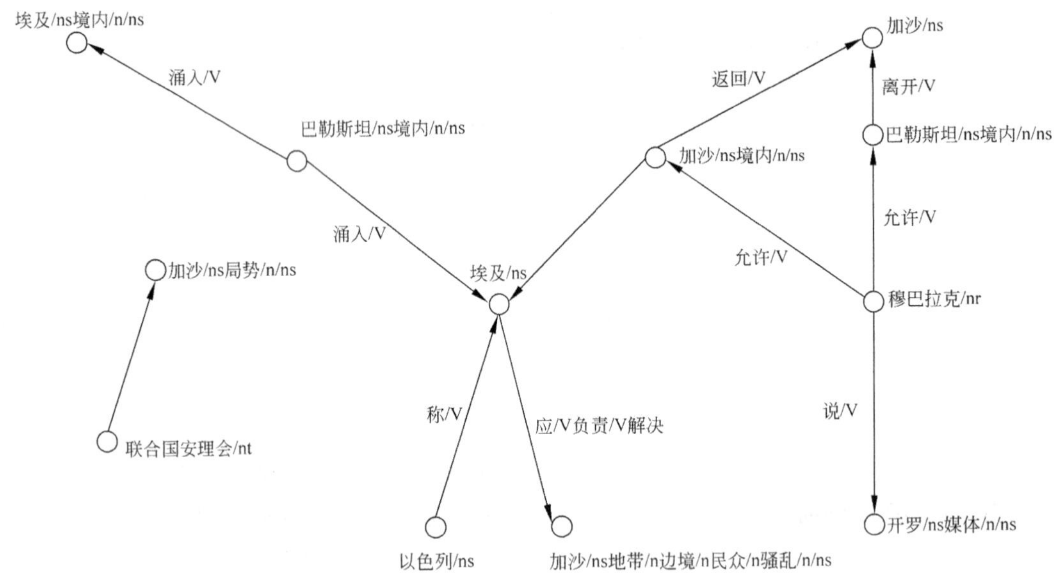

图6-4 对举例中新闻文档分析得到的社会网络关系图

6.5 社会网络分析的安全应用

社会网络分析在网络信息内容安全保障中具有重要的作用。在本节中,将介绍社会网络分析在网络信息内容安全研究中的实际应用案例。

6.5.1 社团挖掘和话题监控的互动模型研究

社团的概念来源于社会网络。通常,社会网络被认为是一种典型的复杂网络,它由社会实体(如人、机构等)和实体之间的关系组成。社团挖掘(Community Mining,CM)旨在发现社会网络中在某些方面具有相似特点(如有共同的兴趣、话题)的实体组成的相对独立和封闭的团体(即社团)。话题监控,又称话题识别与跟踪,目前的研究也只局限在文本内容变化的识别上,只在网络新闻上小范围的应用外,并未在海量数据(如整个社会网络)中应用。

互联网是当代社会网络最有特色的载体,它大大加深了社团的复杂性、隐蔽性和动态性,对已有的社团挖掘技术提出了新的挑战;同时,话题的产生和散布有了更强大的载体,这对已有的话题监控技术也提出了新的挑战。目前社团挖掘和话题监控的研究基本是各自独立进行的。本节内容充分考虑了社团和话题两者之间的密切关系,例如具有类似模型、互为对方特征、互为对方因果,以及社团为话题传播的载体等,提出了新的社团挖掘和话题监控的互动模型,使这两种技术更适于在互联网环境下的应用。

1. 研究现状和相关工作

社会网络和社团挖掘的研究一般都采用图作为它们的数学模型。社团是社会网络中满足一定条件(称为社团条件)的一部分,可以用社会网络的子图来表示社团。社团挖掘的任务就是发现社会网络大图中满足社团条件的子图。因此,社团挖掘问题可以归结为子图挖掘以及搜索问题。目前的社团挖掘算法可以归纳为 3 大类:

- 基于链接分析的算法,以 HITS 算法为代表;
- 基于图论的方法,以最大流算法为代表;
- 基于聚类的方法,以 GN 算法为代表。

话题识别与跟踪目前使用最普遍的算法步骤大致如下(以输入一个新闻报道序列 d_1,d_2,…为例)。

(1) 首先进行初始化,将第 1 个报道 d_1,归为话题 t_1。

(2) 假设算法已经处理完前面 $i-1$ 个报道,并且已经发现了 k 个话题,记为 $t_1,t_2,\cdots,t_k$,那么处理第 i 个报道 d_i 的方法如下。

① 计算报道 d_i 与每个话题的相似度,例如用 $\text{sim}(d_i,t_j)$表示报道 d_i 话题 $t_j(j=1,2,\cdots,i-1)$的相似度。

② 将计算出来的相似度 $\text{sim}(d_i,t_j)$分别与预先设定的两个阈值 TH_l 和 TH_h 做比较。

- 若 $\text{sim}(d_i,t_j)<TH_l$,则报道 d_i 与话题 t_j 无关;
- $\text{sim}(d_i,t_j)\geqslant TH_h$,则报道 d_i 与话题 t_j 相关,将 d_i 归为 t_j;
- $TH_l\leqslant\text{sim}(d_i,t_j)<TH_h$,则报道 d_i 与话题 t_j 之间的关系不能确定。

(3) 反复采用上面的方法,直到处理完所有报道。

目前的各种话题检测与跟踪算法大体是上述算法的变体,不同之处主要集中在话题的定义、向量空间模型以及数据类型等方面。另外,还有少数研究者引入支持向量机、最大熵、核回归等其他机器学习方法,但都没有取得显著的效果。

严格说来,目前还没有明确提出将两者结合起来的相关工作,不过出现了少量粗浅的研究。有的学者研究在不同时期采用相同的主题进行社团挖掘,然后对比挖掘结果,新结果中的新内容就视为那个时期的一个话题。也有一些学者运用社群图和矩阵法对网络社会群体进行了分析,概括出 BBS 社团的基本特征,并对社团中成员地位的形成、意见领袖的特点和群体内部人际交往的特征进行了探讨。

2. 社团挖掘和话题监控结合的基本思想

不同于已有的研究,很多学者认为社团和话题之间具有密切的关系。

(1) 具有类似模型。一个社团是多个相似实体凝聚的结果,一个话题是多个相似议论(网络文档)汇集的中心思想,因此两者都与采用相似性比较、关联性推理和聚类算法的模型相关。

(2) 互为对方特征。一方面,特定社团往往具有特定的、代表性的话题;另一方面,有了共同话题的社会人员会形成新的社团。一个社团可以被一组特定话题完全定义,一个话题也可以被一组特定社团清楚刻画。

(3) 互为对方因果。一方面,话题演变会导致社团的聚散和兴衰,往往是社团变化的原因,社团变化是话题演变的表象;另一方面,社团变化导致新话题的出现和旧话题的消亡,是话题演变的助推力。

(4) 社团为话题的载体。话题的流通、传播是基于社团进行的，并具有一定的规律。例如往往先在某个社团内部传播，导致内部激荡，达到一定程度，扩展到邻近社团；然后进入新的循环，在该邻近社团内部传播，再进入新的社团。

因此，社团挖掘和话题监控可以结合在一起研究，社团和话题可以相互定义。

社团是具有共同话题的社会实体组成的集合。即无论一些社会实体之间存在多么密切的外在联系，如果没有共同的话题，都被认为没有组成社团。话题是在一个(或多个)社团中流行的内容，而不是流行在网页或新闻报道中的内容。如果这些网页或报道没有形成社团，那么无论某个内容在它们之中如何流行，都被认为没有形成话题。社团和话题都是动态的生命体，都有从诞生到发展到消亡的完整生命过程。因此，类似话题的发现和跟踪，社团挖掘中还包括社团跟踪的研究；其次，社团和话题的动态演变是相互影响、相互交织的。

从本质上讲，话题和社团都是聚类的结果，可以设计出发现它们的通用模型。此外，两者随时间变化的演变模型也非常相似，图 6-5 所示为以话题为例的示意图。

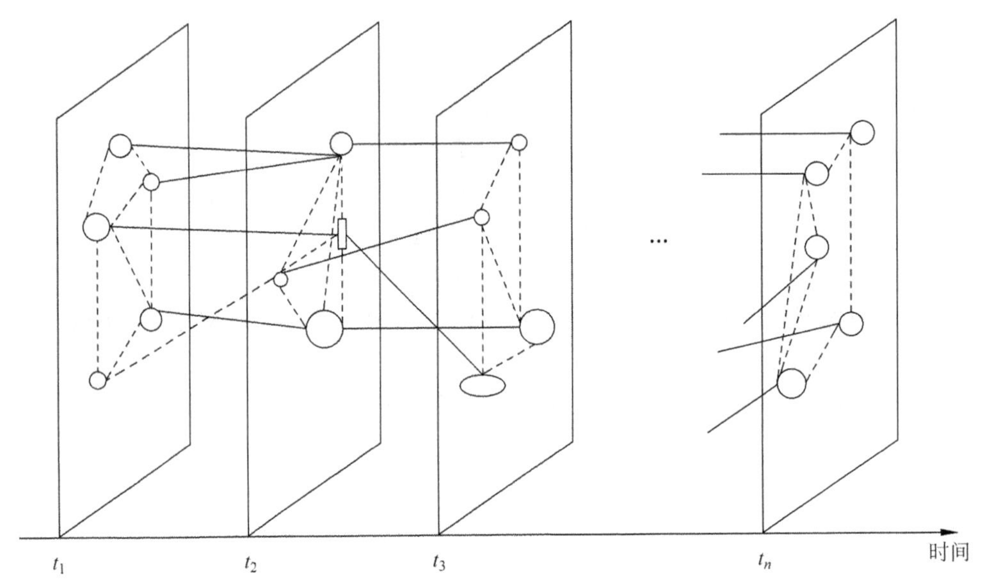

图 6-5　话题和社团的通用演变模型

如图 6-5 所示，在一个互联网社区中，每个时刻都存在许多话题(或社团)，随着时间变化，话题(或社团)也可能变化。图中每个圆点表示一个话题(或社团)，每条虚线表示横向关系，每条实线表示纵向关系。

3. 社团挖掘和话题监控的互动模型

最初，互联网上有许多个体，同时有许多言论；然后逐渐地个体之间有了关系，形成了社团，同时言论之间有了共同点，形成了话题。在该过程中，社团和话题是相互影响的，静态互动模型可以形式化地刻画在某个时刻发生的此过程中。图 6-6 描述了个体、社团、话题以及言论之间的关系。

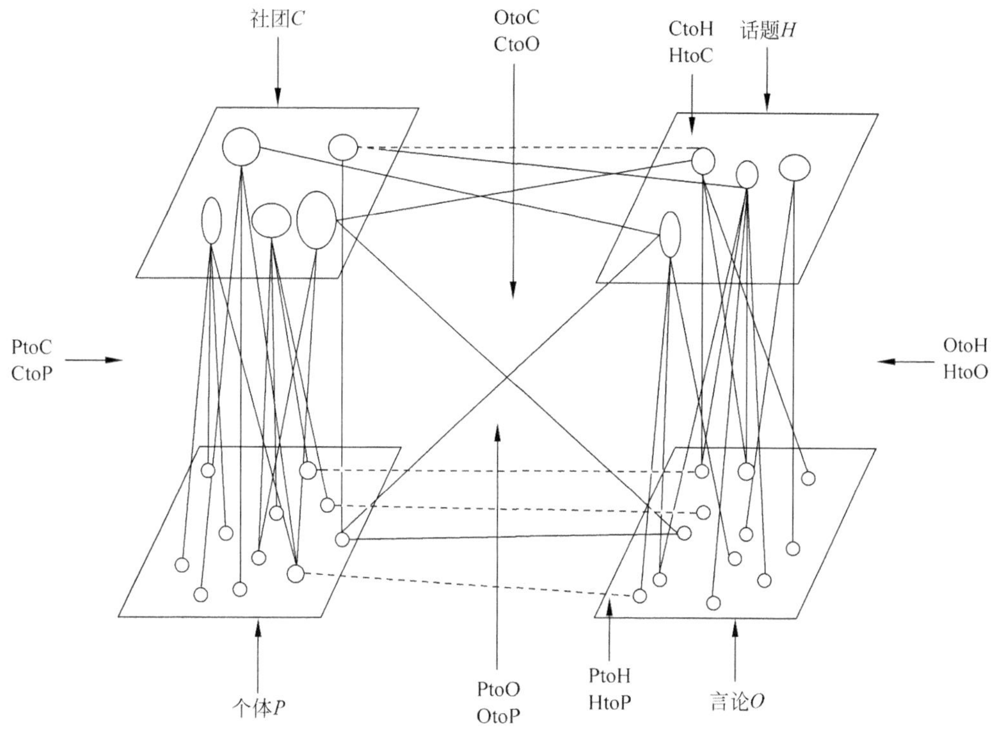

图 6-6　个体概念和函数的示意图

下面是对其中记号的一些解释。

(1) 个体在互联网上发帖产生言论,该过程用函数 PtoO(Personto Opinion)表示,满足

性质 1: $\forall p_1, p_2$,如果 $p_1 \neq p_2$,那么 $\text{PtoO}(p_1) \neq \text{PtoO}(p_2)$。

(2) 言论聚集产生话题,该过程用函数 cluso 表示,即 $H=\text{cluso}()$。每个言论都属于一个或多个话题,该映射关系用函数 OtoH(Opinion to Huati)表示。每个话题包含一个或多个言论,用函数 HtoO(Huati to Opinion)表示。满足

性质 2: $|O|>>|H|$。

(3) 个体聚集产生社团,该过程用函数 clusp 表示,即 $C=\text{clusp}(P)$。每个个体都属于一个或多个社团,这个映射关系用函数 PtoC(Person to Community)表示。每个社团包含一个或多个言论,用函数 CtoP(Community to Person)表示,满足

性质 3: $|P|>>|C|$。

(4) 每个社团都有感兴趣的话题,用函数 CtoH(Community to Huati)表示;反之,每个话题可能有多个社团感兴趣,用函数 HtoC(Huati to Community)表示。

另外存在如下一些间接关系。

(1) 个体与话题的关系,个体先产生言论,然后这些言论属于某些话题。该映射关系用函数 PtoH 表示,满足

性质 4: $\forall p \in P, \text{PtoH}(p) = \underset{O \in \text{PtoO}(p)}{U} \text{OtoH}(o)$。

(2) 言论与社团的关系,言论属于某个个体,进一步属于个体所在的社团。该映射关系用函数 OtoC 表示,满足以下几点。

性质 5：$\forall o \in O, \mathrm{OtoC}(o)=\mathrm{PtoC}(\mathrm{OtoP}(o))$。

下面的两个性质可以描述个体、社团、话题之间的关系。

性质 6：$\forall p_1, p_2 \in P$，如果 $\mathrm{PtoH}(p_1) \approx \mathrm{PtoH}(p_2)$，那么 $\mathrm{PtoC}(p_1) \cap \mathrm{PtoC}(p_2) \neq \varnothing$，或者说 P_1 和 P_2 很可能都属于某个(或某些)话题。

性质 7：$\forall o_1, o_2 \in O$，如果 $\mathrm{OtoC}(o_1) \approx \mathrm{OtoC}(o_2)$，那么 $\mathrm{OtoH}(o_1) \cap \mathrm{OtoH}(o_2) \neq \varnothing$，或者说 o_1 和 o_2 很可能都属于某个(或某些)话题。

性质 1 可以用一个二分图来示意，如图 6-7 所示，即如果个体集和话题集之间接近一个完全二分图，那么这个个体集就可能是一个社团。类似地，根据性质 2，如果言论集与社团集也存在这样的二分图，那么这个言论集就可能是一个话题。

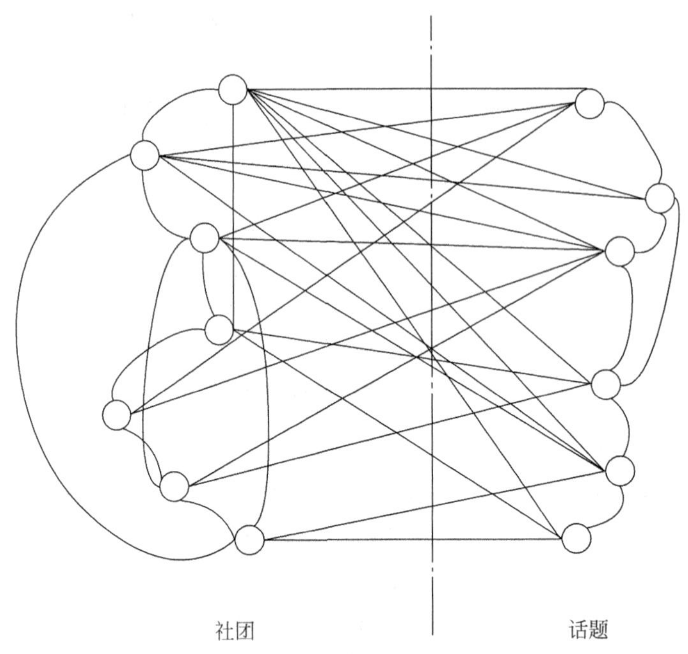

图 6-7 社团挖掘和话题监控的二分图模型

如图 6-7 所示，社团成员为一个点集，两个点集形成一个(近似)完全二分图。另外，社团成员之间具有相似性，可以利用这个特性挖掘社团和话题。

下面利用性质 1 来设计社团挖掘的算法，它等价于下面的数学问题。

问题 1：已知个体集 P 和函数 PtoO、OtoH，求解函数 PtoC。

相应算法如下所示。

算法 1：社团挖掘算法

For $i=1$ to $|P|$，遍历集合 p，$\forall p_i \in P$；

根据性质 4 计算 $\mathrm{PtoH}(p_i)$得到 p_i 的话题集 H_i；

For $j=1$ to $i-1$。遍历已有的 H_j，每个与 H_i 比较；

$\mathrm{PtoC}(P_i)=\mathrm{PtoC}(P_i) \cup \mathrm{PtoC}(P_j)$

End if

End for

If $\mathrm{PtoC}(P_i) \neq \varnothing$ then

建立一个新社团 c，且 $\text{PtoC}(P_i)\neq\{c\}$

End if

End for

类似地，可以利用性质 7 来设计话题识别的算法，它等价于下面的数学问题。

问题 2：已知言论集 o 和函数 OtoP、PtoC，求解函数 OtoH。相应算法如下所示。

算法 2：话题识别算法

For $i=1$ to $|O|$，遍历集合 o，$\forall o_i\in O$；

根据性质 5 计算 $\text{OtoC}(o_i)$，得到 o_i 的社团集 C_i；

For $j=1$ to $i-1$，遍历已有的 C_j，每个与 C_i 比较；

If C_j 与 C_i 近似 then

$\text{OtoH}(o_i)=\text{OtoH}(o_i)\cup\text{OtoH}(o_j)$

End if

End for

If $\text{OtoH}(o_i)\neq\varnothing$ then

建立一个新话题 h，且 $\text{OtoH}(o_i)\neq\{h\}$

End if

End for

在静态模型中增加时间维就可以得到社团演变和话题演变的动态互动模型，即把上面讨论的各个概念，例如 P、O、C 和 H 都放入一个事件空间来考虑，那么它们都是动态变化的。特别地，社团跟踪和话题跟踪的任务就是找出不同时刻的社团、话题之间的关系，模型如图 6-8 所示。

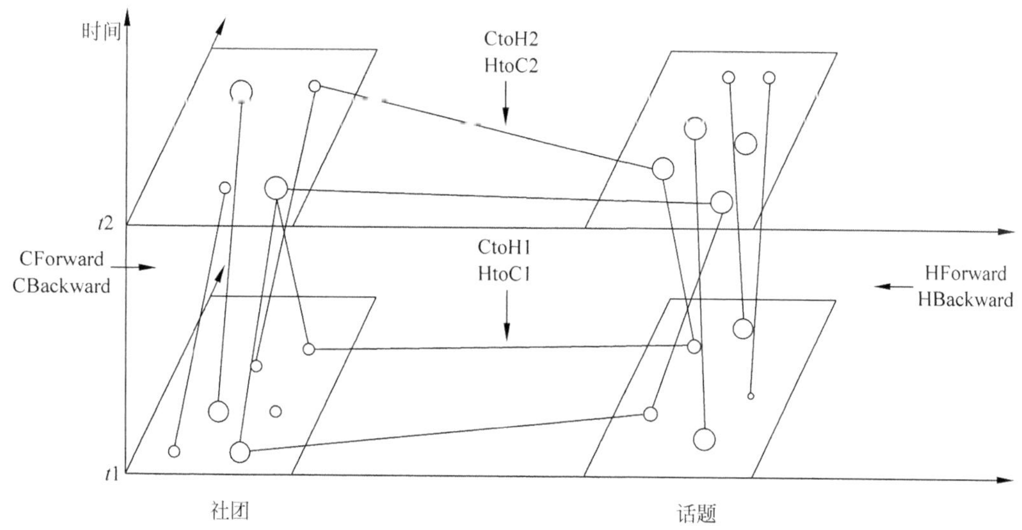

图 6-8　社团演变和话题演变动态互动模型图

社团挖掘和话题监控分别是 Web 信息挖掘和文本信息研究领域的研究热点，一直是各自独立研究的。目前社团挖掘算法几乎完全基于图结构，没有考虑图中节点和边的语义；而话题监控则几乎完全从语义出发，没有考虑到发言者之间存在的拓扑结构。本节所提出的方法首次将两者结合起来研究,形式化地说明了社团、话题以及个体之间的关系,创建了社团挖掘和话题发现的静态互动模型,在此基础上设计了社团挖掘和话题识别算法;同时创建了社团演变的动态互动模型,在此基础上设计了社团跟踪算法。互动模型的研究,使社团挖掘和话题监控技术能够共同挖掘以互联网为载体的复杂社会网络。

6.5.2 不同实体间关系倾向性分析

如何借助某些资源自动分析实体间的关系倾向、分析两个实体间的关系定位是对立还是统一关系、各个实体对某个问题的意见是支持还是反对,对社会各方面都有比较大的意义。在商业领域中,通过对实体间关系倾向的分析,能够为企业进行市场分析提供更多有价值的信息;在管理领域,政府舆情分析系统能够帮助领导者更快地了解群众对各类政策措施的反馈意见;在决策方面,利用实体之间的关系倾向分析能够了解各个实体对某一事件所持的态度是否一致。另外,在自然语言处理领域,通过对实体间关系倾向的分析也可以为文本过滤、自动文摘等研究工作提供新的思路和新的手段。

虽然社会网络抽取已经得到一定的发展,但是还没有人对社会关系进行更深层次的分析。因而本文基于社会网络抽取,提出了实体间关系倾向分析,主要来分析两个实体间的关系定位是对立的还是统一的,各个实体对某个问题的意见是支持的还是反对的,这类问题在社会安全领域一直是个热点问题。

近年来,有不少研究工作针对多媒体信息中的情感分析,但是很少有工作是针对文本对象。文本信息是一种使用最广泛的媒体介质,可以从很多信息源获得,例如书本、报纸、网页、E-mail 等。文本信息不仅使用广泛,而且饱含感情。通过自然语言处理的相关技术,可以获得文本中反映的情感。现在大多数研究主要集中在对整篇文本的情感倾向性进行分析,在文章和词汇的情感倾向分析方面有一定的研究基础,但是几乎没有人借助于词汇的情感倾向来分析实体间关系的倾向。因为这涉及如何获得实体之间关系的准确描述,因而本文尝试性提出了基于社会网络抽取的实体间关系倾向分析,目的是更深层次地挖掘文本内容,使得社会网络抽取更加具有现实意义。本书主要定义了 3 种关系倾向,即"对立""统一""中立"。另外,使用新闻语料作为研究对象,是因为新闻可以客观反映各种事实及事实关系,而且其语言比较规范,因而把新闻用作研究对象对研究结果统计更加容易且准确。新闻文档中对某个事件中实体之间的关系通常体现在联系动词上,而不是用描述性词语"好""不好"之类的词来主观地描述实体之间的意见,所以本文使用社会网络中联系实体关系的主动词作为分析依据,对新闻中实体的关系倾向进行分析。

方法框架为:首先利用命名实体识别、话语片断分割、主动词分析等手段获得一个社会网络,然后对网络中的关系描述进行基于词典的情感倾向分析,从而得到各个实体之间的关系是对立还是联合。

通过社会网络的构建,已经得到了一篇文档的关系图。它是由命名实体、关系指向、关系描述 3 部分组成的。下面根据关系图中对实体间关系描述的情感分析来得到实体间的关系倾向分析。

首先对网络中的关系描述进行基于词典的倾向分析,这里使用知网 HowNet 的"情感分析用词语集"作为基准词典。如果关系动词在词典中能够找到,那么直接根据其情感分类进行判断;如果词典中不存在,那么需要根据知网提供的语义相似度和语义相关场等功能找到相似的词语,或者直接根据同义词词典找到相似词语,然后再进行判断。此处使用同义词词典。最终无法在情感分析用词语集中找到的词,定其情感倾向为中性。

得到关系描述的情感倾向之后,需要最终确定实体之间的关系倾向。如果实体之间只有一个关系描述,那么这个关系描述的情感倾向就是实体对之间的关系倾向。如果实体之间存在多个实体描述,则需要根据关系描述的主体方向来确定两个实体之间的关系倾向。即,如果实体关系之间的描述大多数为对立,则关系为对立,反之亦然。

对 6.4.2 小节中的新闻文章进行分析,得到关系分类之后的结果如表 6-5、表 6-6 所示,其中表 6-6 中,O 表示"对立",C 代表"同意",N 代表中立,×表示两个实体之间没有关系。

表 6-5　新闻中关系倾向统计表(1)

Relationshiporientation(关系倾向)	Numberofrelationships(关系数量)
Consistent(同意)	4
Opposite(反对)	3
Neutral(中立)	4

表 6-6　新闻中关系倾向统计表(2)

Relationshiporientation(关系倾向)		Entity(patient)命名实体						
		埃及	加沙	穆巴拉克	联合国安理会	以色列	巴勒斯坦	开罗
Entity(agent)	埃及	×	O	×	×	×	×	×
	加沙	N	N	×	×	×	×	×
	穆巴拉克	×	C	×	×	×	C	×
	联合国安理会	×	C	×	×	×	×	×
	以色列	O	×	×	×	×	×	×
	巴勒斯坦	O, O	N	×	×	×	×	×
	开罗	×	×	×	×	×	×	×

本例仅仅以单一文章为例对关系倾向进行分析,借助于对相关主题关系的抽取及分析,其结果必将更加准确。

6.5.3　中文新闻文档自动文摘

新闻事件相关文档摘要表属于自动文摘的范畴,但是与普通意义的自动文摘又有所不同,普通的自动文摘处理的对象非常广泛,在本文中仅以新闻报道为处理对象,既借鉴了普通的文摘生成方法,同时也兼顾了新闻报道本身所具有的特点。

自动文摘按照是否采用基于语义的分析手段主要可分为两类:基于统计的机械文摘和基于意义的理解文摘。基于统计的机械文摘,其核心思想是:根据特殊的统计特征,计算每个语言单元(通常是句子)的重要度,最后将最重要的句子抽取出来,形成文摘。而基于意义的理解文摘,则是用句法和语义知识等自然语言处理相关技术和领域知识,对文章的内容在理解的基础上提取文摘。基于意义的理解文摘与基于统计的机械文摘相比,其明显区别在于对知识的利用,它不仅利用语言学知识获取文章的语言结构,而且利用相关领域知识进行判断和推理，生成的文摘质量较好。但由于基于意义的方法受限于具体的领域，即移植性较差，很难把适用于某个领域的理解文摘系统推广到另一领域。另外，基于意义的方法还需要表达和组织各种领域和背景知识，这常常会导致巨大的工作量，迄今为止进展甚微。所以现在主流的方法仍然是通过抽取重要句子来形成文档自动文摘。虽然这种方法不是最好的，但是现在无论是从效率还是速度来看，仍然比较有效。基于句子抽取的文摘方法需要处理以下 4 个问题。

第 1 个问题是如何对候选句(最初为文中所有句子)的重要性进行排序。现在最常见的方法是用向量空间的方法计算组成句子的词语的重要性，或者是通过机器学习的方法。本小节中，针对候选句的排序采用关键命名实体结合实体间关系的方法进行。关键命名实体是指与文章主题最相关的命名实体。

第 2 个问题是如何对候选重要句进行去重。一般方法是把每个句子用向量空间模型表示，句子之间的相似度用两个特征矢量之间的夹角余弦表示。这样计算相似度会把修饰成分计算在内，使得判断结果不够准确。因而在本小节中，我们把每个句子去掉修饰成分得到其主干，主要由主动词及逻辑论元组成。这样计算相似性既简单又有效。

第 3 个问题是如何排序输出重要句子，形成比较好的文档。一般情况下，单文档的文摘句子可以直接根据句子在原文中的位置输出。但是，对于多文档来说，不可能从一个文档中找到所有的文摘句，所以不能简单地按照单文档文摘的方法进行输出。我们提出了一种基于基准文档的排序方法。

第 4 个问题是如何对文摘质量进行评价。学术界对自动摘要提出了许多评价方法，概括起来，可以分为两大类方法：内部评价和外部评价方法。内部评价方法是就一个独立的摘要系统，以某些性能标准对其本身进行评价，即通过一系列的参数直接分析摘要质量的好坏。这可以借助于用户对摘要的连贯程度以及包含多少原文章关键信息来判断，也可以通过比较自动摘要与“标准”摘要的相似程度来判断。外部评价方法通过分析自动摘要对其他任务的完成质量的影响来评价，即在一组系统中，在摘要系统和其他系统，如检索系统、问题回答系统等相互作用的情形下，通过考查摘要系统与外部环境之间的联系进行评价。因为对中文自动文摘评测方法研究并不多，所以没有像 ROUGE 那样的评测系统可以用，所以本小节采用内部方法对实验结果进行评测。内部评价的一个关键问题是标准文摘的制定，为了减少标准文摘的主观性和不确定性，我们采用统计模型，通过多个专家分别生成文摘，而不是只用一个专家生成的文摘。主要通过对比机器摘要和专家所做的标准文摘来评价所提摘要方法的性能。这个标准文摘是将几个专家对一篇文章手工做出的摘要进行综合平均，将得到的结果视为标准摘要。综合平均是指将各专家做出的摘要进行比较，从完全性、重复性和信息量等多个角度综合考虑，从而形成一篇标准摘要，也叫目标摘要。

1. 方法主要框架

给定一个单文档或者关于某个主题的一组相关文档，进行文摘的方法如图 6-9 所示。

(1) 系统首先对输入文本进行分词标注、指代消解等预处理；

(2) 然后利用机器学习的方法得到文中所有的关键命名实体；

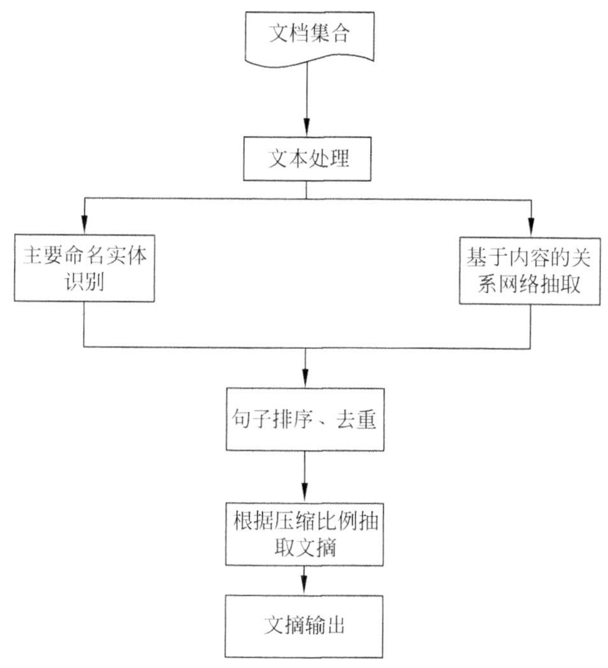

图 6-9　基于关键词抽取的中文新闻文档自动文摘方法的实现流程

(3) 进行话语片断划分；

(4) 利用基于规则的方法分析文章内容，得到文档中命名实体之间的关系网络和核心词；

(5) 根据句子特征、实体特征、FNE、关系网络、主动词等综合信息，对文中话语片断句子进行去重、排序；

(6) 最后根据摘要的压缩比例对文档中片断进行抽取；

(7) 生成并输出相应文摘。

文本预处理的方法与前一部分相同，此处我们着重强调关键命名实体的识别以及文摘的构成。

2. 基于学习的关键命名实体识别

关键命名实体是一篇文章中与主题最相关的命名实体，关键命名实体的概念对文档理解具有很重要的意义，特别是新闻文档。因为新闻文档的特点：它的五要素基本上都属于命名实体的范围。实际上，很多研究中已经提出了命名实体对文档文摘的重要性。

关键命名实体识别可以看作一个二分类问题。考虑一个实体，通过一系列的特征来判断是否为关键命名实体，标注结果只有两种："是"与"否"。此处我们输入文档可以是经过预处理的文档、标注，共指消解工作已经完成。

此处我们使用决策树 C4.5 的方法进行分类。学习阶段，每个实体看作是一个单独的学习实例。特征必须反映单个实体的特征。例如类型、频率等。表 6-7 列出了我们考虑的一些特征。

表 6-7 关键命名实体识别特征定义

序号	特征名称	特征描述	特征提取
1	Entity_ Type	特别强调了 4 种实体类型：人名、组织名、地名、专有名词。实体类型是一个非常有用的特征。例如，人名和组织名更有可能成为关键命名实体	person, organization, place, propernous
2	In_ Title_ or_ Not	实体是否出现在题目中。这是判断实体是否是关键命名实体的一个重要依据，认为题目往往是对文章的一个最精确的摘要。题目里面提及的实体，一般来说是与主题最相关的	如果实体出现在题目中，则取值为 1，否则为－1
3	Entity_ Frequency	这个特征记录一个命名实体出现在文档中的次数。一般来说，越频繁出现的命名实体越重要	1,2,3,…正整数
4	First_ Sentence_ Occurrence	这个特征是根据位置抽取重要句子方法的启示，其值是命名实体出现段落第 1 句的次数	1,2,3,…正整数
5	Total_ Entity_ Count	文档中命名实体的总数。这能体现一个命名实体在文档中的相对重要程度	1,2,3,…正整数
6	First_ Word_Occurrence	受位置的启发，记录命名实体出现在所有句子开头的数目	1,2,3,…正整数

3. 句子提取

句子抽取包括两方面内容：一是句子重要性排序，二是去除冗余句子。

1) 句子重要性排序

针对候选句的排序，主要通过打分法进行，具体规则如下。

(1) 包含关键命名实体的句子比较重要，句子重要性分值加 10，否则加 0。此处取 10 是进行加权之后的数值，以此来平衡根据关系网络的加分标准。

(2) 另外一个标准是根据实体间关系。首先通过内容分析得到文档中包含的实体间关系网络，方法如前文所述；然后根据网络中点的出度、入度的大小对各个实体进行加分，从而对句子进行排序。句子分值为句子中实体的出度、入度大小之和。

(3) 标题是作者给出的提示文章内容的短语，包含标题中有效词(非停用词)的句子极有可能是对文章主题的叙述或总结，每包含一个有效词，其重要性分值加 1，否则加 0。

(4) 类似于"综上所述""由此可知"的线索词或短语大多出现在介绍或总结主题的句子中，因此需要提高包含线索词的句子的重要性，含有线索词的句子分值加 5，否则加 0。

(5) 美国 P. E. Baxendale 的调查结果显示：段落的论题是段落首句的概率为 85%，是段落末句的概率为 7%。因此，有必要提高处于特殊位置的句子的权值。段首句子重要性分值加 2，段尾句加 1，否则加 0。

2) 句子去重

对任意两个句子判重时，首先把每个句子去掉修饰成分，得到其主干，主要是由主动词及逻辑论元组成的。判别步骤如下：首先判断两个句子中的逻辑论元是否相同，如果二者的逻辑论元不完全相同,那么两个句子不为冗余句；如果所有逻辑论元都相同,则进一步根据主动词进行判断,如果主动词语义相同,则认为两个句子为冗余。此处对主动词的语义相似性判断根据同义词词典得到。

4. 输出摘要

输出文摘句、形成摘要包括两个方面的内容：第一是单文档摘要的输出,第二是多文档摘要的输出。

(1) 单文档摘要形成：根据文摘句在原文中的位置顺序输出形成文摘文档。

(2) 多文档摘要形成：首先把文摘句子集合与所有原文档进行比较,把包含文摘句子最多的文档作为基准文档。然后把文摘句集合与基准文档依次进行比较,对于基准文档中存在的句子,则按照它们在文中出现的顺序先后进行排序；对于没有在文中出现的句子,则查找基准文档中是否存在与之相似的句子,假如存在,则按照相似语句与其他语句之间的关系进行排序；对于在基准文档中找不到相似句子的句子,则按照重要程度,放在与其具有相同施事论元的句子附近。

6.6　社会网络分析的发展趋势

从异常复杂的网络解构出其中的社团结构并评估节点的角色地位,已成为当今复杂系统研究领域中两项具有挑战性的研究课题。虽然该两项课题近些年受到广泛关注,涌现出一批新颖的算法,但目前这些相关研究仍未形成统一的框架和度量标准,尚存许多问题亟待解决。本节将分别对社团发现和节点评估两项研究课题的发展趋势进行展望。

1. 社团发现

随着社会网络媒体和应用的发展,势必对于社会网络发现性能提出更高的要求,如何对社会网络进行更准确的发现,也必将成为研究热点。复杂网络社团发现的进一步研究,尤其是重叠社团发现算法的研究,可从以下几个方面展开。

(1) 建立统一的度量标准。由于复杂网络的类型众多,连接规律各有不同,很难以社团结构的某种统一的模块度(如 Q 值)来刻画社团发现算法的优劣。一种更为科学的方式是建立一套包含多种复杂网络的统一标准测试集,以评判算法在不同类型网络中的优劣,明确算法的适用范围。

(2) 适用于大规模复杂网络的社团发现算法。复杂网络的规模越来越大,对算法的计算复杂度提出了更高要求。虽然在不考虑重叠社团的情况下,已出现一些接近于线性时间复杂度的算法,但这些算法通常采用较为激进的贪婪策略,网络规模变大且非稀疏时,其结果变得不可靠。在重叠社团发现算法中,很多算法需要通过多次计算来获得最佳的社团数,计算开销过大。因此,考虑复杂网络社团密度不均的特点,从局部社团出发研究网络的社团结构是未来的重要研究方向之一。此外,设计适合于大规模网络分析的高效并行算法也是未来重要的研究方向之一。

(3) 重叠社团与层次社团的结合。一般认为,社团之间共享部分边缘节点从而产生重叠社团,然而重叠社团结构远比想象的复杂。实际上,除了重叠性,层次性也是社团结构的另一大特性。例如,第 i 层中的中心节点,可能在第 j 层中就变成了边缘节点。可见,重叠性与层次性两者联系十分紧密,有必要将两者融和在一起来解构复杂网络。在目前的众多方法中,唯有边社团给出了社团重叠性和层次性普遍并存的合理解释,未来以边为对象来研究网络社团结构将是一个值得深入研究的方向。

2. 节点评估

节点重要性排序的指标在涉及网络的结构信息时,都是从某一个角度对于网络某一方面的结构特点进行刻画,如果目标网络的结构在该方面特征显著,即可得到较好的效果;或在复杂网络环境下,通过节点的网络传播行为的影响力与网络结构关系判断节点的重要性。复杂网络节点重要性问题的研究方兴未艾,还有非常多的问题没有解决。下面我们列出其中的一些重要研究问题。

(1) 节点重要性的定义。节点的重要性含义不同,评价节点重要性排名的结果也不同。例如 2012 年,美国《福布斯》全球影响力人物排行榜,美国总统奥巴马成为 2012 年度全球最具影响力人物,排名依据是看一个人物是否能影响一群人,看所在国家的人口、企业家的雇员规模、媒体受众人数、拥有的财富等。而 2012 年,美国《时代》周刊评选全球最具影响力人物,美国 NBA 篮球运动员纽约尼克斯球队林书豪位居榜首。《时代》周刊评选最具有影响力的人物,不一定是全球最有权力或最有钱的人,而是一群使用想法、洞察力和行动,对民众产生实际影响力的代表。

(2) 各种指标间的内在联系。各种节点重要性排序的方法层出不穷,这些指标从不同视角评价节点重要性。这些指标在不同拓扑结构的网络,其准确性又是怎样的呢?例如,Silva 等人对随机网络、小世界网络和随机集合网络等网络模型以及美国航空网络进行 SIR 传播仿真实验,采用皮尔逊系数,讨论了节点的拓扑性质,例如度、可达性、节点强度(Strength)、介数、Ks 等指标与该节点传播能力的相关程度。

(3) 网络结构和网络行为是如何影响节点重要性评价的?这对研究社会影响力非常有帮助。Robert 等人以 2010 年美国大选为实例研究社会影响力,发现 Facebook 用户的社会影响力与网络结构和网络行为传播机制两者都相关。

(4) 时变网络中,网络结构是变化的,节点的各种指标具有动态性,也许此刻某个节点的重要性排在某个名次,下一个时刻又可能是另一个名次。此时节点重要性指标的稳定性和准确性如何,计算复杂度如何,就变得特别重要。例如,淘宝网每天交易量达数千万笔,新浪微博平台平均每天发布超过 1 亿条微博,如何在这种具有大数据特征的时变网络中对节点重要性进行排名,这将是一个极具有挑战性的课题。

6.7 本章小结

随着网络的普及,社会网络在网络信息内容安全中的应用也日益凸显,例如邮件过滤、利益关系分析、人的可信度分析以及信息共享和推荐等,都是以社会网络分析为基础进行的。

本章首先简要地介绍了社会网络分析的概念及特点,详细介绍了社会网络分析的研究体系以及常用的一般模型,针对社会网络分析在社团挖掘和话题监控等安全方向的应用进行了重点论述，最后总结和展望了社会网络分析面临的问题和可能的发展方向。可以预见的是，社会网络将不断发展并对我们的工作与生活产生越来越大的影响，而网络信息内容安全将更加依赖于以互联网内容为载体的复杂社会网络分析技术。

习　题

1. 社会网络分析常用的分析方法有哪些？
2. 社会网络分析模型中，节点的地位一般如何进行评估？
3. 简要描述基于关键词抽取的中文新闻文档自动文摘方法实现流程。
4. 基于网络信息内容的社会网络分析技术与一般的社会网络分析相比有哪些特殊性？
5. 未来影响社会网络分析的技术主要有哪些？

第7章　网络舆情分析

7.1　网络舆情分析概述

网络舆情分析是网络信息内容安全研究中一个重要的研究方向。本节首先介绍网络舆情分析的概念，并分析现阶段网络环境中舆情分析技术的特点，总结网络舆情分析的重要意义。

7.1.1　网络舆情分析的概念

1. 网络舆情的含义与特点

在社会科学方面，我国学者对"舆情"这一概念目前还没有统一的认识，王来华对舆情的定义为："舆情指在一定的社会空间内，围绕中介性社会事项的发生、发展和变化，作为主体的民众对作为客体的国家管理者产生和持有的社会政治态度。如果把中间的一些定语省略掉，舆情就是民众的社会政治态度。"

网络舆情是社会不同领域在网络上的不同表现，有政治舆情、法制舆情、道德舆情、消费舆情等。在当今社会条件下，处于深刻历史变革中的中国，开放程序，空前扩大，现代传媒迅速发展，人们的交往日益密切，观念和价值冲突加剧，社会突发事件时有发生，加上自由、自主增大，社会每时每刻都在自觉不自觉地传播、制造舆情流量，并使之不断扩充，人人都生活在舆情的氛围中。网络舆情不仅形成迅速，而且对社会生活的各个方面产生了极大影响。

网络舆情通过多种媒介传播，如新闻评论、博客留言和论坛等。网络舆情具有"滚雪球"效应，它靠一批热心网友的上帖、跟帖、转帖来造就。周如俊等人认为网络舆情的形成有3方面的诱因。

第一，社会矛盾。由社会矛盾产生各种社会问题诱发意见，意见在网络上的普遍化可视为网络舆情的形成。这种社会矛盾必须符合以下要求：①社会矛盾的解决受阻，陷入非常状态；②这种受阻最终表现为矛盾纠葛，呈现出"有形的难题"；③这种"社会难题"引起网民的关切和议论；④社会矛盾获得解决，先使人民受益，网民发出赞扬声，也会形成舆情。

第二，个人意见的扩展。社会问题引起不同个体的反映程度和方向不同，但个体可以选择网络论坛或聊天室来发表见解，扩大见解，引起他人的注意。在不断有其他网民的跟帖、讨论、响应下，个人的意见就会扩展成意见的"聚议量"。

第三，偶发事件的激发。事件是舆情形成的激发点，直接引起议论向舆论的转变。任何一个具体事件的发生都表现为历史进程的必然性，而每个事件在什么时候发生、谁在事件中扮演什么角色又具有偶然性。作为事件旁观者的大多数网民，通过网络或其他渠道了解，引发广泛讨论。特别是一些重大的社会事件，涉及许多人的切身利益，直接关系到国家、民族、社会的命运，引起人们的思虑，激起网民的众说纷纭，便会形成对事件的冲击。

2. 网络舆情的主要表现形态

舆情经常发生在民意表达最为集中、舆情传播最为畅通的“场所”。从目前来看，网络舆情的存在空间主要有以下几处：电子公告板（BBS）、即时通信（IM）、电子邮件（E-mail）及新闻组（News Group）、博客（Blog）、维基（Wiki）、掘客。

由于网络媒体不同于传统的其他媒体，网络舆情信息表现为文本、图像、视频和音频等多种形式。舆情监测者可以从网络舆情信息的这些形态来收集信息。

1）文本类

网络技术的发达促进了网络交流，同时，网络交流的增加也促进了信息的交流。文本类舆情借助网络往往在短时间内就为公众所知，并采取措施应对。

2）图片和视频类

相比文字，图片和视频更能将现场情景形象地再现在人们的眼前，更具有说服力和视觉冲击感。不可忽视的是，数字化图片处理技术的发展使得网民可以轻易将各种不同的图片嫁接在一起，达到以假乱真的地步，使人真假莫辨。

3）网络行为——黑客和网络暴力

黑客（Hacker），源于英语动词 hack，意为“劈、砍”。在早期麻省理工学院的校园俚语中，“黑客”则有“恶作剧”之意，尤指手法巧妙、技术高明的恶作剧。网络的虚拟性和匿名性使网民并无经济学意义上的成本约束，再加上网络伦理的缺乏约束，“网络暴民”和“匿名专制”的产生也顺理成章。根据传播学的“沉默的螺旋”理论，当人们看到自己赞同的观点时会积极参与，而发现某一观点无人问津时，即使赞同也会保持沉默，这样就会使一方观点越来越鼓噪而另一方却越来越沉默，从而导致“假真理”和“假民意”盛行，正是这一点让我们必须对那些“恶搞式回帖”保持足够警惕。

7.1.2　网络舆情的特点

互联网在全球范围内飞速发展，网络媒体已被公认为是继报纸、广播、电视之后的“第四媒体”。网络成为反映社会舆情的主要载体之一。网络环境下舆情信息的主要来源有新闻评论、BBS、聊天室、博客、聚合新闻（RSS）。网络舆情表达快捷，信息多元，方式互动，而其开放性和虚拟性，决定了网络舆情具有以下特点。

1. 直接性

通过 BBS、新闻点评和博客网站，网民可以立即发表意见，下情直接上达，民意表达更加畅通；网络舆情还具有无限次即时快速传播的可能性。在网络上，只要复制粘贴，信息就得到重新传播。相比较传统媒体的若干次传播的有限性，网络舆情具有无限次传播的潜能。网络的这种特性使其可以轻易穿越封锁，令监管部门束手无策。

2. 随意性和多元化

“网络社会”所具有的虚拟性、匿名性、无边界和即时交互等特性，使网上舆情在价值传递、利益诉求等方面呈现多元化、非主流的特点。加上传统“审核人”作用的削弱，各种文化类型、思想意识、价值观念、生活准则、道德规范都可以找到立足之地，有积极健康的舆论，也有庸俗和灰色的舆论，以致网络舆论内容五花八门、异常丰富。网民在网上或隐匿身份，或现身说法，纵谈国事，嬉怒笑骂，交流思想，关注民生，多元化的交流为民众提供了宣泄的空间，也为搜集真实舆情提供了素材。

3. 突发性

网络打破了时间和空间的界限，重大新闻事件在网络上成为关注焦点的同时，也迅速成为舆论热点。当前舆论炒作方式主要是先由传统媒体发布，然后在网络上转载，再形成网络舆论，最后反馈回传统媒体。网络实时更新的特点，使得网络舆论可以最快的速度传播。

4. 隐蔽性

互联网是一个虚拟的世界，由于发言者身份隐蔽，并且缺少规则限制和有效监督，网络自然成为一些网民发泄情绪的空间。

5. 偏差性

互联网舆情是社情民意中最活跃、最尖锐的一部分，但网络舆情还不能等同于全民立场。随着互联网的普及，新闻跟帖、论坛、博客的出现，使得中国网民有了空前的话语权，可以较为自由地表达自己的观点与感受。但由于网络空间中法律道德的约束较弱，如果网民缺乏自律，就会导致某些不负责任的言论，例如热衷于揭人隐私、妖言惑众、反社会倾向、偏激和非理性、群体盲从与冲动等。由于发言者身份隐蔽，并且缺少规则限制和有效监督，网络自然成为一些网民发泄情绪的空间。在现实生活中遇到挫折、对社会问题认识片面等，都会利用网络得以宣泄。因此在网络上更容易出现庸俗、灰色的言论。

7.1.3 网络舆情分析的意义

目前大部分部门和企业的舆情监测和管理工作主要靠人工来完成。这样负责网络舆情监测任务的部门和人员承受着巨大的工作压力。人工进行舆情监测还会遇到很多问题，如：

(1) 舆情收集不全面；

(2) 舆情发现不及时；

(3) 舆情分析不准确；

(4) 信息利用不便利。

由于互联网上的信息量十分巨大，并且形式多样，仅依靠人工的方法难以应对网上海量信息的收集和处理。因此，经常出现涉及“与我相关”的舆情信息已经在网上快速传播，一些非理性和不切实际的信息传播开来，造成了很坏的社会影响，或者通过其他部门得到反馈，甚至决策层都知道了，但是负责舆情监测的人员却毫不知情，失去了第一时间获取和掌握舆情，及时处理的时机；舆情事件发生以后，也缺乏有效的舆情分析手段，无法提供定性定量的数据用于舆情分析研判；目前完全靠人工进行舆情信息的收集和上报，费时费力效果不好，也无法提供更加有用的舆情统计分析数据，为决策层提供辅助决策服务。

在新的互联网形势下，面对这样的困扰，需要借助互联网舆情监测工具，及时监测、汇集、研判网上舆情，引导舆论方向，化解危机舆论。跟踪事态发展，及时向有关部门通报，快速应对处理，变被动为主动，使网络舆情成为政府和相关部门决策的重要依据。利用舆情监测系统平台，配合相应的舆情工作机制，听取百姓心声，接受百姓意见和建议。树立自觉接受群众监督意识。

从另一方面来讲，网络舆情分析技术弥补了人工难以处理的不足。它具备以下功能。

(1) 舆情分析引擎。这是舆情分析系统的核心功能，包括：①热点话题、敏感话题识别。可以根据新闻出处权威度、评论数量、发言时间密集程度等参数，识别出给定时间段内的热门话题。利用关键字布控和语义分析识别敏感话题。②倾向性分析。对于每个话题，对每个发信人发表的文章的观点、倾向性进行分析与统计。③主题跟踪。分析新发表文章、帖子的话题是否与已有主题相同。④自动摘要。对各类主题、各类倾向能够形成自动摘要。⑤趋势分析。分析某个主题在不同的时间段内人们所关注的程度。⑥突发事件分析。对突发事件进行跨时间、跨空间的综合分析，获知事件发生的全貌并预测事件发展的趋势。⑦系统报警。对突发事件、涉及内容安全的敏感话题及时发现并报警。⑧统计报告。根据舆情分析引擎处理后的结果库生成报告，用户可通过浏览器浏览提供信息检索功能，根据指定条件对热点话题、倾向性进行查询，并浏览信息的具体内容，提供决策支持。

(2) 自动信息采集功能。现有的信息采集技术主要是通过网络页面之间的链接关系从网上自动获取页面信息，并且随着链接不断向整个网络扩展。目前，一些搜索引擎使用这项技术对全球范围内的网页进行检索。舆情监控系统应能根据用户信息需求设定主题目标，使用人工参与和自动信息采集结合的方法完成信息收集任务。

(3) 信息抽取功能。对收集到的信息进行处理，如格式转换、数据清理，数据统计。对于新闻评论，需要滤除无关信息，抽取并保存新闻的标题、出处、发布时间、内容、点击次数、评论人、评论内容、评论数量等。对于论坛 BBS，需要记录帖子的标题、发言人、发布时间、内容、回帖内容、回帖数量等，最后形成格式化信息。舆情分析系统的核心技术涉及自然语言处理、文本分类、聚类、观点倾向性识别、主题检测与跟踪、自动摘要等信息处理技术。

公共危机事件爆发时，犹如以石击水，相关信息在短时间内迅速传播，引起群众的广泛关注。一些非理性议论、小道消息或负面报道常常在一定程度上激发人们普遍的危机感，甚至影响到群众对政府的信任，影响到消费者对企业品牌的认同。如不及时采取正确的措施分析和应对，会造成难以估计的后果。关注行业敏感舆情，对于相关部门和企业来说非常重要。

7.2　网络舆情分析的关键技术

当前社会舆情的研究正处于从网络舆情研究到大数据舆情研究的过渡期，在处理技术上，大数据舆情分析继承了网络舆情分析的诸多方法。同时，二者在分析步骤上具有相同的范式。通过对网络舆情分析和大数据舆情分析相关文献的归纳，本小节总结出大数据时代网络舆情分析的基本研究框架和 5 类关键技术：信息采集、热点发现、热点评估、主题跟踪和分析处理。

7.2.1　信息采集技术

信息采集是网络舆情分析的第一步，其包含数据的爬取、数据的存储和清洗等相关技术。当前学者主要通过网络爬虫程序、网站 API 接口获取研究数据。常用的网络爬虫有 Heritrix、Nutch 和 Labin。Hu 等人在 Hertrix 的基础上增加关键词管理模块、内容提取模块、最佳优先策略和重复删除模块建立了一个增强的 Heritrix，提高了抓取数据与热点话题的相关度。Mehta、Signorini 等人利用 Twitter API 流获取了 Twitter 中热点事件的实时数据。Xiao S 等人利用新浪微博的官方 API 接口和网络爬虫相结合的方法搜集了大量研究数据,克服了新浪微博不提供大量分析数据的问题。大数据时代数据爬取面临的主要技术难题是如何同时提高获取数据的精度、速度以及对不同领域和各种形态的数据的有效爬取。Ackerman 等人提出的基于 SYSKILL &WEBERT、DICA 和 GRANT & LEARNER 三个智能体的方法能够对特定领域的舆情信息进行爬取,并通过设定特征集合来提高信息搜集的精度,但是该方法在搜集不同领域的知识和信息时舆情信息精度较低,且系统运行速度较慢。Chakrabarti 等人提出一个聚焦爬虫的超文本资源发现系统,它能实现对预先定义的热点事件相关的网络信息的快速提取以及数据库的实时更新,但是该方法不能对其未定义的热点舆情数据进行有效的爬取。Aggarwal 等人发明了一项智能爬取技术,能够通过自主学习来提高后续信息爬取的精度和广度,但是不能对预定义的热点进行爬取。

另外,对于音频、视频以及图片和文本等各种混杂的数据的获取,目前还没有有效的技术手段。现阶段的网络舆情分析的数据存储方法主要是将获取的热点数据直接存储于 SQL Server、Oracle、Sybase 等数据库中。大数据的出现以及结构数据的改变对常规的数据存储技术带来了巨大挑战。对于不同的数据类型,学术界提出了 3 种大数据存储技术:海量非结构化数据的分布式文件存储系统、海量半结构化数据的 NoSQL 数据库和海量结构的分布式并行数据库系统。

7.2.2 舆情热点发现技术

网络舆情热点发现技术包括目标话题的识别与跟踪(TDT)技术,强调对新信息的发现和特定热点的关注,通过聚类将信息汇总给用户,并自动跟踪新闻事件,提供事件发展的轨迹。现有的研究技术主要有 Single-pass 聚类算法、K-means、KNN 最邻近法、支持向量机(SVM)算法和 SOM 神经网络聚类算法。

Single-pass 是话题发现中最常用的聚类算法,其在动态聚类和速度上表现较好,但是在时效性和精度方面存在不足。近年来国内相关学者对此算法进行了改进,取得了不错的效果。税仪冬等人提出了一种周期性分类和 Single-pass 聚类结合的话题识别和跟踪方法。该方法能够降低漏检率和错检率,减少归一化错误的识别代价。方星星、吕永强通过引入子话题中心和时间距离计算公式并根据文档内容相似度和文档时间距离来计算相似度,使算法在漏检率、误检率、耗费函数等方面有了显著改善。K-means 算法是一种基于硬划分的无监督聚类算法。该算法具有良好的可伸缩性和很高的效率,但是需要事先给定分类簇数 K,并且其分类结果受初始值、噪声和孤立点的影响较大。KNN 算法是一种基于类比学习的非参数分类技术。该方法在统计模式识别中有很好的效果,对于未知和非正态分布可以得到较高的分类准确率,但是当训练样本过多时计算速度会减缓。支持向量机(SVM)是用来解决同一时间内多热点事件的识别和报道的分类问题的一种方法,其采用结构风险最小化原则,泛化能力强且不易出现过学习现象,在处理小样本时有出色的学习能力和推广能力。但 SVM 算法在多类分类的研究还处于探索性阶段,且在算法的实现方面存在计算速度慢、算法相对复杂的问题。SOM 神经网络聚类算法是一种无监督的学习方法,是通过模拟人脑对信号的处理特点而发展起来的一种人工神经网络。SOM 聚类的难点是如何设置输出层的节点个数,过多或过少都会对聚类的质量和网络收敛的效率产生影响。因此,SOM 神经网络不能够准确地识别不同类别的事件,有可能将不同热点事件混淆。

对于以上几种热点发现算法,相关学者进行了比较。习婷等人通过对比以上两种算法发现,Single-pass算法在网络热点检测中比K-means算法的效果更好。柳虹、徐金华通过对比实验发现SVM比K-means算法在热点发现中表现出更好的效果,并且对于建立在结构风险最小化理论基础上的SVM算法能够处理高维的文本多类分类问题,同时表现出良好的泛化效果。尽管传统的Single-pass和K-means算法存在很多缺陷,但是由于它们相对简单的规则和较快的计算速度而被广泛用于当前大数据聚类分析中。

7.2.3 热点评估和跟踪

热点评估是根据热点事件中公众的情感和行为反应对舆情进行等级评估并设立相应的预警阈值。词频统计、情感分类是网络舆情评估的两个主要手段。词频统计是对网络调查数据、网络文章关键词和浏览统计数据等信息进行分析并作出评估。这种方式对于文本量大的结构化数据处理效果较好,但是对于社交网站中海量非结构化的文本数据,并不能有效地评估。因此,这种热点评估方法通常结合领域词典和相似性计算,根据设立的相似度阈值进行相关情感词语的分类统计。

中文语言的WordNet和英文语言的HowNet是两种常用的词语相似度计算工具。基于情感分类的热点评估在舆情评估领域使用的较为普遍。夏火松等人对情感研究进行了综述,详细介绍了情感分类的两类关键技术:基于概率论和信息理论的分类算法,如朴素贝叶斯算法(NB)、最大熵算法(ME)以及基于机器学习的分类算法,如决策树、支持向量机(SVM)等。当前主要使用KNN最邻近法和朴素贝叶斯算法(NBC)进行热点跟踪,通过对热点舆情的快速分类实现跟踪目的。KNN算法对于舆情信息的分类准确性较高,但是对于大批量数据的处理速度较慢。NBC算法在分类效率上较为稳定,但是由于其模型假设属性之间相互独立的特点,使得其分类误差率受到了一定的影响。舆情分析是根据热点事件的分析结果评估事件的舆情等级,并根据已有的标准采取相应的控制和引导措施。分析处理是大数据时代网络舆情监控中决策层的范畴,它涵盖了舆情事件的早期预警、舆情的引导、网络民意的反馈、沟通和舆情的总结评估机制。网络舆情预警阈值的设置同其他领域舆情设置相似,通常基于分类或聚类的思想,根据已有舆情信息的关注度、传播速度以及影响程度将舆情信息分为绿、黄、橙、红四种颜色等级,其中绿色最弱,红色表示最危险等级。在舆情预警中,常用的分类学习方法有神经网络、贝叶斯分类器、最近邻方法和SVM。Alessio使用支持向量回归的方法对Twitter中H1N1相关的语料进行分类。Sun X等人基于SVM模型对新浪微博大数据进行了样本训练和分类,Cuneyt使用人工神经网络、决策树、回归分析模型构建了一个金融风险等级预测机制FPI。在网络舆情引导模型的构建上,Feng Cao等人从政府、企业以及意见领袖三方探讨了网络舆情引导的策略。

7.2.4 舆情等级评估

网络舆情的等级评估是网络舆情分析的重要技术手段,常用方法是综合评判方法。综合评判隶属于多元分析,是系统工程的重要环节,应用非常广泛。综合评判就是对受到多种因素制约的事物或现象做出一个总体评判。该方法突破了精确数学的逻辑和语言,强调了影响事物或现象的各个因素的模糊性,较好地解决了定性指标的定量化问题,在处理定性指标较多的评价问题时具有良好的适应性,较为深刻地刻画了其客观属性,是迄今为止比较先进的评判方法。对我国网络舆情安全指标体系的评估就是采用多级模糊综合评判模型。

对于多级模糊综合评判模型来说,模型的确定主要涉及模糊合成算子的选择,它将模糊评判模型划分为以下 4 类。

模型一:$M(\wedge,\vee)$算子,即“扎德”算子,也称为主因素决定型因子,$\wedge$为取小(min)运算,$\vee$为取大(max)运算,即分别进行取小和取大运算,从而只考虑最突出的因素作用,其他因素并不真正起作用,比较适用于单项评判最优就能算作综合评判最优的情况。

模型二:$M(\cdot,\vee)$算子,称为主因素突出型算子,$\cdot$为普通实数乘法,$\vee$为取大(max)运算,适当考虑了其他次要因素的作用,比较适用于模型失效(不可区别),需要“加细”考虑的情况。

模型三:$M(\wedge,\oplus)$算子,也称为主因素突出型算子,$\wedge$为取小(min)运算,$\alpha\oplus\beta=\min(1,\alpha+\beta)$,$\oplus\sum\limits_{i=1}^{m}$为对 m 个数在$\oplus$运算下求和,即 $b_j=\min\left[1,\sum\limits_{i=1}^{m}a_i r_{ij}\right]$。

模型四:$M(\cdot,\oplus)$算子,称为加权平均型算子,$\cdot$为普通实数乘法,$\alpha\oplus\beta=\min(1,\alpha+\beta)$,$\oplus\sum\limits_{i=1}^{m}$为对 m 个数在$\oplus$运算下求和,即 $b_j=\min\left[1,\sum\limits_{i=1}^{m}a_i r_{ij}\right]$。

它不仅兼顾了所有因素的影响,且保留了单因素评判的全部信息,比较适用于要求总和最大的情况。

在实际应用中,对模型的选择要根据具体问题的需要和可能而定。本书的评估对象是网络舆情安全,因此要考虑所有因素对整体对象安全的影响,从而体现出整体特性,因此采用模型四。

一般来说,对于上述 4 种模糊综合评判模型来说,建立模型的程序通常包含以下 5 步。

(1) 确定对象集和评估因素集 U。

(2) 建立评估集 V。

(3) 确定权重集 W,即不同因素 U_i 的权重 W_i。

(4) 对每个因素做出单因素评判,得到单因素评判向量$(r_{i1},r_{i2},\cdots,r_{im})$;从而建立模糊隶属度矩阵 $\boldsymbol{R}=(r_{ij})_{n\times m}$,$\boldsymbol{R}$ 实质上是 U 与 V 之间的模糊关系,即 $\boldsymbol{R}$: $U\times V\rightarrow 1$。

(5) 模糊综合评判,采用计算模糊关系矩阵的合成值 $B=W\circ R$,$\circ$为合成算子,即综合判定结果。

我国网络舆情安全评估模型的构建亦一般采取上述程序。

1. 确定对象集和评估因素集

在本模型中,对象集即评判对象为网络舆情的安全。

影响网络舆情安全的因素组成因素集:$U=\{u_1,u_2,u_3,u_4\}$={传播扩散,民众关注,内容敏感,态度倾向}。

对于评估因素集的每一个因素 u_1,u_2,u_3,u_4,都可以由它的下一级因素子集 X_{ij} 来评判,其中 $i=1,2,3,4,j=1,2,\cdots,s,s$ 为 u_i 下一级评估因子的个数,根据不同的因素其 s 值不同。在本模型中,

$u_1=\{x_{11},x_{12}\}$={流量变化,网络地理区域分布}

$u_2=\{x_{21},x_{22},x_{23},x_{24}\}$={论坛通道舆情信息活性,新闻通道舆情信息活性,博客/微博客/社交类网站,其他通道舆情信息活性}

$u_3=\{x_{31}\}$={舆情信息内容敏感性}

$u_4=\{x_{41}\}=\{$舆情信息态度倾向性$\}$

对于每一个因素子集 X_{ij} 又可以由其下一级因素子集 Y_{ijz} 来评判，$z=1,2,\cdots,w$，w 为 X_{ij} 下一级评判因子的个数。在本模型中，

$x_{11}=\{y_{111}\}=\{$流通量变化值$\}$

$x_{12}=\{y_{121}\}=\{$网络地理区域分布扩散程度$\}$

$x_{21}=\{y_{211},y_{212},y_{213},y_{214},y_{215},y_{216},y_{217},y_{218}\}=\{$累计发布帖子数量，发帖量变化率，累计点击数量，点击量变化率，累计跟帖数量，跟帖量变化率，累计转载数量，转载量变化率$\}$

$x_{22}=\{y_{221},y_{222},y_{223},y_{224},y_{225},y_{226},y_{227},y_{228}\}=\{$累计发布新闻数量，发布新闻数量变化率，累计浏览数量，浏览量变化率，累计评论数量，评论量变化率，累计转载数量，转载量变化率$\}$

$x_{23}=\{y_{231},y_{232},y_{233},y_{234},y_{235},y_{236},y_{237},y_{238},y_{239}\}=\{$累计发布文章数量，发布文章数量变化率，累计阅读数量，阅读量变化率，累计评论数量，评论量变化率，累计转载数量，转载量变化率，交际广泛度$\}$

$x_{24}=\{y_{241}\}=\{$其他通道舆情信息活性值$\}$

$x_{31}=\{y_{311}\}=\{$舆情信息内容敏感程度$\}$

$x_{41}=\{y_{411}\}=\{$舆情信息态度倾向程度$\}$

2. 确定评估集

对我国网络舆情的安全性评估，力求通过安全评估对我国舆情的整体安全态势做出量化评分，从而确定我国网络舆情的五级安全预警级别(即绿、蓝、黄、橙、红)，因此建立的符合我国国情的网络舆情安全性评估的评估集应能合理地反映和呈现我国网络舆情的安全程度，同时确定每一安全程度所代表的安全级别，并赋予相应的得分。

在本模型中，评估集 $V=(v_1,v_2,v_3,v_4,v_5)=\{$安全，较安全，临界，较危险，危险$\}=\{5,4,3,2,1\}$。如表 7-1 所示。

表 7 1　评估尺度表

安全等级/基线	评语	赋分
绿	安全	5
蓝	较安全	4
黄	临界	3
橙	较危险	2
红	危险	1

针对表 7-1 所示的 5 个危险等级，对于“临界”“较危险”和“危险”这 3 级应尤为警惕，可采取的预警应对措施涵盖以下 4 方面，应针对不同的舆情信息采取对应的措施。

(1) 舆情疏导：如网站专题、专家访谈、权威媒体评论等；

(2) 新闻发布：如发言人专访、专题新闻发布、召开新闻发布会等；

(3) 媒体联动：如中央重点新闻网站、地方重点新闻网站、国内主要商业门户网站、国内有重要影响力的论坛以及大众传媒之间的媒体联动；

(4) 处置手段：如追查信源、查封网站、屏蔽频道、追究法律责任等。

3. 评估指标权重的确定

权重是以某种数量形式对比、权衡被评价事物总体中诸因素相对重要程度的量值，反映了各因素在评估中对最终评估目标所起作用的大小程度，体现了单项指标在整个评估指标体系中的重要性。确定权重的方法很多，如定性经验的德尔菲法(Delphi)(也叫专家法)、定量数据统计处理的主成分分析法，以及定性与定量相结合的层次分析法(AHP)等。本文采用的是层次分析法来确定各个评估指标的权重，它是系统工程中对非定量事件作定量分析处理的一种简便方法，大体上可按下面三个步骤进行。

1) 建立递阶层次结构模型

用层次分析法处理问题时，首先要把问题层次化。根据问题的性质和要求达到的总目标，将问题分解为不同的组成因素，并根据因素间的相互关联影响以及隶属关系将各因素按不同层次聚集组合，形成一个多层次的分析结构模型。最终，把总的分析归结为最底层相当于最高层的相对重要性权值的确定或相对优劣次序的排序问题。

2) 构造出各层次中的两两比较判断矩阵

设某一个评判对象分解为 n 个评估因素 $u_1, u_2, \cdots, u_n$。各评估因素对该评判对象的相对重要度为 $w_1, w_2, \cdots, w_n$，由它们组成权重向量 $\boldsymbol{W}=(w_1, w_2, \cdots, w_n)^{\mathrm{T}}$。

为了能反映各因素的相对权重，由评判者(一人或多人采取背靠背的方式)将 n 个因素予以两两对比，建立判断矩阵 $\boldsymbol{A}=(a_{ij})_{n\times n}$，元素 a_{ij} 是因素 u_i 与因素 u_j 相对于评判对象重要性的比例标度，其取值常用 1～9 的比例标度来表示。

3) 计算被比较元素的相对权重

得到某一标准层的两两因子比较矩阵后，需要对该准则下的 n 个因子 $u_1, u_2, \cdots, u_n$ 的相对权重进行计算，并进行一致性检验。常用的计算方法有幂法、和法及根法。其中，幂法较精确，后两种方法较近似。在精度要求不高，且要求计算简便时，应采用根法。具体步骤为：①将矩阵 $\boldsymbol{A}$ 中的元素按行相乘；②对得到的乘积分别开 n 次方(n 为矩阵的阶)；③将方根向量归一化得排序权向量 $\boldsymbol{W}$；④进行一致性判断，具体过程如下。

首先计算矩阵的最大特征根 $\lambda_{\max}$：$\lambda_{\max}=\sum_{i=1}^{n}\frac{(Aw)_i}{w=nw_i}$，式中$(Aw)_i$ 表示 Aw 的第 i 个元素。

再计算一致性指标 CI：$\mathrm{CI}=\frac{\lambda_{\max}-n}{n-1}$，其中 n 为矩阵 $\boldsymbol{A}$ 的阶。

然后计算一致性比例 CR：$\mathrm{CR}=\frac{\mathrm{CI}}{\mathrm{RI}}$。

对于 $n=1,2,\cdots,9$，Saaty 给出了 RI 的值，如表 7-2 所示。

表 7-2 RI 取值表

n	1	2	3	4	5	6	7	8	9
RI	0	0	0.58	0.90	1.12	1.24	1.32	1.41	1.45

当 CR＜0.10 时，认为判断矩阵的一致性是可以接受的，否则应对判断矩阵进行适当修正。若判断能通过一致性检验，第 3 步得到的排序权向量即为各指标的权重；若不能通过，需要重新设置判断矩阵，进行计算，直至通过为止。

根据层次分析法，确定我国网络舆情安全模型中各评估指标的权重，如表 7-3 所示。

表 7-3　我国网络舆情安全模型中各评估指标的权重

评估对象	一级指标	权重	二级指标	权重	三级指标	权重
网络舆情安全	传播扩散 u_1	0.08	流量变化 x_{11}	0.5	流通量变化值 y_{111}	1
			网络地理区域分布 x_{12}	0.5	网络地理区域分布扩散程度 y_{121}	1
	民众关注 u_2	0.245	论坛通道舆情信息活性 x_{21}	0.453	累计发布帖子数量 y_{211}	0.229
					发帖量变化率 y_{212}	0.229
					累计点击数量 y_{213}	0.042
					点击量变化率 y_{214}	0.042
					累计跟帖数量 y_{215}	0.078
					跟帖量变化率 y_{216}	0.078
					累计转载数量 y_{217}	0.151
					转载量变化率 y_{218}	0.151
			新闻通道舆情信息活性 x_{22}	0.185	累计发布新闻数量 y_{221}	0.229
					发布新闻数量变化率 y_{222}	0.229
					累计浏览数量 y_{223}	0.042
					浏览量变化率 y_{224}	0.042
					累计评论数量 y_{225}	0.078
					评论量变化率 y_{226}	0.078
					累计转载数量 y_{227}	0.151
					转载量变化率 y_{228}	0.151
			博客/微博客/社交类网站舆情信息活性 x_{23}	0.290	累计发布文章数量 y_{231}	0.158
					发布文章数量变化率 y_{232}	0.158
					累计阅读数量 y_{233}	0.078
					阅读量变化率 y_{234}	0.078
					累计评论数量 y_{235}	0.054
					评论量变化率 y_{236}	0.054
					累计转载数量 y_{237}	0.098
					转载量变化率 y_{238}	0.098
					交际广泛度 y_{239}	0.224
			其他通道舆情信息活性 x_{24}	0.072	其他通道舆情信息活性值 y_{241}	1
	内容敏感 u_3	0.483	舆情信息内容敏感性 x_{31}	1	舆情信息内容敏感程度 y_{311}	1
	态度倾向 u_4	0.192	舆情信息态度倾向性 x_{41}	1	舆情信息态度倾向程度 y_{411}	1

4. 评估指标隶属度的确定

在集合理论中，对于任何一个元素来说，其隶属关系只有两种：或者属于某集合 U，或者不属于这一集合。然而，在模糊集合理论中，由于存在模糊性，论域中的元素对于一个模糊子集的关系就不再是“属于”和“不属于”那么简单的关系，其对该模糊集的隶属程度的大小即隶属度，取值在 0～1 之间。在进行模糊评判的时候，如何建立各个因素对应各个评判等级的隶属程度的大小，是整个评判能否进行的关键。确定隶属度，在各类评判中有不同的方法。由于模糊数学本来就是解决难以用完全定量的方法来解决的问题，而且确定隶属函数的方法多数还处于研究阶段，尚没有达到像概率分布的确定那么成熟的阶段，所以，隶属函数的确定难以避免不同程度上人为主观性的影响，但是无论其受到主观性的影响如何，都是对客观现实的一种逼近。评判隶属函数是否符合实际，主要看它是否正确地反映了元素隶属集合到不属于集合这一变化过程的整体特性，而不在于单个元素的隶属度数值如何。

对于我国网络舆情安全评估模型来说，在确定了评估因素集、评估集和各评判指标的权重集之后，就要对每个因素进行单因素评判，得到单因素评判向量，从而建立模糊隶属度矩阵，以确定评估指标的隶属度。在本模型中，30 个三级评估指标可归结为两类指标：一类是较容易用数值来刻画的指标，如流通量变化值、累计发布帖子/新闻/博文数量、累计点击/浏览/阅读数量及变化率、累计回帖/评论数量及变化率、累计转载数量及变化率就属于这一类指标；而另外一类是模糊性指标，即无法用数值来表示的指标。除上述指标之外，其余的评估指标都属于模糊性指标。

对于第一类可用数值来表示的指标，本书建议利用模糊控制中常用的隶属函数的确定方法，根据经验预先建立模糊综合评判隶属度子集表，从而使得所建立的评判模型能够适应任何时候、任何评估人员的需要，具有较强的客观性、实时性和可操作性。具体来说，本文在构造隶属度模糊子集表的做法是：对于每一评估指标，首先由不同的语言变量对其优劣程度进行模糊化评判，即可借鉴模糊控制原理，把输入模糊化，把输入量视为语言变量，语言变量的档次因指标而异，语言变量的隶属度函数可以连续函数的形式出现，也可以离散的量化等级形式出现，由此可以以各档次语言变量为列，以 5 个评估等级——安全、较安全、临界、较危险、危险为行，直接根据专家的经验和概率分布的原理构造得出隶属度模糊子集表。

对于第二类不能或难以用数值表征的指标，由于它们具有一定的模糊性，各指标语言变量的档次较难区分，如针对“舆情信息内容敏感程度”这一指标来说，不同的评判者对舆情信息内容敏感程度的看法不尽相同：“非常敏感”“比较敏感”“一般敏感”“无所谓”“不敏感”的划分界限就具有了一定的模糊性。那么，对这一类指标，本书则在像第一类指标那样在预先构造隶属度子集的基础上，进一步采用模糊优化技术得到较为接近真实情况的隶属度。本书建议利用问卷调查法，统计具有同一指标语言变量的频数，从而得到各指标对不同档次语言变量的隶属度向量。

7.3 网络舆情分析的系统框架

一般来说，网络舆情分析系统能够融合智能化的计算机信息处理技术，以实现对互联网海量信息进行自动抓取、提取、分类、聚类、主题发现、热点监测、专题追踪，满足主体对网络舆情监测和敏感信息监测报警等的需求。一方面察民情、体民意、听民声，为科学决策提供有效依据。另一方面发现热点、发现敏点、发现疑点，对不良或有害的舆情导向及时发现，有效疏堵，防微杜渐；并围绕某一特定专题搜集相关新闻报道或评论信息，以对相关信息进行整理、分析、综合，形成相关舆情一个全面的、综合性的论述，在准确把握当前舆论状况的基础上，客观全面地对舆情做出评价和预测，提出有分析、有根据的决策建议。同时根据舆情涉及的内容范围不同，舆情分析又分为综合性和专题性两种类型。综合性的舆情分析以某一时期的整个社会舆论情况作为分析对象,而专题性的舆情分析则是以围绕某一特定专题的社会舆论情况作为分析对象的。基于以上分析,可以得出舆情系统的基本功能要涵盖舆情采集、舆情处理、舆情智能分析、舆情监测、舆情预警、舆情搜索、舆情报告辅助生成、舆情自动提醒等核心功能,以帮助全面掌握舆情动态,正确进行舆论引导。

1. 网络舆情分析系统的架构

根据对系统的功能分析及对未来网络舆情发展的综合考虑,在系统总体设计时应采用流程化、标准化和模块化的总体设计原则。在理解舆情信息处理流程的基础上,将系统功能按模块划分,注意保持各子系统模块相对独立、接口定义清晰并且模块之间松散耦合,使系统具有较好的灵活性和扩展能力。

一个典型的舆情系统业务流程如图 7-1 所示。

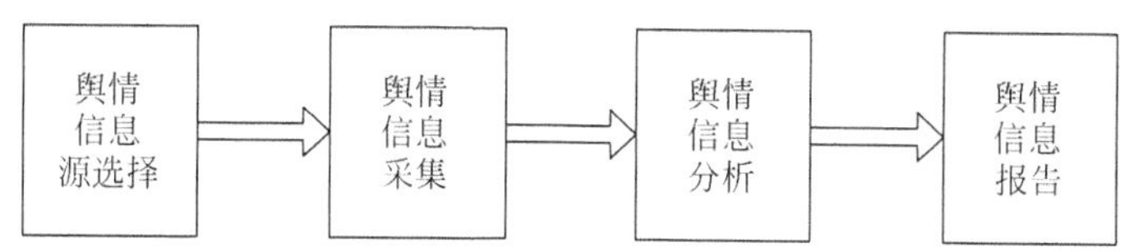

图 7-1 舆情分析系统业务流程

基于系统的业务流程和功能分析,网络舆情分析系统主要由舆情信息源选择、舆情信息采集、舆情信息分析、舆情信息报告 4 个模块组成。智能化的舆情信息采集模块和智能化的舆情信息分析引擎是整个系统的关键。舆情信息源的选择主要依据人工设定的方式和机器学习的方式进行选择。对关注度较高的新闻网站和 BBS 论坛等信息源进行搜索排序,并将搜索整理结果进行初步的分类、聚类,保存结果 URL 至本地的地址数据库中,形成针对性和普遍性相结合的舆情信息源以保证舆情信息收集的广泛与准确。

舆情采集模块主要根据地址数据库传递过来的地址 URL 对相应地址的 Web 页面内容进行抓取,采取网页净化、网页去重、文本分词、文本特征表示、特征降维等技术,将经过处理的文档转换为适合于分类、聚类等挖掘算法的表示形式,存入舆情数据库。舆情分析引擎将存入舆情数据库的舆情信息进行精确的分类与聚类,进行智能自动关键词标引、热点敏点词汇标注、倾向性分析,然后形成智能文摘、简报、报表等传递给舆情报告前台,同时对处理过后的数据再次存入舆情数据库,为后继的统计、分析、舆情检索提供根据。系统的架构如图 7-2 所示。

2. 关键技术分析

1) 舆情搜索引擎

舆情搜索引擎是整个系统的基础,包括舆情信息源的选择和舆情信息的采集。搜索的广度和深度在很大程度上决定了整个系统的工作效能和水平。广度保证了舆情监测的实时性;深度保证了舆情信息热点、敏点、焦点信息发现的准确性。通常搜索引擎是指根据一定的策略、运用特定的计算机程序搜集互联网上的信息,在对信息进行组织和处理后,为用户提供检索服务的系统。舆情搜索引擎须在传统引擎的技术上更进一步。主要应用 3 个方面的技术。

(1) 网络抓取技术。利用搜索引擎特有的网络爬虫程序,顺应着超链接抓取网页。抓取网页都按照一定的周期进行。有别于传统搜索引擎的是,舆情搜索引擎既采用传统的网

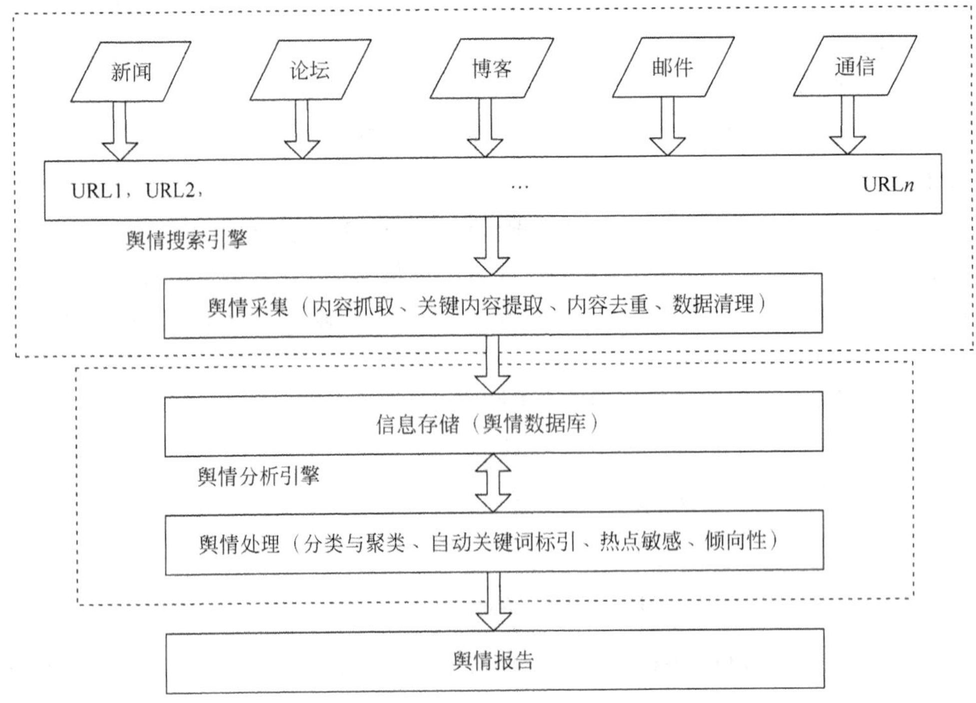

图 7-2 舆情分析系统架构

络爬虫又采用聚焦爬虫；既注重下载网页的广泛性，又注重下载网页的精确性。不同于注重覆盖面的传统爬虫，聚焦爬虫的工作流程较为复杂。首先，爬虫根据一定的网页分析算法过滤与设定主题无关的链接，而有用的 URL 链接被保留下来形成一个队列，然后将根据一定的搜索策略从队列中选择下一步要抓取的 URL，并重复上述过程。直到达到系统的某一条件时停止。

(2) 网页处理技术。网页抓取文件后，要经过预处理才能进行舆情分析。先把 Web 页面上与文本无关的 HTML 码清洗干净，对文本的标题及文本的内容进行提取。不同的新闻网站和 BBS 论坛的网页结构不同，所以在清洗程序中采用人工方式和机器学习的方式对网站的结构进行学习，设定抽取模板。然后过滤内容重复或无意义的网页，对文本进行分词处理。分词程序采用以词典为基础、规则与统计相结合的分词方法，综合利用基于概率分析的语言模型技术，有效提高分词的准确性，解决切分歧义问题。

(3) 网页检索技术。提供交互界面，用户输入检索条件，搜索引擎返回搜索结果。除了一般的全文搜索引擎之外，舆情搜索引擎还应引入一种元搜索引擎，元搜索引擎在接受用户查询请求时，查一个元搜索引擎就相当于查多个独立搜索引擎。进行网络信息检索与收集时，使这种元搜索引擎可指定搜索条件，从而既提高信息采集的针对性，又扩大了采集范围的广度，收到事半功倍的效果。

2) 舆情分析引擎

舆情分析引擎是整个舆情系统的核心，它建立在从网络爬虫采集并进行初步处理的网页数据内容基础上。主要功能包括：一是对用户检索信息的概念化。并通过概念从海量信息中分析出用户真正想要的信息；二是发现海量信息中民众关注的热点、焦点事件；三是实现对热点事件的追踪,并能形成一定的关联分析和趋势分析。该引擎主要由文本分类、文本聚类、事件处理等模块组成。分析引擎的主要流程是把数据库中经过预处理的文档通过文本分析进行特征提取,形成向量化文本。接着采用分类器进行文档自动分类,将分类后的文档进行概念聚类,产生概念空间,然后采用神经网络的算法建立具有联想功能的语义关联。最后为用户提供基于概念的检索查询接口,并通过事件处理提供新闻事件的发展过程。流程中涉及的主要技术如下。

(1) 文本聚类。基于相似性算法,自动对海量的无类别文档进行归类,在对文档集进行分词、向量化后,得到特征集合,然后用特征提取算法根据特征评价函数,从全部特征集中提取一个最优的特征子集,对特征提取后的特征向量进行微调。突出聚类重要词,进行聚类,把内容相近的文档归为一类得到聚类结果,并自动为其生成主题词,为确定类目名称提供方便;最后自动生成舆情专题、重大新闻事件追踪等。

(2) 文本分类。也称为主题分类,核心在于构建一个具有高度准确的分类器,通常分为5个步骤:一是获取训练文档集,初始的文档集来自以上步骤中的文本聚类;二是建立文档表示模型;三是进行文档特征选择;四是选择分类方法,主要采用 KNN 和支持向量机(SVM)相结合的方法;五是建立性能评估模型。通过以上 5 个步骤对采集到的信息进行归类处理,为下一步的主题分析提供分类主题集。

(3) 文本倾向性分析。在对文本进行分析时,不仅分析其包含的主题内容,还判断它的态度和立场,即倾向性。倾向性分析对舆论热点的思想动向、倾向和走向至关重要。更能够从数量关系上揭示舆情的特点和规律。目前信息技术领域倾向性分析还是普遍以文本分类技术为基础,针对每个特定主题的每种倾向。都需要用户提供训练语料,智能性不高。近年来,基于语义模式的自然语言处理方法逐渐引起关注,是舆情系统语义行为分析下一步可以选择的主要技术方向。

7.4　网络舆情分析常用方法

本节将联系网络舆情分析的实际应用,介绍网络舆情分析中常用的方法。

7.4.1　高仿真网络信息深度抽取

高仿真网络信息(论坛、聊天室)深度提取技术重点研究智能化、高效率的原创网络互动式动态信息的全面提取,并形成功能齐全、性能稳定的动态信息提取系统。该系统独立地对指定网络动态媒体进行信息的深入提取,将成为网络舆情监测预警系统中重要的信息获取功能模块。

图 7-3 为针对网络舆情监测预警系统需求设计开发的高仿真网络信息深度提取系统功能示意框图。

整个系统可以分为定点 BBS/BLOG/聊天室内容提取模块、内容冗余性与完整性过滤模块,以及查询与编辑接口模块。各功能模块说明如下。

(1) BBS/BLOG/聊天室内容提取模块。该模块的主要功能是对用户指定的一个或多个信息源进行遍历式的信息获取。通过用户指定的入口页(Entry Page)或系统猜测入口

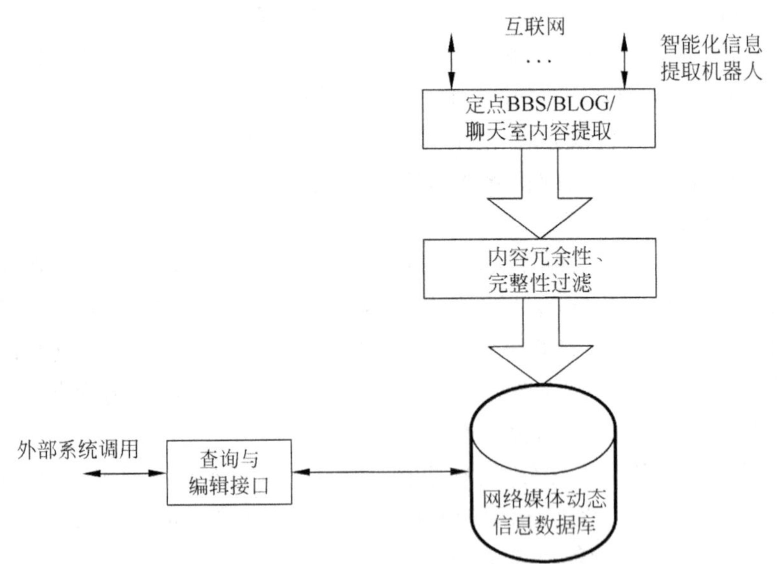

图 7-3 高仿真网络信息深度提取系统功能示意图

页，该模块以多线程方式使用智能化信息提取机器人，模拟客户/服务器通信及模拟人机交互；在语义分析的基础上，以递归调用的方式完成快速、彻底的远程数据本地镜像。需要指出的是，本模块充分考虑了目前互联网中使用的 HTTP 1.0/1.1 协议，尤其是与内容协商(Content Negotiation)、访问控制(Access Control)和数据缓存(Web Catching)的相关规定，在提高数据提取的同时保证了数据的可靠性和有效性。

(2) 内容冗余性与完整性过滤模块。该模块是对在本地镜像的网站内容进行高效、准确理解的基础上，对冗余信息和不完整信息进行相应的处理，以保障信息数据库中内容的准确性和有效性。与传统的文本理解或图像理解不同，本模块考虑的对象是包含了文字、图像和其他内容的多媒体群件(通常以网页形式出现)。在此模块中将采取的多媒体群件理解技术是结合了国家 863 文本分级和图像理解研究成功的综合理解技术，在充分利用多媒体群件理解中环境信息量大这一优势的同时，将群件中个体理解的误差降低。

(3) 查询与编辑借口模块。该模块将为外界的系统调用提供必要的信息数据库操作接口。常见的信息数据库操作包括查询、插入、删除和修改等。该模块将作为高仿真网络信息深度提取系统和外界系统的标准信令与数据交互接口。

7.4.2 高性能信息自动提取机器人技术

高性能信息自动提取机器人是高仿真网络信息(如论坛、聊天室)深度提取系统的基础模块，其主要功能是根据用户或系统定义，将指定动态/个性化网络媒体中的内容快速、准确地在本地镜像，是系统正常工作的基础。其核心要求是对动态/个性化的网络内容快速、准确、全面地建立本地镜像，主要难点是对客户机/服务器通信的模拟、内容语义的正确分析和高性能系统。

1. 个性化可配置的信息自动提取技术

随着 HTTP 1.1 的广泛采用，内容协商已经成为互联网信息传递中常见的技术。客户浏览器向网站提供客户的偏好，例如内容的语言、编码方式、质量参数等。网站根据实际情况尽可能满足客户需求。一般的信息自动提取技术，如 Wget、Pavuk、Teleport 等，大多没有很好地考虑这一问题，因此不能保证提取的内容与实际客户浏览器取回的版本相一致，当然以后的理解和分类也就没有实际意义。

个性化可配置是指信息提取机器人可以根据用户或系统提供的个性化信息，完成与网站之间的内容协商，将核实的内容取到本地。在本系统中将使用的信息提取技术，充分考虑到了内容协商机制，在机器人的信息提取过程中，通过 HTTP 1.1 相关原语的交互（如 VARY），实现对内容协商机制的完全模拟，保障本地镜像内容的准确性。

2. 互动式信息的智能提取技术

在网站中，客户机/服务器之间的交互除了由内容协商完成，还有一类是通过人机对话的方式。以 BBS 为例，用户通过一次登录（即使是匿名登录），与服务器之间完成一次通信，获得身份验证信息（通常是以 Cookie 等形式）。在以后的交互中，双方凭借此信息作为身份的识别，目前，一般的信息提取技术并不能实现这一功能。

在网络舆情监测与预警系统建设中，为了完成对指定网站内容的充分挖掘，在内容协商的基础上，提供智能化的人机交互模拟模块。基于 HTTP 返回码，需要获取身份验证信息才可以浏览内容，根据用户或系统的配置，模拟用户与服务器之间进行对话，将此类内容取回，保障内容挖掘的充分性。

3. 网页编写语言的实时语义理解技术

网站内容编写技术发展迅速，从早期的静态 HTML 和普通文本图像内容，已经发展到今天各种动态语言和包括图像、视频、音频、动画、虚拟现实（VR）多种多媒体个体的群件。这给网站自动信息下载带来了新的挑战。与传统的标记型语言（Markup Language）不同，以 Script 为代表的网页编写技术更多地结合了一般程序编写的技术，利用浏览器作为编译运行的环境，达到内容动态的目的；而以 Flash 为代表的技术则是利用浏览器插件（Plug-In），将多媒体群件内容打包在一个对象中，利用插件完成对此对象的解释。因此，在网站自动信息提取中，必须要提供对这样两类技术的准确语义理解，才可以将其中的多媒体个体对象和相应链接对象完整取回。

在高仿真网络信息深度提取系统中，结合系统实用性需要，在开发各种网页编写技术理解模块的同时，充分强调理解技术的高效性。对于 Script 类的语言，研究和开发出编译、分析和执行同步操作的技术，以充分提高系统信息提取模块的效率和准确度。

4. 多线程内容提取技术

相对多媒体群件理解和分类而言，远程内容提取是高仿真网络信息深度提取系统中时间和资源消耗最大的部分，因此从系统设计的角度，采用多线程技术提高内容提取模块的性能。在网络舆情监测与预警系统中，根据用户和系统设置的入口页，内容提取模块在提取入口页以后对页面内容进行语义理解，将分析出的链接重新定义为入口页实现递归调用。由于单进程的递归调用效率低，在网站规模较大时耗时太大，因此在网络舆情监测与预警系统中采用多线程以实现递归调用方式。此种实现将可以保证系统的高性能。

7.4.3　基于语义的海量文本特征快速提取与分类

基于语义的海量文本特征快速提取与分类技术重点研究针对网络文本媒体，特别是中文媒体的基于语义的特征快速提取，并在此基础上形成适合网络舆情预警监测系统需要的基于语义海量文本特征快速提取与分类系统。该系统独立地对各个信息源采集入库的信息进行语义分析，特别对信息中的语义特征进行统计和分类，完成对原始数据库的预处理，为进一步的信息聚合分析与表达提供相对标准化和正则化的信息库。该系统将成为网络舆情监测与预警系统中重要的信息分析功能模块。

图 7-4 为针对网络舆情监测与预警系统需求，设计开发的基于语义的海量文本特征快速提取与分类系统功能示意框图。

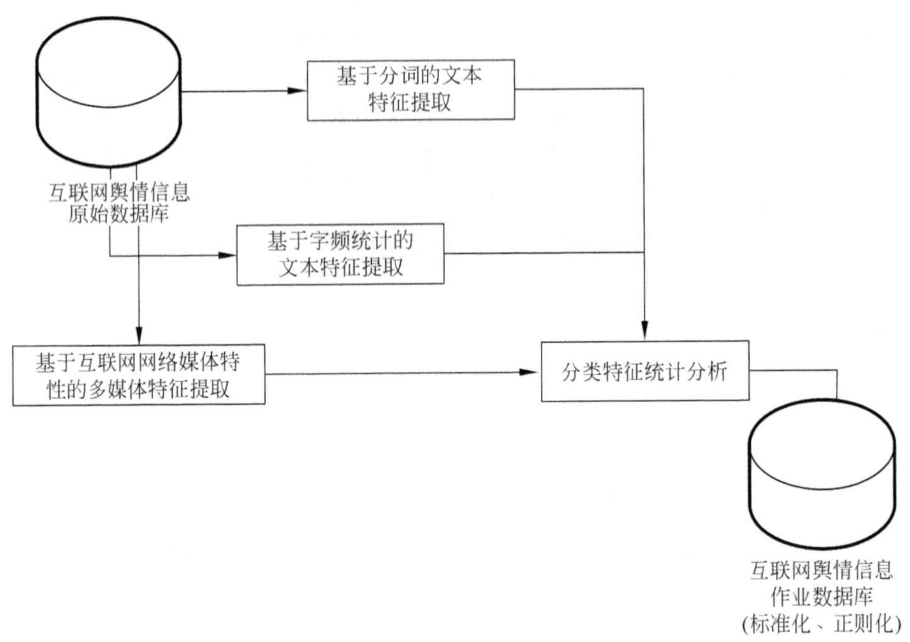

图 7-4　基于语义的海量文本特征快速提取系统示意图

整个系统可以分为基于分词的文本特征提取模块、基于字频统计的文本特征提取模块、基于互联网网络媒体特征提取模块，以及分类特征统计分析模块。

1. 基于分词的文本特征提取模块

基于分词的文本特征提取模块主要采用分词统计特征提取的技术路线。首先对原始信息库中的信息进行全文分词，接着在分词的基础上进行一定的统计分析，并将原始信息库中的信息进行特征提取。在实际系统应用中，将针对文本结构比较合理、用词比较规范的网络媒体信息采用该模块进行文本特征提取。

2. 基于字频统计的文本特征提取模块

基于字频统计的文本特征提取模块主要将采用字频统计特征提取的技术路线。不难发现，与分词统计相比，在字频统计中不需要经过分词的过程，系统整体性能将有显著提高。在字频统计中，首先对原始信息库中的信息进行全文字频统计，根据字频统计结果对原始信息进行摘要，并在此基础上实现对原始信息库中信息的特征提取。在实际系统应用中，将针对文本结构比较复杂，用词无明显规范的网络媒体信息采用该模块进行文本特征提取。

3. 基于互联网网络媒体特征的多媒体特征提取模块

众所周知，互联网中的网络媒体有和一般传统媒体完全不同的结构和信息。由于网络舆情监测与预警系统处理的主要是互联网网络媒体信息，因此充分利用互联网网络媒体特征，实现对网络媒体信息的多媒体特征提取具有非常重要的意义。基于互联网网络媒体特征的多媒体特征提取模块，就是对原始信息库中的多媒体信息(通常是含有文字和图片的网页信息)，进行多媒体群件分析。在分析中充分利用互联网的网络媒体特征，包括模板文件中的解释信息、多媒体链接结构等，以实现对于多媒体信息较为准确地分析。基于互联网网络媒体特征的多媒体特征提取模块主要完成对具有大量图片的多媒体信息源的特征提取。

4. 分类特征统计分析模块

分类特征统计与分析模块是针对前述 3 个模块采集的互联网信息库特征信息进行进一步的分类特征统计和分析。其主要功能是将 3 种不同技术路线得到的结论做进一步的融合和统一，以保证基于语义的海量文本特征快速提取与分类系统产生的互联网舆情信息作业信息库的标准化和正则化。

7.4.4 多媒体群件理解技术

在网络舆情监测与预警系统中的基于语义的海量文本特征快速提取与分类系统提出了对于网络媒体的主要呈现形式——多媒体群件的理解。多媒体群件理解主要解决对以网页形式出现的多媒体群件的整体理解。理解的方法是在对群件中文本个体和图像个体的内容提取基础上，集合环境信息，对群件做出整体理解。

1. 综合字词、标点和模式匹配的文本核心信息快速提取

对于文本的理解，一般的技术都是对关键字、词进行统计，对句式进行匹配等，在一般的文本理解环境中可以保证较好的效果。但在网络舆情监测与预警系统中，文本理解的对象和目的与传统的文本理解不同。在舆情网络监测与预警系统中的文本理解对象是网页中的文本信息。与传统的文本理解对象相比，这类文本通常较小，包含了比文本更多的信息(如 HTML 中的排版信息)；而文本理解的目的是为了进一步的分类，因此在网络舆情监测与预警系统建设中，采用的是结合基于字、词、标识符统计信息和预定模式匹配的理解技术，对文本的核心信息实现快速提取。

2. 图像核心信息快速提取技术

在网络舆情监测与预警系统建设中采用的图像理解技术在对象和目的上也具有独特性。网页信息中的图像通常可以分为三类。第一类是指示性图标，一般尺寸小，信息含量小；第二类是主题图案，一般尺寸大，信息为配合网页主题；第三类是装饰性图案，一般尺寸中等，与网页主题风格相关性高。而对它们的理解目的是为了下一步的分类，因此主要解决核心信息的快速提取问题。结合网站内容理解与分类的需要，在网络舆情监测与预警系统建设中必须要解决的是对第二类和第三类图像中核心信息的快速提取，尤其是对图像的文字信息进行基于模式匹配的快速提取。

3. 综合环境信息和相关媒体信息的多媒体群件理解技术

作为网络舆情预警监测系统的主要信息源，多媒体群件(网页)还含有相当丰富的环境信息，如URL、网页结构和网页间链接信息等。合理利用这样一类信息，可以提高多媒体群件的准确度。综合环境信息和相关媒体信息的多媒体群件理解技术目前还没有切实可行的研究成果。在网络舆情监测与预警系统建设中，可以采用神经网络的实现方法，选择URL信息、网页结构(媒体比重等)、网页间链接信息(如链接数或链接页属性等)，以及群件内部文件个体的理解结果作为神经网络的特征空间(Feature Space)，期望得到性能上的突破。

7.4.5 非结构信息自组织聚合表达

非结构信息自组织聚合表达重点研究的是针对海量非结构化信息库——互联网舆情信息作业信息库，实现无主题的聚合分析。根据国家网络舆情监测部门的舆情监测与预警业务需求，网络舆情预警系统最重要的功能是实现自动地、无人工干预的独立舆情报告。而实现该报告的核心步骤，就是通过非结构信息自组织聚合表达系统，对前述互联网海量非结构数据的结构化数据库进行有效的知识发现和数量化的趋势分析。

图7-5为针对网络舆情监测与预警系统需求，设计开发的非结构信息自组织聚合表达系统功能示意框图。

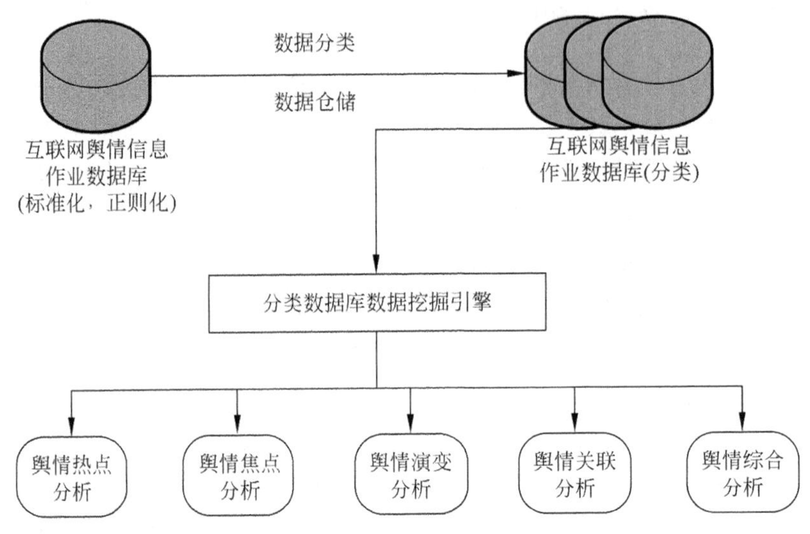

图7-5 非结构信息自组织聚合表达系统功能示意图

1. 数据分类模块

对于互联网舆情信息作业数据库，为进行进一步的聚类分析和表达，首先需要对数据库进行进一步的处理。其中数据库分类，即Data Marting是相当关键的一个步骤，数据库分类的主要目的是对海量数据库进行预处理，将数据按一定的特征进行较为粗体的划分，为进一步的查询和挖掘实现简单的聚类。在数据库分类中，采用更多的是经验和常规规则，这也是数据分类模块和数据挖掘模块最大的区别。

2. 数据仓储模块

事实上可以将网络舆情的监测与预警工作抽象为海量互联网信息库的挖掘和分析。根据一般的工作数据量分析，网络舆情监测与预警系统产生的数据库容量在 T 级。对如此规模的数据库进行进一步分析与挖掘的时候，时效性和系统效率是现实的考虑。通过数据仓储模块，实现对于网络舆情工作数据库的仓储化改造，为提高进一步的查询和挖掘效率奠定基础。

3. 分类数据库数据挖掘引擎模块

分类数据库数据挖掘引擎模块实现的是该系统的核心功能——非结构信息的自组织聚合表达。事实上，在数据挖掘中主要使用的技术包括分类分析技术(Classification)和聚类分析技术(Clustering)。尽管两者都可以对数据库中潜在的知识与规律进行发现，但还是存在明显的区别。其中最重要的差别为是否存在先验的知识与规则。对于分类技术而言，是在先验知识的基础上对数据库中的记录进行进一步的归类，以确认先验知识的正确性。对于聚类技术而言，没有所谓的先验知识，而是根据数据本身的临近性和相似性进行归并。在网络舆情预警监测系统中，迫切需要的是对互联网中不断出现的新主题和新热点进行及时有效的反映。因此，在网络舆情监测与已经系统建设中的分类数据库数据挖掘引擎模块着重于聚类技术的使用，重点完成对于海量信息库的无主题聚类分析，实现对于热点、焦点、难点、疑点等舆情信息的发现。

7.5　网络舆情分析的典型应用

伴随互联网的迅速普及，各式各样、良莠不齐的发布内容日渐泛滥，传统、纯粹的“人海”战术已经无法满足当前互联网媒体信息监控工作的实际需求。不过基于互联网媒体发布内容主动获取、分析挖掘与表达呈现等系列技术开展互联网论坛检测工作，首先需要保证相关检测产品对于目标站点发布数据的提取比率，即监测产品信息提取部分的具体性能。根据当前网络监管部门对于互联网论坛监控工作的实际应用需求，成熟的互联网论坛监控产品必须具备针对指定信息源的深度挖掘技术。所谓深度挖掘，并不是业已成熟的追求数据引用量的大搜索引擎信息采集技术，而是利用定向搜索手段完成针对指定信息源深入、全面地发布内容提取操作。

从整体框架结构角度，目前互联网媒体可以划分成匿名可浏览与须登录浏览两类；从发布页面呈现风格角度，仍然属于 HTML 范畴的互联网论坛帖文发布页面同样包含静态和动态两类，其中动态生成的论坛帖文发布页一般使用 ASP、PHP 与 JSP 等通用脚本语言予以实现。虽然匿名可浏览同时发布页面属于静态类型的目标站点，占到当前互联网媒体的绝大多数，但是出于功能全面性与产品实用性等多方考虑，面向结构迥异、风格多样的数据发布源实施互联网媒体信息监控工作，相关监控产品信息提取部分还须具备相当高的普适性与扩展性。

关于获取信息分析挖掘与表达呈现方面，针对异构的互联网媒体发布内容，论坛信息监控工作在要求获取内容统一存储的同时，对于在海量的互联网媒体信息中实现热点自动发现的需求明确。一方面，异构信息归一化存储是后续各类信息处理工作的根本保证；另一方面，基于海量数据实现论坛热点自动发现，更有利于互联网媒体监控人员全面把握目标论坛舆情的分布情况，跟踪目标论坛潜在热点，及时完成热点发现及应对决策生成工作。

互联网论坛信息监控系统充分应用网络协商与人机对话模拟等先进技术，基于专项研发的“定点网站深入挖掘”机制,实现针对系统目标站点发布内容的全面获取。在提取发帖作者、发帖时间、URL、标题等论坛帖文关键信息的基础上,监控系统对于每份帖子进行主题信息分析及内容快照,进而归一化存储来自异构站点的发布内容。监控系统针对获取内容关键信息开放单一和组合选项“与或”热点查询操作,最终呈现系统目标站点关于社会焦点更为全面的讨论分布情况与话题具体内容。另外,监控系统借助获取内容主题信息提取操作,开放热点数据报告定制功能,如图 7-6 和图 7-7 所示。

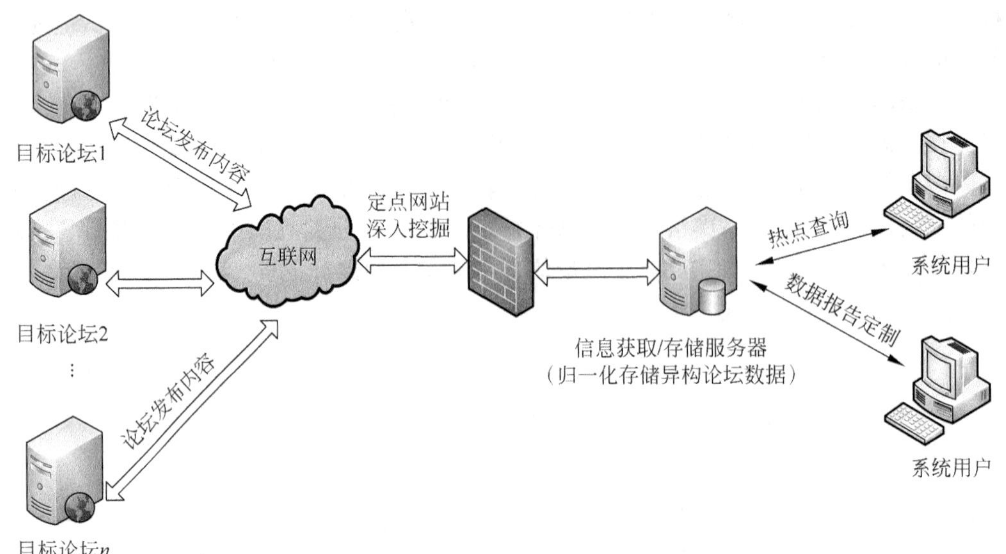

图 7-6 互联网论坛信息监控系统工作模式

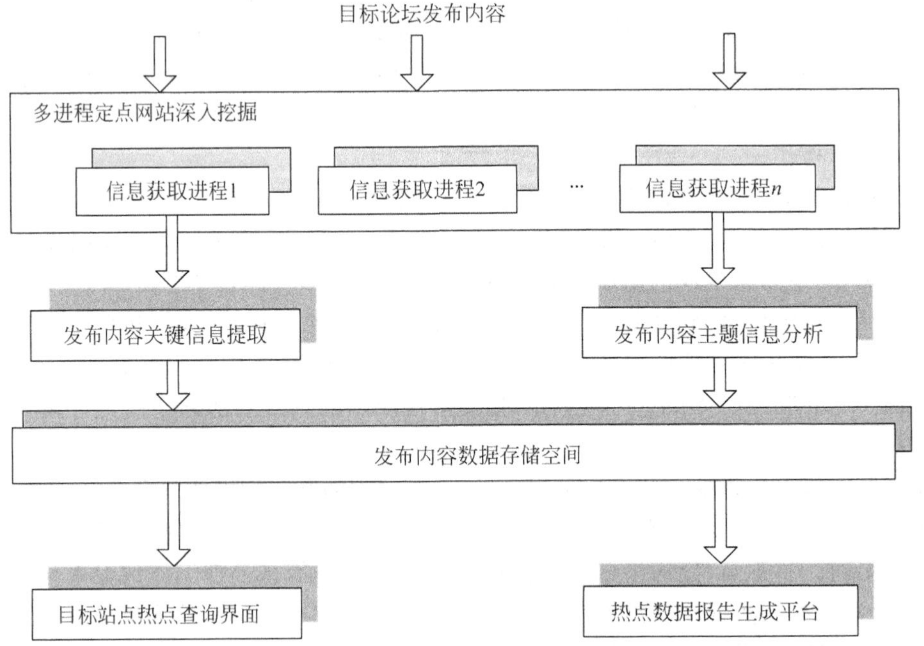

图 7-7 互联网论坛信息监控系统框架结构

7.5.1　面向互联网论坛的定点站点深入挖掘机制

作为互联网论坛信息监控系统核心技术之一，定点网站深入挖掘技术主要模拟互联网终端网页浏览行为与人机对话交互方式，全文遍历、选择获取系统目标站点入口网页所含超链接对应内容。监控系统根据目标论坛具体结构，采用同类分组、周期轮询的方式，多进程实现定点网站深入挖掘机制，最终完成针对可获取站点 87%左右的信息提取率。

监控系统统筹考虑目标论坛页面请求与周期轮询的间隔时延，在有效隐藏系统自身"网络机器人"式的信息获取行为，避免遭遇目标论坛封禁的基础上，实现对于中等讨论热烈程度目标论坛平均 15min 左右的信息提取时延。

7.5.2　异构数据归一化存储与目标站点热点查询

联网论坛信息监控采用重复模式匹配技术对于每份获取内容进行关键信息提取操作，系统首先提取内容发布人、发布时间、URL、标题等获取内容关键信息，进而针对每份获取内容进行主题信息分析及内容快照，最终实现对于来自异构目标站点发布内容的归一化存储。

基于异构数据归一化存储机制，监控系统立足于统一的发布内容数据存储空间开放目标站点热点查询功能。监控系统同时提供当前热点及历史热点查询操作，其中当前热点查询针对系统最近 15 万条获取记录展开，全面呈现新近热点在系统目标站点中的讨论情况；而历史热点查询操作则是对于系统所有获取记录展开。

7.5.3　监控目标热点自动发现功能

互联网论坛信息监控系统借助数据归一化存储过程中的获取内容信息提取操作，开放站点热点数据报告定制操作，对应数据报告可以包含日报、周报和月报 3 种不同类型。

7.6　网络舆情分析的发展趋势

网络舆情预警监测系统主要完成互联网海量信息资源的综合分析，提取支持政府部门决策所需的有效信息，目前，国内外政府职能部门与研究机构，尤其是西方发达国家，针对该类系统应用与技术研发投入了相当的资源，使该类系统与技术得到了全面发展。各国对于通过互联网捕获与掌握各类政治、军事、文化信息，都从战略角度予以高度重视，以美国为例，为提高政府对信息的掌控能力，任命了约翰·内格罗蓬特为首任国家情报局长，重点解决多渠道信息的融合和统一表达，提高信息控制能力。新加坡、法国等国家也都建立了类似的对公开信息资源进行融合、分析与表达的系统，作为其政府的决策依据。

美国遭受"9·11"恐怖袭击后，国会随即提议设立内阁级国家情报局，美国还加强了情报机构的建设，美国防部下属的情报和安全司令部已经拟订计划，建立一个可以提供各种信息的、世界上最大的全球情报信息资料库。该资料库将记录人们日常生活中的每一个细节，以供美情报部门今后调用。美国军方希望其能成为一个巨大的电子档案馆，通过搜集并保存世界所有的信息资料库的资料（如各国航空公司预订机票名单、超市收款机存根、手机通话者清单、公共电话记录、学校花名册、报刊文章、汽车在高速公路上的行车路线、医生处方、私人交易完成工作情况等),使电子档案馆成为"情报全面分析系统"。对于这样一个包罗万象的信息资料库,美国军方明确其信息来源主要是通过互联网、报纸、电视、广播及各国政府和民间机构的信息网络经过筛选和汇集的信息,在融合的基础上供专业分析人员随时调用。该系统可以帮助情报人员通过关键谈话、有关危险地区的情报、电子邮件、在互联网上寻找后追踪有关炭疽的资料等可疑的"交易"痕迹,并在恐怖分子发动攻击前就可以提供预警信息,抓获罪犯。为了能够将这项庞大的情报搜集计划尽快付诸实施,美国防部组建了专门的机构——情报识别办公室,美国国防部部长皮特·奥尔德里奇表示:此系统建成后,只要接通计算机,随时都可以全面了解到各种交易、护照、汽车驾驶执照、信用卡、机票、租赁汽车、购买武器或化学产品、逮捕通缉令和犯罪活动等信息,这对美国安全来说简直太重要了。20世纪90年代以来,美中央情报局一直在采取各种手段和实施,通过发展各种网络侦察技术,改进其情报的搜集和处理能力。2004年11月18日,美国联邦上诉法院做出裁决,允许司法部在追踪恐怖分子和间谍嫌疑对象时,有权使用包括互联网邮件检测和电话窃听在内的情报搜集手段,为了获取犯罪分子内部的网络通信线索,美国联邦调查局曾向包括美国在线、Exctite@Home在内的几大互联网服务商发出指令,要求他们在互联网服务器上安装窃听软件,把截取的电子邮件作为情报来源。美中央情报局也早已制定了内容广泛的互联网情报搜集计划。它主要包括两个方面:一方面是尽早进入全世界各公司、银行和政府机构等的电脑系统进行信息收集;另一方面是尽早开发出能便于遍布世界各地情报分析人员进行交流、传输信息的计算机网络。

英国、法国、日本、新加城等国也都在开发基于互联网的情报分析和预警系统。种种迹象表面,随着互联网对社会、经济等领域的影响不断扩大和深化,将互联网视为最大的公开信息资源,实现网络情报的提取和知识的挖掘,已经成为各国安全和稳定的重要手段之一。

我国政府同样高度重视互联网信息资源的合理开发和利用,尤其对涉及国家与社会稳定的信息捕获和分析技术的研究与开发。《国民经济和社会信息化重点专项规划》与《关于我国电子政务建设的指导意见》中明确指出,对于互联网信息资源的开发和利用是今后一段时期内我国文化与信息化建设方面的重要内容。这表明在互联网信息资源开发和利用的竞争中,我国已迈出具有重要战略意义的一步。

总体而言,该领域的技术发展趋势可归纳为以下几个方面。

1. 针对信息源的深入信息采集

在各类互联网信息提取分析系统或技术中,核心技术必然包括对互联网公开信息资源的广泛采集与提取。以常见的Hotbot、百度等搜索引擎为例,其核心的技术路线是以若干核心信息源为起点,通过大量的信息提取"机器人"(Agent或Spider)完成对信息的广泛提取,虽然各个搜索引擎的具体实现不尽相同,但一般都包含5个基本部分:Robot、分析器、索引器、检索器和用户接口,其基本工作原理如图7-8所示。

传统搜索引擎中的Robot,一般采用广度优先的策略来遍历Web并下载文档。系统中维护一个超链队列(或者堆栈),包含一些起始URL。Robot从这些URL出发,下载相应的页面,把抽取到的新超链加入队列(或者堆栈)中。上述过程不断递归重复,直到队列(或者堆栈)为空。为了提高效率,常用的搜索引擎中都可能会有多个Robot进程/线程同时遍历

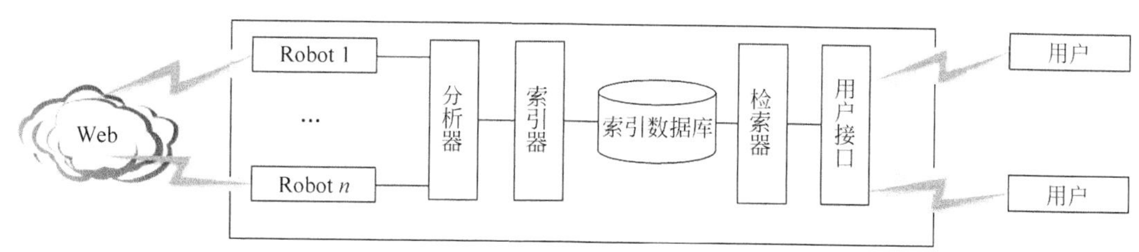

图 7-8　搜索引擎的基本工作原理图

不同的 Web 子空间，对采集到的信息使用分析器进行索引，对中文信息而言，通常使用基于分词的技术路线进行分析。

索引器、检索器和用户接口被用来在传统搜索引擎中实现更加友好的用户索引和检索。

而以 Hotbot、百度等为代表的搜索引擎技术，即俗称"大搜索"的技术，并不能完全满足本项目中网络舆情预警监测系统的需求。具体而言，"大搜索"技术的主要不足体现在对于互联网定点信息源信息的提取率(一般定义为指定时刻提取信息比特数/信息源信息总比特数)过低，究其原因，主要有两点：一是在"大搜索"引擎中，Robot 需要同时完成广度优先和深度优先的互联网信息提取，而事实上，同时满足广度优先和深度优先设计的 Robot 在性能与可靠度方面均存在一定的缺陷，由于此类 Robot 带来了巨大的网络与服务器性能负荷，大量的 Web 服务器对于简单、机械的 Robot 行为施行了很大的限制；二是目前大多数 Robot 并不能够访问基于框架(Frame)的 Web 页面、需要访问权限的 Web 页面，以及动态生成的 Web 页面(本身并不存在于 Web 服务器上，而是由服务器根据用户提交的 HTML 表单生成的页面)，如"大搜索"搜索引擎对于网站论坛类信息提取的严重不足。

在类似网络舆情预警监测系统的信息采集中，重点需要解决的是定点信息源信息的深入和全面采集问题。国内外的研究人员已展开定点信息源深入挖掘技术的研究和开发。"企业级"搜索引擎"个性化"搜索引擎等代表了该领域目前重要的发展趋势。

2．异构信息的融合分析

互联网信息的一大特征就是高度的异构化，所谓异构化，指的是互联网信息在编码、数据格式及结构组成方面都存在巨大的差异，而对于海量信息分析与提取的重要前提，就是对不同结构的信息可以在统一表达或标准的前提下进行有机的整合，并得出有价值的综合分析结果。

对于异构信息的融合分析，目前比较流行的方式可以分为两类。

一是通过采取通用的具有高度扩展性的数据格式进行资源的整合。其中，具有代表性的技术是 XML(Extensible Markup Language)，XML 具有结构简单、易于理解的特点，是目前国际上广泛使用的用于异构信息融合分析的重要工具。它可以很方便地将内容从异构文本信息中分离出来，XML 标记的文档可以使用户更方便地提取和使用自己想用的内容，并使用自己喜欢的表达格式。XML 为异构信息的融合分析提供了基础，通过 XML 可以使内容脱离格式，成为只和上下文相关的数据，以便于内容的检索、合并或者利用。研究人员在 XML 基础上定义的宏数据(Metadata)进一步提高了异构信息融合分析的准确度和效率。宏数据是关于数据的数据，是以计算机系统能够使用与处理的格式存在的与内容相关的数据，是对内容的一种描述方式，通过这种方式可以表示内容的属性与结构信息。宏数据分为描述宏数据、语义宏数据、控制宏数据和结构宏数据，在内容管理中，通常是宏数据越复杂，内容提升价值的潜力就越大，一般而言，宏数据模型的产生，需要一个面向客户内容管理的通用数据模型，以适应客户不断变化的需求，达到提升信息价值的目的。宏数据一旦从原始内容中提取出来，就可以把它与原始的内容分开，单独对它进行处理，从而大大简化了对内容的操作过程，实现异构信息的融合分析。另外，语义宏数据与结构宏数据还可用于内容的检索和挖掘，类似的技术还包括 UDDI、UML 等。

二是采取基于语义等应用层上层信息的抽象融合分析，这一类技术的代表是 RDF、XML，所存在的问题是因为 XML 不具备语义描述能力，所以在真正处理对子内容融合要求比较高的信息时，难免力不从心，为此，W3C 推荐了 RDF(Resource Description Framework)标准来解决 XML 的语义局限。

RDF 提出了一个简单的模型用来表示任意类型的数据，这个数据类型由节点和节点之间带有标记的连接弧所组成，节点用来表示 Web 上的资源，弧用来表示这些资源的属性。因此，这个数据模型可以方便地描述对象（或者资源）及它们之间关系。RDF 的数据模型实质上是一种二元关系的表达，由于任何复杂的关系都可以分解为多个简单的二元关系，因此 RDF 的数据模型可以成为其他任何复杂关系模型的基础模型。

在实际应用中，RDF 通常与 XML 互为补充。首先，RDF 希望以一种标准化、互操作的方式来规范 XML 的语义，XML 文档可以通过简单的方式实现对 RDF 的引用，通过在 XML 中引用 RDF，可以将 XML 的解析过程与解释过程相结合，也就是说，RDF 可以帮助解析器在阅读 XML 的同时，获得 XML 所要表达的主题和对象，并可以根据它们的关系进行推理，从而做出基于语义的判断。XML 的使用可以提高 Web 数据基于关键词检索的精度，而 RDF 与 XML 的结合则可以将 Web 数据基于关键词的检索更容易地推进到基于对象的检索。其次，由于 RDF 是以一种建模的方式来描述数据语义的，这使得 RDF 可以不受具体语法表示的限制。但是 RDF 仍然需要一种合适的语法格式来实现 RDF 在 Web 上的应用，考虑到 XML 的广泛采纳和应用，可以认为 RDF 是 XML 的良伴，而不只是对某个特定类型数据的规范表示，XML 和 RDF 的结合，不仅可以实现数据基于语义的描述，也充分发挥了 XML 与 RDF 的各自优点，便于 Web 数据的检索和相关知识的发现。

3. 非结构信息的结构化表达

与传统的信息分析系统处理对象不同，针对互联网信息分析处理的大量对象是非结构化信息，对于阅读者而言，非结构化信息的特点比较容易理解，然而对于计算机信息系统处理却相当困难。对于结构化数据，长期以来通过统计学家、人工智能专家和计算机系统专家的共同努力，有相当优秀的技术与系统成果可以提供相当准确而有效的分析。

对于从非结构化信息得到结构化信息，传统意义上我们将其归结为典型的文本中的信息提取问题，这是近年来自然语言信息处理领域里发展最快的技术之一。随着网络的发展，网络中盛行的有异于现实社会的网络语言为该类技术提出了新的挑战，一般而言，文本信息提取是要在更多的自然语言处理技术支持下，把需要的信息从文本中提取出来，再用某种结构化的形式组织起来，提供给用户（人或计算机系统）使用，信息提取技术一般被分解为 5 个层次：第一是专有名词(Named Entity)，主要是人名、地名、机构名、货币等名词性条目，以及日期、时间、数字、邮件地址等信息的识别和分类；第二是模板要素(Template Element)，是指应用模板的方法搜索和识别别名词性条目的相关信息，这时要处理的通常是一元关系；第三是模板关系(Template Relation)，是指应用模板的方法搜索和识别专有名词与专有名词之间的关系，此时处理的通常是二元关系；第四是同指关系(Co-reference)，要解决文本中的代词指称问题；第五是脚本模板(Scenario Template)，是根据应用目标定义任务框架，用于特定领域的信息识别和组织。自然语言处理研究是信息提取技术的基础，在现有的自然语言处理技术中，从词汇分析、浅层句法分析、语义分析，到同指分析、概念结构、语用过滤，都可以应用在信息提取系统中，例如对专有名词的提取多采用词汇分析和浅层句法分析技术；识别句型(如SVO)或条目之间的关系需要语用分析和同指分析；概念分析和语用过滤可以用来处理事件框架内部有关信息的关联和整合，随着传统的信息提取技术向基于网络的文本信息提取转化，基于贝叶斯概率论和香农信息论的信息提取技术逐步成为重要的主流技术。这一流派的技术主要根据单词或词语的使用和出现频率来识别不同文本在上下文语境中自己产生的模式。通过判断一条非结构化信息中的一种模式优于另一种模式，可使计算机了解一篇文档与某个主题的相关度，并可通过量化的方式表示出来，通过这种方法，可以实现对于文档中文本要素的提取、文本的概念自动识别，以及对该文本相应的自动操作。目前，该技术发展的最新趋势是对于文本的信息提取，已经形成从数据集成、应用集成到知识集成的从低到高的3个不同层面。知识集成实现将组织已建立的非结构化数据库，使用先进的信息采集、信息分类和信息聚类算法，通过系统自身对信息的理解，将信息依照用户的需求，充分有效地集成为整体。

综上所述，完成非结构信息的结构化表达，是针对互联网信息分析系统的重要发展趋势，并且已经取得了一定的技术成果。

目前国内外针对互联网信息资源管理与控制系统、技术的研究取得了一定的成果，其核心是根据互联网信息的特点，结合目前现有相对成熟的技术，从信息的采集、融合和表达等若干重要环节进行突破，最终达到系统设计的辅助决策功能。

7.7　本章小结

网络舆情具有庞大、复杂、影响因素众多、动态变化等特点，因此，对网络舆情安全综合态势进行分析成为一项极其复杂的系统工程。当前网络舆情分析正处于从网络舆情研究到大数据舆情研究的过渡期，本章首先分析了互联网舆情研究的现状，给出互联网舆情分析的基本思路与方法，说明了其中涉及的几个关键技术问题。结合现今互联网舆情现状，本章给出了几个实际互联网舆情应用，对互联网舆情分析系统的构建具有参考价值。网络舆情分析是时代发展的需要，可以防范误导性舆论危害社会，把握和保障正确舆论的导向。网络舆情分析是一个包含多领域知识、多技术手段的综合性技术，所以不可避免地存在很多技术上的难点和问题，这些都需要更深一步的研究和探索。

习　题

1. 互联网舆情具有什么特点？为什么要对舆情进行分析？
2. 常见的网络舆情分析技术包括哪些环节？
3. 为什么说一般的网络搜索技术无法满足网络舆情分析的需要？
4. 网络舆情分析中监控目标热点自动发现功能主要利用了哪些典型的安全技术？
5. 未来影响网络舆情分析及预警技术主要有哪些？

第8章　开源情报分析

8.1　基本概念

8.1.1　开源情报分析的概念

所谓开源情报，是指通过对公开的信息或其他资源，包括报纸/刊物、电视、互联网等进行分析后所得到的情报。开源情报的利用其实比人们更感兴趣的秘密情报的使用更古老，但长期以来开源情报的价值远不及秘密情报，以致没有得到专门的关注。然而，现代通信技术的发展，特别是因特网的出现和网络时代的来临，已彻底改变了开源情报的价值、地位和影响。随着互联网内容爆炸性增长，利用网页信息提取技术和数据挖掘技术采集情报变得越来越重要，不光商业部门重视开源情报的挖掘，安全部门也开始越来越重视开源情报，历史上的间谍卫星和地下间谍组织不再是这些安全部门的代名词，也许会越来越多地采用OpenSource.gov方式，开源情报挖掘将扮演越来越重要的角色。

据国际情报专家估计，目前西方发达国家国家情报的40%～95%都是以开源情报的形式获取的。情报的时代已从一次世界大战前的人员情报(Humint)、二次世界大战期间的信号情报(Sigint)、冷战前后的图像情报(Imint)，进入当今的开源情报(OSint)时代，并以网络情报(Netint)为主要特征。在开源情报时代，许多过去由国家垄断独有的机密信息已变为个人随手可得的公开资源。这一变化根本性地改变了个体与组织，特别是与国家组织的权力生态及其平衡，具有深远和广泛的影响，并将深刻地改变国家安全的概念、内涵和保障措施。例如"9・11"事件之后，美国立即启动了获取开源情报的"全面信息感知(TIA)"计划，野心勃勃地企图搜集每个人尽可能多的信息，从上网行为、信用卡记录、健康档案、学习成绩、出行时间……包罗万象，无孔不入，以致次年被纽约时报披露后，引起社会的恐慌，惊呼"没有隐私"的时代即将来临。特别是TIA的负责人，前国家安全顾问庞蒂戴克斯特曾是臭名昭著的"伊朗门"事件的主角，更引起大众对TIA的恐惧和憎恨，以致2003年美国国会不得不解散TIA。但据今年7月《今天美国》的报道，TIA的许多措施仍在进行，并在为联邦政府研发各种获取开源情报的秘密数据挖掘工具以及包括ADVISE和ASAM在内的监控系统。迫于公众压力，有关部门把TIA中的T从代表"全面(Total)"改为"恐怖分子(Terrorist)"，但极可能是换汤不换药。

网络开源情报分析为何变得如此重要？首先是由于其内在的价值和特性。较之传统情报，网络开源情报更加全面综合和系统，更能够显示变化的趋势和规律。其次，网络时代的到来，使得开源情报的这些特征更加突出和重要，并必不可少。因为网络空间已逐渐成为人们生存的另一半实实在在的空间，成为一个开放、复杂、巨大的海量信息源。更重要的是，网络时代中各类社会群体的形成变得十分容易，而且其动态变化更快，更难以预测，其组织形式更广，更深不可测，这一时代的特征使得对社会态势的精确把握变得必要而且必须，而开源情报是进行任何社会态势分析的基础。

著名的兰德公司是最早意识到必须深入研究信息与社会交互作用的机构之一。兰德研究人员注意到开源信息在20世纪80年代末东欧各前共产党国家变革中的重要作用，提出了利用"人工社会"的概念分析各类信息和基础信息设施对不同社会和族群的冲击。它们认为开源信息对于"封闭社会"的影响已引发，或更直截了当地说，煽动起一场根本性的政治权利的转移。而且，在可以预见的将来，在我们能够规划的最远处，没有其他任何的东西能够比信息的发展和利用更快地改变世界，就连人口和生态的变化也不能如此深刻或迅速地改变世界。兰德的研究隐示了在数字网络化时代里及时有效地对社会状态和趋势进行动态分析的重要性。正如高速运动和极端尺度空间里的研究需要现代的物理科学，快变动态、传播广泛的网络社会也必须有相应的精确社会科学来指导，而开源信息是其根本的基础。

迄今我国已有上亿的"网民"，而且数目还在加速发展。无论是从政治上还是经济上，这些网民的影响可能远远超过他们所占的人口比例。换言之，网络人口掌握的政治经济资源和所具有的社会影响，可能远远大于其余人口的总和。尤其考虑到当前我们国家正处在社会转型阶段，短期内各种矛盾不可避免，特别是网上群体往往比其他普通社会群体更有影响和活动能力，因此我们就更要正视并研究网络开源情报与网络社会的状态和趋势，为国家和社会的安全和发展及时提供有效的信息，为相关政策的制定提供科学基础。

现今网络已经进入大数据时代，科技情报研究面临新的挑战。开源情报分析的手段及工具近年来呈跳跃性发展，目标要求也越来越高，正从科技信息向科技情报，进而迅速向科技解析转化。面对欧美发达国家已将大数据理念与技术投入开源情报的实际研究中，目前我国科技情报领域尚未建立对国外科技政策行动、战略规划、态势分析的开源情报分析系统，难以及时、系统地收集、汇总和分析国外科技情报总体态势，对于互联网、数字出版物、公开数据库等开源载体信息难以及时跟踪感知与系统掌握；同时，已有的基于闭源情报的数据采集与分析系统涉及数据信息范围小而零散，情报分析周期较长，情报更新速度较慢，难以快速形成整体感知与全局智能关联分析，难以调集优势资源与专家力量进行集中研判，难以迅速做出科技情报研判与决策。在这样的背景下，网络开源情报研究工作亟须推进大数据辅助决策，提升对科技数据资源的控制能力，构建集海量数据采集、处理、综合分析与应用于一体的面向大数据的科技情报态势解析与决策的情报支撑与服务系统。这对保障国际安全、国家安全、社会安全、商业安全和个人安全都是一项极其重要且具基础性、战略性和前瞻性的研究工作；同时，这方面的研究对促生知识经济下的新型产业也至关重要，事关国家的核心竞争力，在未来的情报竞争中占得先机。

8.1.2　开源情报分析的价值

与其他类型的情报工作相比，网络开源情报工作的价值体现在以下三方面。

1. 情报收集成本小，风险低

(1) 开源情报的经济成本较低，甚至有专家认为相比于卫星等其他情报工具，在开源情报工作上的投入可以获得更大的回报，因此对于那些情报工作预算吃紧的国家，完全可以用开源情报替代传统的秘密情报工作。

(2) 降低情报收集工作量。传统情报工作都需要专业人员来收集情报，成本较高。而利用维基百科等 Web 2.0 等机制，可以动员机构内的所有人员以及社会上对该主题感兴趣的人员来共同收集情报，情报成本大大降低。

(3) 开源情报工作几乎是零风险的。对企业和社会机构而言，开源情报可以避免其他情报工作中可能存在的违法或违反道德的风险；对国家而言，开源情报可以避免其他类型情报工作常常引发的外交纠纷。

2. 开源情报内容更加丰富

(1) 情报具有不断变化的属性，这迫使情报工作人员迅速简便地理解外国社会和文化。当前的威胁来源快速变化而且地理上分散，情报分析工作往往很快地从一个主题转换成另一个主题，情报专家需要很快地消化关于某个国家的社会、经济和文化信息，开源情报可以提供这些详细信息。

(2) 情报人员需要借助开源情报来理解那些秘密情报。虽然情报人员创造了大量秘密情报，但与某个主题相关的秘密情报数量总是有限的。而情报机构获得的秘密情报往往只是只言片语，如果只根据这些秘密情报内容，在上下文不足的情况下，情报人员往往很难明白某份情报的含义。而开源情报可以提供补充，让情报人员可以对相关情报有一个掌握，从而真正理解某份秘密情报的内容。

(3) 开源情报有助于研究长期问题。因为秘密情报往往内容零散，而且只是为了满足特定需求，因此这些情报往往不够连贯。而开源情报可以通过公共渠道持续获取，能形成较长时间序列的信息，因此可以从中研究关于某种事物的长期规律与趋势。

3. 开源情报工作具有隐蔽性

(1) 开源情报可以保护情报源和情报方法。有时候人们从秘密情报渠道获得了情报，但在向公众说明或与对手交涉时，可以将其解释为从开源情报途径获得的，这样可以避免暴露秘密情报源以及情报渠道。

(2) 开源情报可以保护自身的战略意图。传统情报工作往往需要采用各种人工或技术手段到对方系统中进行情报刺探，一旦被对方发现踪迹，对方就可以根据情报搜索内容推断己方的意图，而开源情报工作完全在自己国家或机构内部进行，对方无法察觉，自然也无从推断自身的意图。当然，鉴于开源情报的来源问题，其也存在许多不足之处。

① 信息量大，信息过载，需要花费大量精力来筛选有用情报。虽然目前已有许多用于信息提取和过滤的 IT 产品，但在实际工作中仍需要大量的人力来从事开源情报筛选工作。

② 信息的真实性难以确定。首先，报纸、网络等公开载体上的信息往往有很大的随意性，鱼龙混杂，可靠性较差。其次，有些国家和社会机构出于某种目的，可能会故意散播虚假信息，为此开源情报工作中往往需要从不同来源对获得的情报进行确认。

8.2　开源情报分析的发展和研究

近年来，欧美等发达国家越来越重视网络开源情报工作，逐步建立起比较完整的开源情报工作体系。下面简要介绍美国和欧洲国家的开源情报工作状况。美国是开源情报工作的急先锋。2005年美国国家情报主任办公室成立了开放源中心(Open Source Center,OSC),2006年又立法启动了国家开放源事业计划(National Open Source Enterprise, NOSE),专注网络公开信息的搜集、共享和分析,而且规定任何情报工作必须包含开源成分。通过OSC,美国力图实现在任何国家、从任何语言中获取开源情报的能力,获取有关国家军事、国防、政府、社会和经济方面大量的有价值情报,其中因特网是其主要的开源情报源。这些工作取得了很好的效果,据美国中央情报局的统计,2007年的情报收集总数中超过80%来自公开情报源。另外,美国政府官员和民间人士组织成立了开源情报论坛(Open Source Intelligence Forum),定期召开会议。

欧洲各国也十分重视开源情报工作,定期举办开源情报论坛(EUROSINT)。虽然欧洲国家并没有像美国那样设立专门化的开源情报机构,但各相关政府机构都将开源情报工作作为自身的重要工作内容之一。以瑞士为例,瑞士联邦政府建立了跨部门的开源情报工作组,联邦国防部下属战略情报中心(Strategic Intelligence Service,SND)、军事情报中心(Military Intelligence Service,MND)都建立了制度化的开源情报工作体系,警察部下属的国内情报中心也于2001年建立了专门的开源情报工作小组。在英国,英国广播公司监测处(BBC Monitoring)是一个十分重要的开源情报机构,该机构对全球范围的大众媒体进行甄选和翻译,为英国政府提供国外媒体和宣传的参考服务。该机构最大的股东为内阁办公室,外交和联邦事务部、国防情报组以及其他情报机构为它提供了大量经费支持。

澳大利亚在西方国家中较早建立了专业性开源情报机构。早在2001年,澳大利亚就建立了国家开源情报中心(National Open Source Intelligence Centre,NOSIC),为联邦政府、各州政府部门以及商业机构提供社会安全、跨国犯罪、恐怖主义、激进主义等领域的开源情报监测、研究和分析支持。同时,一些国家安全部门,如国家评估办公室(The Office of National Assessments,ONA)建立了开源情报中心,辅助政府制定国际政治、国家战略以及经济发展等方面的战略决策,确保政府得到国内外威胁的全面预警。

随着数据挖掘及网络大数据分析技术的发展,美国情报机构与军方正越来越多地利用基于机器学习的分析平台,从类似社交媒体的数据源中甄别所需的有效数据。五角大楼负责人称,这些工作通常属于开源情报初步分析。同时,美国情报界正花费数十亿美元建设地理空间情报,开源的数据都是离散的,例如网页、电子邮件、即时消息和社交媒体。结果从事地理空间情报研究的人经常归为“人文地理”。情报分析所面临的最大挑战之一,是越来越大的离散开源数据量,例如那些恶意人士依托Facebook和Twitter进行交流和扩张。因此,他们正在通过机器学习和其他新型数据分析技术实现开源情报收集自动化。

Digital Reasoning公司的认知计算平台Synthesys扫描离散的开源数据以明晰相关的人物、地点、组织、事件和其他事实。它依靠自然语言处理与公司所谓的本质与事实的提取。该平台旨在通过“关键指标”和框架将从开源数据得到的情报自动化处理,还尝试使用类似的算法、分类方法和本质解析方法来集中和组织相关联的离散数据。最后,使用图像分析以及时域和地理空间推理,机器学习系统尝试得出基于用户识别的机遇、风险和不规则的开源情报。

其他数据分析公司正在采取不同的方法来收集开源情报。例如,马萨诸塞州剑桥市的基础技术公司正致力于文本分析软件的开发,据称该软件能够识别55种语言的姓名和地名信息。Rosette分析软件的输出能够进行可视化并链接分析应用或警报系统。Opera服务公司 2013 年推出一种算法叫作“信号处理器”，使用机器智能检查数据流来识别威胁。这种工具能够通过专门的算法来分析社交网络、网上论坛和其他开源评论，以便帮助识别威胁。据称，该软件的处理能力超过 50 种语言的 2 亿个在线元素，并且能够驾驭 8000 万个术语和 4.2 亿项关联。能够识别各种威胁并按照严重程度排序。

国内在网络开源情报分析领域做了许多重要的工作，面对开源情报的大数据时代，化柏林教授等提出把繁杂的大数据进行合理的分析，认为“大数据更需要清洗”。在网络海量信息环境下，情报研究的方法体系面临新的挑战。同时，情报学领域研究的方法众多，需要特定的方法体系在开源情报的环境下快速集成，从多维角度综合反映领域研究状况的宏观、微观原貌。2012 年，王飞跃提出了知识产生方式和科技决策支持的重大变革——面向大数据和开源信息的科技态势解析与决策服务提供了集快速获取文献数据并支持半自动化的从多维角度进行文献解析的框架，该框架包含了 ASKE（Application Specific Knowledge Engine）与科研协作等采集、解析方法与框架。该框架已成功地系统应用于智能交通领域的学科动态分析中，为该领域科研人员提供良好的交互服务。

综合来说，我国的开源情报工作具有较长的历史，各级科技情报所、舆情工作部门等都可以视为开源情报工作的一部分。近年来，各级情报机构也在开源情报工作方面做了一些新的探索，如上海科技情报所建立了以开源情报为基础、面向行业情报服务的第一情报网。但总的说来，与情报工作发达的西方国家相比，我国政府和社会对开源情报的价值仍认识不足，网络开源情报的社会和技术潜力仍没有得到充分的挖掘。

8.3 开源情报分析的指标

开源情报的可靠性评价指一则可靠的情报应能提供值得信赖的信息，令情报用户接受其建议、相信其产出。而“可靠”包含专业性（如经验丰富、知识渊博、智慧超群等）和真实性（如诚实、客观、良好等）两层含义。在可靠性评价时，两层含义可分别对应于公开源情报的信息源和信息内容，开展相互独立的评价工作。

8.3.1 信息源可靠度

评价指标信息源是指传播信息的机构，如报社、出版社、电视台、广播台、政府宣传机构等。第一手信息源能直接接触和完整传递信息，可靠性较高。第二手信息源经过其他媒介传递，加之翻译、总结、转述、节选等原因，可靠性有所下降。权威信息源由于需要对政府、政党、民众、领导等机构或人员负责，往往还需要追踪报道，所以较为准确。评价信息源的可靠性要考查它是否依据专业标准开展工作，是否履行核实查证程序，是否直接接触事件或信息，报道是否全面、真实、客观、及时，能否持续跟进，以往的可靠性水平等。实践中可参考如下指标。

1. 形式特征

形式特征包括信息源网站、纸质出版物、电子出版物内外包装等产品或媒介的排版美工水平，引用图片的清晰度、大小，纸张质量，印刷质量，印刷错误数量及程度，风格是否稳定统一，以及其他视觉、触觉等可以评价的外在指标。

2. 组织特征

第一,是指被评价的信息源是否由一个合法组织来管理运营。例如网站或出版物是否公布了该组织的地址、电话、电邮等联系方式,是否公布了专门的联系人,是否发布或刊出过该组织办公场所或组织成员的照片,是否能查询到该组织与其他伙伴、客户,特别是其与上级管理监督机构交往的记录。第二,上述联系方式是否有效,能否顺畅便捷地与其取得联系并交换意见。第三,是指管理运营该信息源的组织的专业性。例如是否有该领域的专家在组织中供职,或者该信息源的作者,提供多位该领域的专家、权威或高水平人士,以及该组织及其成员具有哪些资质和资格。

3. 链接特征

对于网站,要考查它的链接是否为死链,是否指向可靠性较低的信息源,是否指向以营利为目的的信息源,是否指向与本信息源所在领域无关或相关性很低的信息源。对于印刷性媒介,链接主要表现为它介绍、评价、引用、参考的其他信息源。

4. 价值特征

可靠性较高的信息源会围绕某领域、某主题展开报道和论述;将方便读者、帮助读者作为工作目标,不会以本组织的理念、职责、成绩为宣传重点;除赞助商广告外一般不发布商业信息,而且商业性内容会与主体内容明确区分开。从立场上来看,可靠的信息源应能保持一贯的立场和观点,各期内容不会出现明显的态度转变或对立观点。

8.3.2 信息内容可靠度

评价指标评价公开源情报内容的可靠性,第一要明确公开源数据(Open Source Data,OSD)、公开源信息(Open Source Information,OSI)和公开源情报的区别。OSD是指印刷品、广播、口述、照片、信件、录音、视频等原始材料。OSI由一组筛选、确认、编辑后的OSD构成,用以表达某种含义。而OSINT是为满足特定需求、解决特定问题而有意识地发现、辨别、提炼,并推送给特定客户的一条或若干条OSI。区分这3个概念有助于从更为总括的视角驾驭OSD或OSI,避免对某单一素材的过度重视、有意忽略或曲解。

第二,要考查信息所表述的内容是否合情合理:信息本身是否存在逻辑冲突;能否及时更新;能否与其他来源的信息相互佐证;如与其他来源的信息冲突,那它是否真实。事实上,将需要评估的信息与其他来源的相关信息进行比较,是最常用、最有效的可靠性评价方法。

第三,从语言学角度考查。高可靠性的内容一般行文直截了当、清晰准确、诚实得体,不会出现错别字、标点不当、语法错误、语句不通、外文拼写错误等低级错误。

第四,从参考引用文献角度考查,高可靠性的内容会为数字、主要观点标引出处。这实际上是提供了鉴定信息质量的第三方。读者可以通过超链接、参考文献、脚注、尾注等途径查询和进一步了解这些内容。

当评价工作结束后,要对一条信息的可靠性水平进行标记。美国陆军的做法是按照可靠性依次降低的顺序,将信息源评价结果标记为A~F(F表示不能确定,而非可靠性最低),将信息内容评价结果标记为1~6(6意义同F)。例如,一条信息来自最可靠的信息源,并且信息内容也最可靠，那它的标记就是 A-1。

公开源情报来源广、种类多，难以形成一种规范化的评价方法，所以目前多使用专家主观评价的方式。该方式的准确性多依赖于评价者的分析技能、知识背景和相关经验。由于评价、甄别后的情报才进入分析、应用阶段，这使得最终情报产品的质量在很大程度上取决于评价者的水平。一旦评价阶段有所偏颇或谬误，很可能导致决策失误，带来损失。对此"9·11"报告在结论部分明确指出："反恐分析的质量前后不一、相互矛盾，许多分析师欠缺经验、能力低下、训练不足，而且缺少对关键信息的掌控。这导致分析工作缺乏创造性和进取性，理解特定情报的能力长期不足。"基于上述原因，一种客观、规范的可靠性评价方法应当被提出，并在公开源情报的甄别过程中加以实践。如前文所述，"相互比较"是重要的可靠性评价方法之一。围绕这一核心，有学者设计出如下的评价思想：第一，通过某一信息源过去一定时期的报道与之后被证实的事件和得到的结论之间的比较，对该信息源的可靠性做出评价。第二，通过某则报道的内容与已经证实的事件和得到的结论之间的比较，对该则信息内容的可靠性做出评价。第三，通过可靠性未知的信息源报道的内容与多个可靠性得到证实的信息源报道的同主题内容之间的比较，对这一可靠性未知信息源做出评价。这三种思路既包括历史性的纵向比较，也包括同一时期内的横向比较；既包括信息源内部的自我比较，也包括信息源之间的相互印证。评价思路如图 8-1 所示。

如果操作得当、过程合理，上述思想应能改进现有的主观评价方法，实现客观性、规范性的提升。目前，公开源情报的可靠性评价方法还存在以下难点需要进一步研究：第一，不同信息源类别的转化问题。即如何高效准确地将文字、图片、语言、视频等资料抽象为事件说明。第二，针对中文信息的自动过滤技术。一方面，由于中文分词的困难，基于关键词的过滤会产生大量无价值信息；另一方面，由于同义词、近义词、不同表达方式的多样性，会遗漏大量的有用信息。第三，当不同信息源对某一事件或观点的评判相互矛盾、不易区分时，如何予以解决。

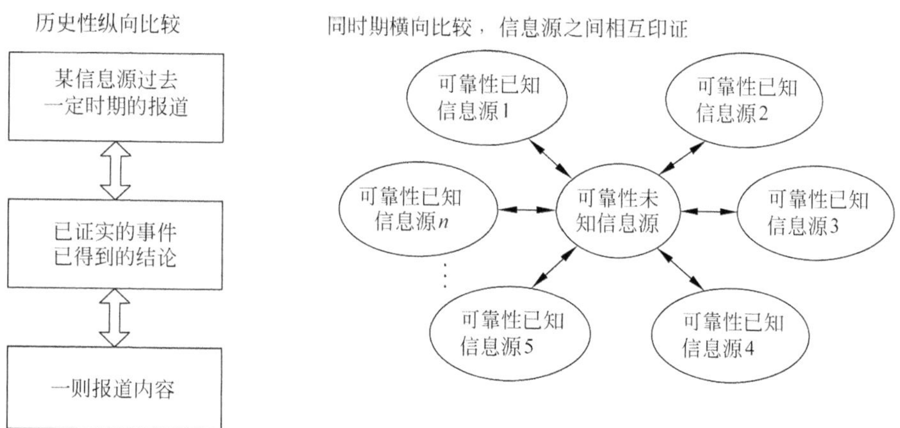

图 8-1　可靠性评价方法设计原则图示

8.4 开源情报大数据分析方法

8.4.1 数据定量分析

数据作为重要的资产，已经在改变着组织决策的模式。有效收集并分析各种规模的大数据资源，运用多种方法充分挖掘数据的最大价值，已经成为衡量一个组织竞争能力的重要标志。人们已经充分认识到，随着大数据研究的深入，各种组织要以合理的投入充分发掘大数据所带来的情报价值，为组织全面深入地洞察态势提供支持。Science 杂志在 2011 年《聚焦数据管理》的专辑中提出："科学就是数据，数据就是科学""数据是金矿""数据推着科学的发展""从大数据中发掘大洞察"等理念意味着对数据分析提出了新的、更高的要求。可以这么说，大数据时代就是数据分析的时代。

大数据的基础在于数据，大数据的特点在于数据体量巨大、数据类型繁多、数据价值密度较低、处理速度较快。淘宝网站每天的交易达数千万，数据产生量超过 50TB。百度公司每天大约要处理 60 亿次搜索请求，数据量达几十 PB。一个 8Mbps 的摄像头 1 小时能产生 3.6GB 数据，一个城市若安装几十万个交通和安防摄像头，每月产生的数据量将达几十 PB。医疗卫生、地理信息、电子商务、影视娱乐、科学研究等行业，每天也都在创造着大量的数据。根据麦肯锡全球研究院（MGI）预测，到 2020 年，全球数据使用量预计达到 35ZB。如何处理超大规模的网络数据、移动数据、射频采集数据、社会计算数据，已经成为科研界和产业界亟待解决的关键问题，也是大数据要解决的核心问题。大数据分析的任务是对数据去冗分类、去粗取精，从数据中挖掘出有价值的信息与知识，要把大数据通过定量分析变成小数据。定量分析方法包括聚类分析、关联规则挖掘、时间序列分析、社会网络分析、路径分析、预测分析等。

情报分析也十分重视数据基础。早期的情报分析强调分析人员的专业背景和经验，更多地依靠人的智力去解读特定的、少量的数据对象，通过人员的分析、归纳和推理得出情报研究的结论。随着科学技术的迅猛发展，学科专业呈现综合和分化的趋势，综合的趋势要求情报分析人员具备跨学科的知识，分化的趋势表现在知识分支划分越来越细，所涉及的内容越来越专深。与此同时，情报分析面临的数据量也越来越大。根据国家统计年鉴的数据，我国每年发表的科技论文已超过 150 万篇，专利年度申请受理量超过 200 万条，全世界每年的科技文献数以千万计。其他诸如会议文献、科技报告、技术标准等科技文献的增长速度也是非常迅猛的。在这种情况下，仅靠人力本身已经无法胜任情报分析工作。情报分析越来越多地依赖以计算机为代表的信息技术，利用数据挖掘、机器学习、统计分析等方法，运用关键词词频、词汇共现、文献计量等定量化手段，通过计算或者在计算的基础上辅以人工判断形成分析结论。目前，"用数据说话"已经成为情报分析的突出特点，在情报报告中越来越多地使用数据图表也充分说明了数据定量分析在情报分析领域的重要程度。

8.4.2 多源数据融合

把通过不同渠道、利用多种采集方式获取的具有不同数据结构的信息汇聚到一起，形成具有统一格式、面向多种应用的数据集合，这一过程称为多源数据融合。如何加工、协同利用多源信息，并使不同形式的信息相互补充，以获得对同一事物或目标更客观、更本质的认识，是多源数据融合要解决的问题。一方面，描述同一主题的数据由不同用户、不同网站、不同来源渠道产生。另一方面，数据有多种不同呈现形式，如音频、视频、图片、文本等，有结构化的，也有半结构化，还有非结构化的，导致现在的数据格式呈现明显的异构性。

大数据的特点之一是数据类型繁多，结构各异。电子邮件、访问日志、交易记录、社交网络、即时消息、视频、照片、语音等，是大数据的常见形态，这些数据从不同视角反映人物、事件或活动的相关信息，把这些数据融合汇聚在一起进行相关分析，可以更全面地揭示事物联系，挖掘新的模式与关系，从而为市场的开拓、商业模式的制定、竞争机会的选择提供有力的数据支撑与决策参考。例如，通过搜索引擎的检索日志可以获取用户关注信息的兴趣点，通过亚马逊、淘宝网可以获取用户的电子交易记录，通过 Facebook、QQ 等社交网站可以了解用户的人际网络与活动动态。把这些信息融合到一起，可以较为全面地认识并掌握某个用户的信息行为特征。可以这么说，多源数据融合是大数据分析的固有特征。

当前，情报分析工作正在向社会管理、工商企业等各行各业渗透，情报分析与研究的问题往往更为综合，涉及要素更为多元，同时也更为细化，这导致单一数据源不能满足分析的要求，需要不同类型的信息源相互补充。同一种类型的信息可能分布在不同的站点，由不同的数据商提供。例如，论文数据的来源包括万方数据、重庆维普、中国知网等。一项情报任务或前沿领域的研究，仅仅使用一种类型的数据是不全面的，如果把期刊论文、学位论文、图书、专利、项目、会议等信息收集起来，融合到一起，将更能说明某项研究的整体情况。另外，行业分析报告、竞争对手分析报告需要关注论坛、微博、领导讲话、招聘信息等各类信息，以全面掌控行业数据、产品信息、研发动态、市场前景等。同一个事实或规律可以隐藏在不同的数据源中，不同的数据源揭示同一个事实或规律的不同侧面，这既为分析结论的交叉印证提供了契机，也要求分析者在分析研究过程中有意识地融合汇集各种类型的数据，从多源信息中发现有价值的知识与情报。只有如此，才能真正提高情报分析的科学性和准确性，这不仅是对情报分析的要求，也是情报分析发展的必然趋势。

8.4.3 相关性分析

所谓“相关性”，是指两个或者两个以上变量的取值之间存在某种规律性，当一个或几个相互联系的变量取一定的数值时，与之相对应的另一变量的值按某种规律在一定范围内变化，则认为前者与后者之间具有相关性，或者说两者是相关关系。需要注意的是，相关性(相关关系)与因果性(因果关系)是完全不同的两个概念，但常被混淆。例如，根据统计结果，可以说“吸烟的人群肺癌发病率比不吸烟的人群高几倍”，但不能得出“吸烟致癌”的逻辑结论。我国概率统计领域的奠基人之一陈希孺院士生前常用这个例子来说明相关性与因果性的区别。他说，假如有这样一种基因，它同时导致两件事情，一是使人喜欢抽烟，二是使这个人更容易得肺癌。这种假设也能解释上述统计结果，而在这种假设中，这个基因和肺癌就是因果关系，而吸烟和肺癌则是相关关系。

大数据时代在数据处理理念上有三大转变：要全体不要抽样，要效率不要绝对精确，要相关不要因果。在这三个理念中，重视相关性分析是大数据分析的一个突出特点。通过利用相关关系，我们能比以前更容易、更快捷、更清楚地分析事物。只要发现了两个事物或现象之间存在着显著的相关性，就可以利用这种相关性创造出直接的经济收益，而不必非要马上去弄清楚其中的原因。例如，沃尔玛超市通过销售数据中的同购买现象（相关性）发现了啤酒和尿布的关系、蛋挞和飓风的关系等。在大数据环境下，知道“是什么”就已经足够了，不必非要弄清楚“为什么”。典型的例子是，美国海军军官莫里通过对前人航海日志的分析，绘制了新的航海路线图，标明了大风与洋流可能发生的地点，但并没有解释原因。对于想安全航海的航海家来说，“什么”和“哪里”比“为什么”更重要。大数据的相关性分析将人们指向了比探讨因果关系更有前景的领域。这种分析理念决定了大数据所分析的是全部数据，通过对全部数据的分析就能够洞察细微数据之间的相关性，从而提供指向型的商业策略。亚马逊的推荐系统就很好地利用了这一点，并取得了成功。

相关性原理也是情报学的基本原理之一，相关性分析也是情报实践的常用分析方法。任何一种情报结构都是按一定规则相互关联的，分析并揭示情报相互关联（即相关性）的规律和规则，是对信息、知识、情报进行有效组织检索与分析挖掘的基础。检索任务与用户情境的相关性、检索结果的排序都是典型的相关性分析，共词分析、关联分析、链接分析也是典型的相关性分析，这体现了相关性分析在情报学学科发展中的地位。在实际的情报分析工作中，相关性分析应用更加广泛。不同文献类型之间的关联分析，不同机构之间的关系分析都属于相关性分析。例如，根据论文与专利的时间差，利用论文的热点预测专利技术的热点；根据论文的合著关系，分析企业、研究所、高校之间的合作关系等；根据企业的上下游企业或供销存关系，分析产业链、识别竞争对手等。这些案例实质上都是相关性分析的具体应用，在情报分析领域取得了非常好的效果，其中有些已经成为情报分析的专门方法。

8.5 开源情报分析系统框架

8.5.1 系统框架

大数据时代，开源情报分析的生态环境发生了巨大的变化，庞大而复杂的数据考验着开源情报分析系统的技术体系结构和数据处理能力。建设集数据采集、处理、综合分析、服务应用以及服务可视化于一体的开源情报综合分析平台，需要实现面向大数据的信息收集与利用，为情报的搜集、分析、存储和相关决策等提供强有力的技术支持，为保证科技决策的准确、高效性提供可靠的工作平台。依据科技情报工作的操作流程，根据情报收集的需求采集原始情报，然后对情报进行存储、索引、整理和深入分析等情报加工工作，最后将加工后产出的相关情报信息展示给用户。基于情报处理流程，可以将整个平台划分为不同功能层。网络开源情报综合分析平台主要由情报采编报子平台、情报感知分析子平台、大数据服务提供子平台构成，功能架构如图 8-2 所示。基于各层的功能实现，可以完成对所关注情报的自动化快速、准确捕获。通过对情报的加工与挖掘，能够有效地为相关情报工作提供情报产品和数据分析支持，并方便、高效地实现情报的展示和推送。

1. 情报采编报子系统

信息采集层依托开源情报数据采集体系，根据采集策略，实时准确采集来自不同数据源的数据，并对数据进行抽取结构化等清洗预处理。信息来源包括网站/微博的网络爬虫获取的数据、标准资源库、内部文件、企业/机构接口数据等。实现对网络爬虫获取的原始网页信息进行结构化数据抽取；支持流数据及动态网页信息的抽取；支持网页中内嵌各种文档格式的下载与解析；对通过各接口获取的数据，有些需要识别其应用层协议、数据解密之后再抽取其结构化的数据。

2. 情报感知分析子系统

情报感知分析子系统建立并更新原始素材库，为系统提供基础数据；实现数据的归类存储与数据更新；能够按数据来源分类存储原始数据，形成原始资源库，并对其进行索引，供系统对原始信息的查找；能够对存储的数据按照更新策略定期进行更新；对系统所采集到的信息进行数据的深入分析和挖掘，为实现用户认知信息检索功能奠定基础，以支撑上层的业务需求。具体功能包括：底层挖掘，即实现文本挖掘的预处理和通用挖掘流程，形成挖掘资料库；实时存储，以数据库和文件两种形式存储并索引，按策略进行更新，实现多维度检索库；定向跟踪，对特定关注对象进行定向跟踪分析；热点挖掘，热点信息自动聚类，通过机器学习自动发现热点；统计分析，支持对入库信息的智能统计报表；演变分析，关注对象的发展、扩散、分布等分析；对比分析，实现对象内在相关性、连动关系分析与信息溯源；决策支持，为决策提供数据依据，估计决策影响。

3. 大数据服务提供子系统

大数据服务提供子系统主要实现提供各种动态快讯、智能简报、热点分析报告、专题深度报告、统计分析报告、季度/年度研究报告、多功能检索、分类导航浏览等功能，帮助情报分析人员应用恰当的分析方法与技术，深入分析情报数据库的信息，生成简报、报表、报告等形式的情报产品，并提供情报检索与决策支持服务，推送至情报用户使用。实现情报产品与服务的展示与推送，包括快讯、简报、专题报告、统计分析报告、季度报告、年度报告等，服务对象根据个性化需求定制的产品与服务进行推送。

8.5.2　处理流程

整个开源情报分析系统的业务流程如图 8-2 所示。

1. 信息采集业务

信息采集的主要任务是将互联网、标准资源库、企业资源库、现有工程数据、内部资料和其他来源的数据收集起来，形成原始数据。对采集到的原始数据进行一定的预处理，进行粗分类并存储，形成原始素材库，存储客观的基础素材，并对原始素材库做索引以支持原始信息的定位。数据采集与存储层技术框架要数据采集服务，采集到的网络信息数据可以存储在基于 Hadoop 搭建的私有云平台，采集对象包括网络爬虫获取的数据和标准资源库、专有数据库等接口数据。接口数据可通过相关接口直接获取并存储和索引。

(1) 爬虫策略设置。首先，根据用户提供的主题关键词、相关文档训练主题向量，并形成训练库，将训练好的主题向量存储在主题向量库中；然后，根据用户需求配置爬虫的采集规则和更新频率。

(2) 数据采集。在每一轮数据爬取过程中，爬虫根据设定的采集规则和 URL 得分选择一定数量的 URL 来抓取，接着解析原始网页，提取网页正文和外链。针对每一个外链，根据其对应锚文本与主题向量的相关度赋予分值，各个待抓取链接按照得分高低排序，使得那

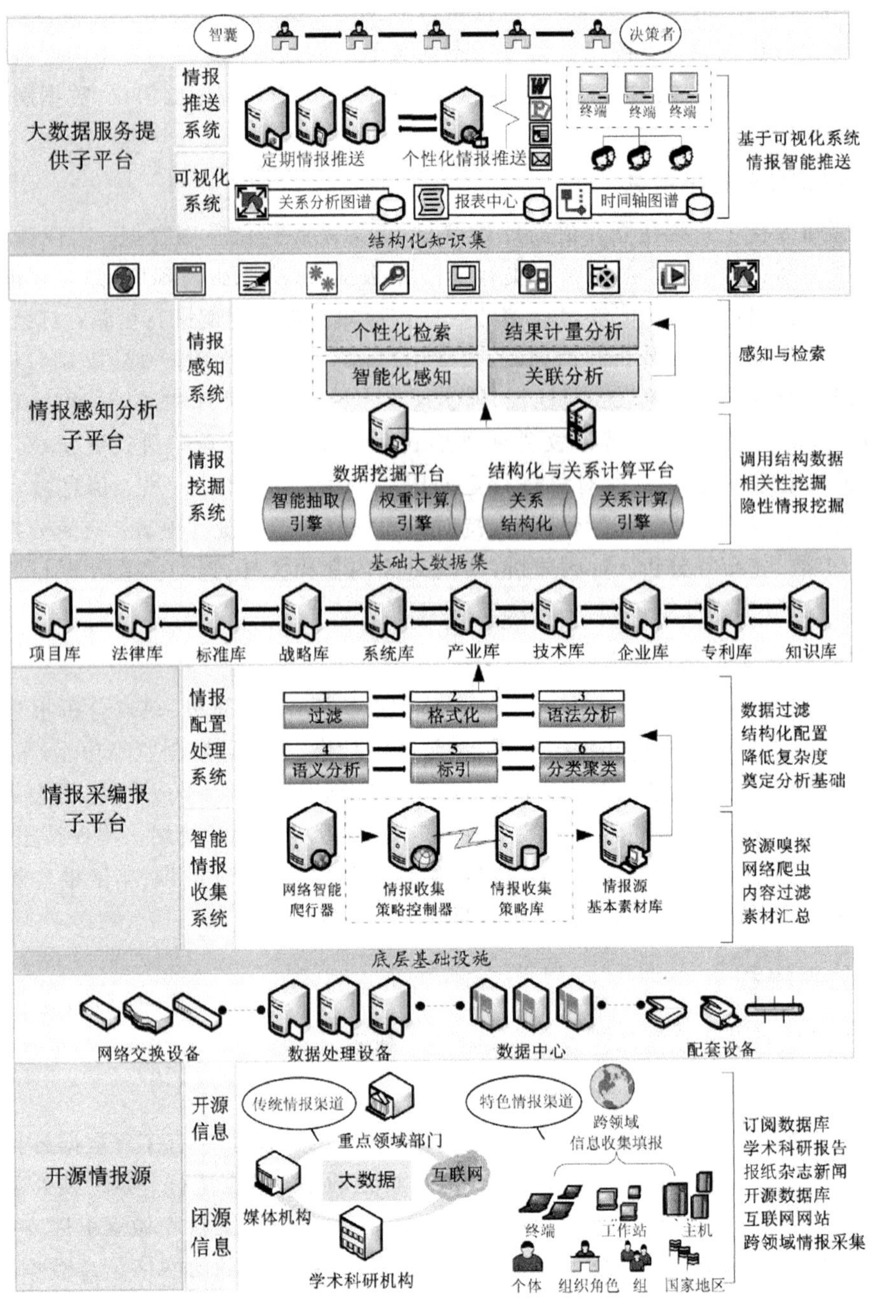

图 8-2　开源情报分析系统架构图

些主题相关的网页得到优先抓取。同时，根据用户设定的更新频率对网页库中已经过期的网页进行重新采集。

2. 开源情报加工与分析业务

开源情报加工与分析业务实现对开源情报进行深度挖掘加工，自动提炼信息关键词、摘要，针对结构化后的数据做索引。经过筛选自动生成相应文档或报表，对情报进行分类，发现热点信息，定向跟踪某情报概况的统计分析，为相关决策提供数据支持等，形成情报服务和产品的数据基础。数据分析可以分为两层，底层挖掘层的功能主要包含：将获取初始数据进行清理并得到规范后每条记录的元数据，然后对其中的文本信息进行分类与聚类，提取摘要与关键词等，并将它们作为元数据扩充到原始数据集中，之后再对这些信息进行初步的索引，定制更新策略对历史数据进行备份并加入新数据。上层挖掘包含了信息检索与智能分析两个部分。信息检索部分其中又分为全文检索、摘要检索、主题检索、关键词检索、高级检索五大功能。用 Lucene 开源全文检索引擎提供的接口来定制 MapReduce 作业进行高效的建索引操作。智能分析部分主要包含了热点的发现、演变分析、预测三个关联度比较高的功能，另外还有信息的溯源、情感分析、定向跟踪、关联分析、决策支持、统计分析等几个分功能。针对下层挖掘出的信息按时间段进行分类后，通过主题挖掘技术从中找出热点，并通过历史数据中追踪热点的生命周期模型，研究热点演变的过程。

3. 情报展示与服务业务

情报展示与服务业务存储情报服务和产品的历史数据，将平台的服务和产品采用多种方式发布、推送给不同的用户，包括订阅、热点周报、专题报告及年度汇总报告等。

8.6 开源情报分析的发展趋势

大数据环境下的情报分析是开源情报分析研究的一个重要领域。大数据和大数据分析为开源情报分析研究的发展带来了巨大的机遇，大数据有助于提升公开源情报的基础性价值，在大数据环境下，从业人员需要对开源情报收集、分析体系进行重新审视和系统研究，以努力推动公开源情报分析在政治、军事、安全、技术、经济等领域的应用与实践。开源情报分析一个非常重要的发展趋势就是引入大数据、应用大数据、探索大数据、利用大数据、研发大数据。

1. 引入大数据

大数据的价值链涉及数据获取、存储、检索、共享、分析和展示等多个环节，与传统情报分析工作的价值链大致相同。开源情报分析可将在信息采集、整序、组织、检索、分析和可视化等方面成熟的理论方法和技术应用到大数据的工作中，在促进大数据研究发展的同时，扩大传统情报服务范围。

2. 应用大数据

大数据的兴起和发展能够丰富传统开源情报分析研究中事实数据的来源，使开源情报分析研究对象得以扩展。不同的事实数据互相补充、相互印证，能够促进传统情报工作水平和情报产品质量的提升。多元化的信息需要根据分析需求加以融合，这可能需要语义层面上的技术支持，这就涉及数据挖掘、机器学习等技术。要寻求情报研究的客观性，摒除过多的主观意愿，也需要多种技术来支撑。这一发展趋势是大数据时代下的必然。

3. 探索大数据

探索大数据以开源信息为主，汇集海量数据，通过定量的方式来描述、分析、评判科技发展的态势，服务于科技决策。评估科技态势的手段及工具近年来呈跳跃性发展，目标要求也越来越高，正从科技信息向开源情报、进而迅速向科技解析（Academic Analytics 或

Research Analytics)转化利用大数据，大数据将催生从数据中挖掘和发现知识的新需求。大数据的发展，将加速知识服务水平和能力的快速提升。

4. 利用大数据

海量开源科技情报中蕴含着大量的可提炼知识，对闭源知识起到了良好的补充，借助数据挖掘技术，建立与闭源知识对象的索引和相互关系，可组建一个情报领域知识库，构建情报分析人员专用的情报池，从而得到更广泛、更深层的知识。同时，根据保密的需要将平台分为公共共享平台和闭源共享平台，以便于开源情报分析人员之间的交流、协作，实现情报成果的快速挖掘、转换和共享。开展决策支持工作，利用大数据，发挥知识服务先导作用。

5. 研发大数据

大数据的客观存在和对大数据的刚性需求需要尽早地对大数据的技术发展和变革等进行探索和研发；需要对大数据技术开展技术跟踪，进行实验性转化和探索性应用；需要发现相关技术与科技信工作的结合点和结合方式，凸显技术应用领先优势。大数据之大，源于信息的开源。随着大数据海量地不断增长，相信不久的将来，每个人都必须依靠特定的深度精确的情报系统框架。在此框架之下，了解外部世界并与之互动，而不是靠简单的网上搜索系统。在大数据时代，科技态势的评估必须从科技信息、科技情报向科技解析转化，其中科技态势的评估以描述现状为主，预测分析以预测趋势为主，而战略前瞻以规划目标为主。总之，无论是事实、可能、希望，都必须以“数据说话”，而且，最终的目的是实现“预测未来，不如创造未来”。

8.7 本章小结

随着互联网技术的发展，开源情报涉及的情报源纷繁复杂、数量巨大、价值重大，依托开源情报处理系统更好地挖掘利用网络中的开源情报，并辅助科技情报决策是本章立意的初衷。本章首先介绍了开源情报分析的基本概念和特点，并对开源情报分析中常用的一些评估指标进行了介绍，详细论述了开源情报大数据分析中的常用方法，通过分析互联网开源情报分析系统框架，探讨了如何建立具有更强决策力、洞察发现力和流程优化能力的情报处理系统。当前，网络开源情报分析系统已经逐步和大数据分析处理技术结合，但应用于大规模开源情报处理工作尚需长期的过程，需要在实践过程中不断完善和发展。

习题

1. 网络开源情报的特点有哪些？
2. 网络开源情报分析技术的核心功能主要包括哪几个方面？
3. 开源情报大数据分析的常用方法有哪些？试比较分析各自的特点。
4. 简述开源情报分析的流程。
5. 如何衡量开源情报分析中收集得到的情报可信度？

参考文献

[1] 中国互联网络信息中心.第37次中国互联网络发展状况统计报告[R/OL].(2016-01-22). http://www.cnnic.net.cn/hlwfzyj/hlwxzbg/hlwtjbg/201601/t20160122_53271.htm.

[2] 丁道勤,闫俊平.Web 2.0环境下的信息安全管理[J].现代通信科技,2008(4):8-11.

[3] 周雪广.信息内容安全[M].武汉:武汉大学出版社,2012.

[4] 杨伟杰.面向信息内容安全的新闻信息处理技术[M].北京:机械工业出版社,2010.

[5] 黄晓斌,邱明辉.网络信息过滤中的分级体系研究[J].中国图书馆学报,2004,154(6):13-16.

[6] 李建华.信息内容安全管理及应用[M].北京:机械工业出版社,2010.

[7] 王枞,钟义信.网络内容安全[J].计算机工程与应用,2003,(30):153-154.

[8] 黄晓斌,邱明辉.网络信息过滤中的分级体系研究[J].中国图书馆学报,2004,154(6):13-16.

[9] 田俊峰,黄建才.高效的模式匹配算法研究[J].通信学报,2004,25(1):61-69.

[10] 史志才,夏永祥.高速网络环境下的入侵检测技术研究综述倡[J].计算机应用研究,2010,27(5):1606-1610.

[11] 张亮.基于机器学习的信息过滤和信息检索的模型和算法研究[D].天津:天津大学,2007.

[12] 周茜,赵名生,启昊.中文文本分类中特征选择[J].中文信息学报,2004,18(3):17-23.

[13] 骆卫华,刘群,程学旗.话题检测与跟踪技术的发展与研究[C]//全国计算语言学联合学术会议(JSCL-2003)论文集.北京:清华大学出版社,2003,560-566.

[14] 贾自艳,何清,张俊海,等.一种基于动态进化模型的事件探测和追踪算法[J].计算机研究与发展,2004,41(7):1273-1280.

[15] 赵华,赵铁军,张姝,等.基于内容分析的话题检测研究[J].哈尔滨工业大学学报.2006,10(38):1740-1743.

[16] 宋丹,卫东,陈英.基于改进向量空间模型的话题识别跟踪[J].计算机技术与发展,2006,9(16):62-67.

[17] 于满泉,骆卫华,许洪波,等.话题识别与跟踪中的层次化话题识别技术研究[J].计算机技术与发展,2006,43(3),489-495.

[18] 焦健,瞿有利.知网的话题更新与跟踪算法研究[J].北京:北京交通大学学报,2009(10).

[19] 张艳,王挺,梁晓波. LDA模型在话题追踪中的应用[J].计算机科学. 2011,38(B10):136-139.

[20] 席耀一,林琛,李弼程.基于语义相似度的论坛话题追踪方法[J].计算机应用,2011,31(1):93-96.

[21] 任晓东,张永奎,薛晓飞.基于K-Modes聚类的自适应话题追踪技术[J].计算机工程,2009,35(9):222-224.

[22] 解 ,汪小帆.复杂网络中的社团结构分析算法研究综述[J].复杂系统与复杂性科学,2005,2(3):1-12.

[23] 李晓佳,张鹏,狄增如,等.复杂网络中的社团结构[C]//第四届全国网络科学学术论坛,青岛,2008,180-203.

[24] 骆志刚,丁凡,蒋晓舟,等.复杂网络社团发现算法研究新进展[J].国防科技大学学报,2011,33(1):47-52.

[25] 刘毅.内容分析法在网络舆情信息分析中的应用[J].天津大学学报:社会科学版,2006,(7):307-310.

[26] 吴绍忠.Web信息挖掘与公安情报收集[J].中国人民公安大学学报:自然科学版,2006(4):50-53.

[27] 黄晓斌.网络信息挖掘[M].北京:电子工业出版社,2005.

[28] 戴媛,姚飞.基于网络舆情安全的信息挖掘及评估指标体系研究[J].情报理论与实践,2008,6(31):873-876.

[29] 曾润喜. 我国网络舆情研究与发展现状分析[J]. 图书馆学研究，2009(8)：2-6.
[30] 许丹青，刘奕群，张敏，等. 基于在线社会网络的用户影响力研究[J]. 中文信息学报，2016，30(2)：83-89.
[31] 黄俊铭，沈华伟，程学旗. 利用社交网络的影响力骨架探索信息传播[J]. 中文信息学报，2016，30(2)：74-82.
[32] 夏火松，甄化春. 大数据环境下舆情分析与决策支持研究文献综述[J]. 情报杂志，2015，34(2)：1-6.
[33] 梅中玲. 基于 Web 信息挖掘的网络舆情分析技术[J]. 中国人民公安大学学报：自然科学版，2007，13(4)：85-88.
[34] 戴媛，程学旗. 面向网络舆情分析的实用关键技术概述[J]. 信息网络安全，2008 (6).
[35] 陈勇，张佳骥，吴立德，等. 基于开源信息的情报分析系统[J]. 无线电工程，2009，39(5)：25-28.
[36] 唐涛. 移动互联网舆情新特征、新挑战与对策[J]. 情报杂志，2014，33(3)：113-117.
[37] 付举磊，刘文礼，郑晓龙，等. 基于文本挖掘和网络分析的“东突”活动主要特征研究[J]. 自动化学报，2014，40(11)：2456-2468.
[38] 王磊. 公安网络舆情分析系统的研究[D]. 北京：北京交通大学，2008.